# A SIMULAÇÃO
# NO DIREITO CIVIL BRASILEIRO

CUSTÓDIO DA PIEDADE UBALDINO MIRANDA

# A SIMULAÇÃO NO DIREITO CIVIL BRASILEIRO

## Um estudo comparativo entre os sistemas do revogado Código Civil de 1916 e o do Código Civil em vigor de 2002

Marcial Pons

MADRI | BARCELONA | BUENOS AIRES | SÃO PAULO

*A simulação do direito civil brasileiro*
*Um estudo comparativo entre os sistemas do revogado Código Civil de 1916 e o do Código Civil em vigor de 2002*

Custódio da Piedade Ubaldino Miranda

*Produção e Editoração eletrônica*
Ida Gouveia / HBLYZ / Oficina das Letras®



**CIP-Brasil. Catalogação na Publicação**
**Sindicato Nacional dos Editores de Livros, RJ**

M672s

Miranda, Custódio da Piedade Ubaldino.
A simulação no direito civil brasileiro: um estudo comparativo entre os sistemas do revogado Código Civil de 1916 e o do Código Civil em vigor de 2002 / Custódio da Piedade Ubaldino Miranda. - São Paulo, SP: Marcial Pons, 2020.
230 p. : 16 x 23 cm

Inclui bibliografia
ISBN 978-65-86696-02-8

1. Direito civil - Brasil. 2. Simulação (Direito civil). I. Título.

CDD 346.81


www.marcialpons.com.br

Impresso no Brasil

*À memória saudosa dos meus pais e dos meus irmãos, Olga, Francisco, Paulo e Mário.*

*À Teresinha, minha mulher e aos nossos filhos, genros e netos.*

*Às minhas irmãs.*

# DUAS PALAVRAS AO LEITOR

A simulação no direito civil é um tema que nos vem interessando há muito tempo. Nesse contexto, foi dada à publicação a nossa dissertação de Mestrado, na Universidade de São Paulo, nos idos dos anos 80, pela Editora Saraiva.

Decorridos mais de trinta anos, após aquela primeira publicação, achou-se necessário, em vista da promulgação do Código Civil em vigor, que dispensa à simulação um tratamento substancialmente diferente do dado pelo Código Civil de 1916, em cujo âmbito aquela obra fora publicada, e, mais ainda, em vista de novos e abundantes aportes da doutrina, em especial a italiana, contidos alguns deles em obras ou artigos de autores de renome, tendo todos eles sido atentamente considerados na presente publicação.

A republicação visou não só atualizá-la segundo a doutrina mais recente, mas também para se fazer um estudo comparativo da simulação, no âmbito de cada um dos sistemas daqueles Códigos.

Não obstante a importância e atualidade dessas publicações não se achou conveniente alterar a traça essencial da obra, publicada em 1980, pela simples razão de que essa doutrina, aliás, do melhor quilate, não trouxe nada de novo em matéria do conceito de simulação, a não ser o fato de insistir na unidade do fenômeno simulatório e de considerar essencial ao conceito de simulação o acordo simulatório, podendo dizer-se, sem margem a dúvidas, que constituem eles a *communis opinium* entre os juristas que se têm dedicado a explorar esse controvertido e desafiador tema, tendo tais posições sido já por nós assumidas, em parte, naquela primeira publicação.

É, todavia, nos efeitos de simulação, que o novo Código Civil de 2002 afastou-se radicalmente, na disciplina do nosso instituto, do velho Código de Beviláqua, bastando dizer, no entanto, que enquanto neste Código o negócio jurídico simulado era simplesmente anulável, nas chamadas simulações fraudulentas, as que se destinavam a defender interesses próprios, até mesmo com prejuízo de terceiros, ou com a violação oculta da lei, as simulações inocentes, em que não houvesse tal prejuízo ou violação, eram admitidas, equiparando-se o negócio simulado, neste tipo de simulação, a um negócio indireto.

Já no Código em vigor, qualquer que seja o tipo de simulação, inocente ou fraudulenta, o negócio jurídico simulado é nulo, mas de uma nulidade especial, específica e não *erga omnes*, como nos casos gerais.

Em vista disso, os efeitos da simulação são objeto de um capítulo inteiro, extenso, em que se estuda, na sua primeira parte, os efeitos da simulação entre as partes, e na segunda, esses efeitos em relação a terceiros, especialmente os de boa-fé, e, em cada uma dessas matérias, tanto à luz do CC de 1916, como, posteriormente, no âmbito do Código de 2002, em vigor.

Escusado dizer que todos os restantes capítulos foram enriquecidos com as luzes dos autores mais representativos que se têm dedicado ao tema, de grande interesse prático e não menor relevo teórico, fazendo-se aqui e ali as alterações necessárias, isto é, exigidas pelas implicações diretas que as conclusões desses autores inegavelmente acarretavam.

Muitos desses ensinamentos estão condensados em notas de rodapé, que melhor elucidam, assim, as matérias do texto, sendo, por isso mesmo, de leitura indispensável.

Como em outras obras de nossa autoria, procurou-se ser o mais claro e explícito possível, na linguagem utilizada, exigência resultante da própria aridez do tema, em algumas de suas passagens.

Fica aqui registrado um caloroso agradecimento à Teresinha, minha esposa, pelo seu persistente e valioso estímulo para que esta publicação chegasse a bom termo e num razoável espaço de tempo.

Resta, por fim, desejar ao leitor uma boa leitura, contando-se com a sua benevolência, indispensável para que sejam relevados eventuais erros, falhas ou imperfeições, que trabalhos desta natureza acabam sempre por abrigar.

# SUMÁRIO

## CAPÍTULO I

I

IV



V



VI



CAPÍTULO II

CAPÍTULO III



CAPÍTULO IV

# INTRODUÇÃO

## O NEGÓCIO JURÍDICO: O CONCEITO E SUA EVOLUÇÃO NA DOUTRINA



**1.** O estudo da simulação deverá ser precedido de algumas considerações sobre o negócio jurídico, não só porque irá tratar-se aqui da simulação nos negócios jurídicos em geral, mas também porque os escritores que têm tratado deste tema conceituam o instituto de formas diferentes, de acordo com uma anterior tomada de posição na teoria do negócio jurídico.[1]

---

1. A observação é de Alberto Auricchio, que escreve a este respeito: "Sob este ponto de vista, pode começar-se por observar que as divergências surgidas em matéria de simulação não dizem grandemente respeito ao problema específico, mas são, antes, o reflexo de uma anterior e mais ampla divergência em matéria do negócio: a ponto de parecer possível encontrar precisamente no estudo da simulação concordâncias e assonâncias que se ocultam atrás de diferente terminologia usada pelos escritores, em correspondência com uma diferente sistemática" (*La simulazione nel negocio giuridico – A simulação no negócio jurídico*, tradução de Fernando de Miranda, Coimbra, Coimbra Editora, 1964, pp. 11 e 12).

**2.** Negócio jurídico é, para os subjetivistas, uma declaração de vontade (uma manifestação de vontade) destinada a suscitar determinados efeitos. Problema debatido é o de saber em que direção a vontade negocial deve se orientar, se para a produção de efeitos jurídicos específicos, para efeitos práticos, empíricos, ou para efeitos jurídicos em geral, tendo cada uma destas posições os seus defensores. Mas, como diz certo autor italiano: a posição preferível é a segunda, tornando-se de menor relevo as outras duas, pois os efeitos jurídicos correspondem, em princípio, ao resultado prático que se visa alcançar com o negócio jurídico, pouco importando saber se esses efeitos são uns ou outros.[2]

"A querela acabou por conduzir a uma síntese, como a de Manuel de Andrade, que postula a consciência e a vontade dos 'efeitos prático-jurídicos' do negócio". É necessário que os declarantes, "visando em primeira linha certos resultados práticos, tenham querido para eles a sanção das leis, isto é, tenham proposto alcançá-los pela via jurídica". Não é exigível que tenham uma percepção dos efeitos jurídicos do negócio, própria de especialistas; basta que deles tenham a consciência comum de leigos. "A precisa determinação dos efeitos jurídicos a que o negócio dará lugar, em conformidade com os efeitos práticos, prosseguidos pelos declarantes, competirá, depois à ordem jurídica".[3]

Com efeito, é bastante que a vontade seja orientada para a produção de efeitos empíricos, de ordem prática, os efeitos usuais que as partes não desconhecem que determinado negócio (jurídico) deve produzir e, mais, com a intenção de que sejam juridicamente tutelados e vinculantes.[4]

Opõe-se à primeira daquelas posições, entre outros, o argumento de que os contratantes não têm, em regra, uma consciência clara da "construção jurídica do negócio", a qual só pode ser exigida dos técnicos em direito.[5]

---

2. Cariota Ferrara, Il negozio giuridico nel diritto privato italiano, Nápoles, A. Morano, 1949, pp. 56-58. Acrescenta o mesmo autor: "Em todo o caso um ponto deve se considerar assente: se se pensar que a força criadora é do direito não pode negar-se que quando o fato é o negócio o direito atribui-lhe os efeitos em correspondência com a vontade. Dá, pois, a esta, no resultado final, o máximo valor... Os efeitos jurídicos que se produzem, ou são os previstos e queridos pelas partes, ou são os que refletem e sancionam juridicamente o escopo prático, se decorrentes do negócio ou do ordenamento, é irrelevante" (op. cit., p. 51).

3. É o que lembra, Pedro Pais de Vasconcelos, *Teoria Geral de Direito Civil*, Coimbra, Almedina, 2007, 4ª ed., pp. 414-415. O autor é Professor Catedrático da Faculdade de Direito da Universidade de Lisboa.

4. O que, evidentemente, não ocorre na simulação.

5. A este respeito, escreve Orlando Gomes: "Para Karlowa o intento das partes é provocar os efeitos jurídicos do negócio. Se estipulam contrato de compra e venda, visam à criação dos direitos e obrigações peculiares a esse contrato".

"Objeções se levantaram contra essa teoria, a mais vigorosa das quais se deve a Lenel, observando os contraditores que, as mais das vezes, os contratantes não têm consciência exata da construção jurídica do negócio. Reconhecendo-lhe o artificialismo, alguns escritores distinguiram a *voluntariedade* do *conhecimento dos efeitos jurídicos,* com o objetivo de

As concepções *voluntaristas* eram dominantes na doutrina brasileira e se ajustavam também à definição do ato jurídico, contida no art. 81 do CC de 1916.[6]

Já não se pode afirmar a mesma coisa em relação ao Código em vigor, em que, nesta matéria, ao contrário daquele, pode dizer-se que são as concepções *declarativistas* que melhor se ajustam à disciplina do negócio jurídico. Veja-se, por exemplo, o que se dispõe acerca da interpretação: enquanto naquele Código o legislador mandava atender, para esse efeito, à *intenção* dos sujeitos da declaração de vontade (art. 85), neste, determina que se deva atender à intenção *consubstanciada* (externada) na declaração de vontade (art. 112[7]).

**3.** Em outro extremo, colocam-se os *objetivistas* para quem o negócio jurídico é essencialmente "um *preceito* de autonomia privada".[8] Seguida, na

sustentar que o intento se dirige apenas aos efeitos essenciais (Zittelmann, Manick). As partes querem o necessário, não se ocupando dos efeitos secundários. Quando realizam o contrato de compra e venda, quer uma receber a coisa e a outra o preço. A vontade dirige-se a esses efeitos típicos de tal negócio."

"A distinção, além de arbitrária, não resguarda a teoria dos ataques de que tem sido alvo. Persistem duas sérias contraditas. A primeira é que conduziria a severas limitações a liberdade de estruturação do conteúdo de inúmeros negócios jurídicos, os quais se realizam sem a prefiguração exata dos seus efeitos jurídicos. A segunda, a de que, no rigor da lógica, teria de ser declarado inexistente todo o negócio a que faltasse o conhecimento dos efeitos jurídicos ou a vontade de suscitá-los como a lei os determina. Não obstante, ainda encontra defensores (Stolfi, Messineo, Santoro Passarelli, Trabucchi)."

"Inclinou-se a doutrina para a teoria da direção da vontade aos fins práticos do negócio. O intento das partes não é suscitar os efeitos jurídicos predeterminados na lei, mas obter satisfação de interesses. Se o escopo prático em mira é tutelado pelo ordenamento jurídico, o negócio produz os efeitos próprios, aos quais se conforma. O que querem, realmente, as partes é seu resultado econômico ou social, sendo irrelevante que a vontade se tenha dirigido, especificamente, à produção dos efeitos jurídicos do negócio estipulado. Importa somente que o intento se enderece à realização de interesses dignos de proteção. Manifestado, a lei o tutela, atribuindo ao negócio efeitos correlatos. Ignora-o se intranscendente; combate-o se ilícito."

"Partidários da teoria da direção do intento para resultados práticos são, na Itália, onde o problema continua a despertar interesses, dentre outros, Cariota Ferrara, Betti, Scognamiglio, Pugliatti, Ascarelli e Coviello."

6. É o que já afirmava Junqueira de Azevedo, *Negócio jurídico, existência, validade e eficácia*, São Paulo, Saraiva, 1974, p. 6 e s.

7. Também no art. 110 se dispõe que "a manifestação de vontade subsiste ainda que o seu autor haja feito a reserva mental de não querer o que manifestou, salvo se dela o destinatário dela tinha conhecimento". A teoria voluntarista, prestigiando a vontade real, conduziria à anulação do negócio jurídico eivado de reserva mental, a requerimento do declarante.

8. Itálico nosso. Note-se que há quem não veja grande diferença entre as concepções subjetivistas e a de Betti, que consideramos objetivista, mas em que se pode ver-reconhecemo-lo hoje- fortes traços subjetivistas. Nesse sentido, Aurelio Gentile (*Il Contratto Simulato*, Nápoles, Eugenio Jovene, 1982, p. 23), que escreve: "Já foi acentuado, por vezes, pela doutrina a incapacidade da teoria preceptiva de libertar-se integralmente de todo o traço

Alemanha, por autores como Bullow, Henle e Larenz,[9] a teoria objetiva teve, na Itália, como seu mais destacado representante, Emílio Betti.

Segundo Betti, nos ordenamentos que reconhecem a propriedade individual, o negócio jurídico constitui um instrumento dinâmico posto à disposição dos consociados para a autorregulamentação dos próprios interesses, de modo decisivo e vinculante, com a plena consciência que aqueles têm, de que a inobservância do conteúdo preceptivo do negócio, antes que qualquer sanção jurídica, acarreta reprovação social (consistente na perda ou diminuição de crédito, na impossibilidade de realização de novos negócios etc.).[10]

É nisso – diz – no poder de autorregulamentação dos próprios interesses, conferido pela ordem jurídica aos particulares, por meio dos negócios jurídicos, que consiste a autonomia privada. O negócio jurídico é assim "o ato de autonomia privada a que o direito liga o nascimento, a modificação e a extinção das relações jurídicas entre particulares".[11]

O conteúdo preceptivo do negócio jurídico e consequentemente o poder conferido aos particulares não implica, segundo Betti, que se esteja ante uma *delegação da competência normativa* por parte da ordem jurídica, mas que – e, é nisso que, para este autor, consiste a autonomia privada – com o negócio jurídico, os particulares são livres de realizar o fato previsto hipoteticamente numa norma existente, podendo fazer despontar a relação jurídica que tal norma estabelece.[12]

Porém, a autonomia concedida aos particulares – escreve Betti – não é absoluta, porquanto, se lhes compete escolher livremente os escopos que melhor se adaptem à satisfação de seus interesses, a ordem jurídica continua sendo soberana em valorar tais escopos, de acordo com a relevância social destes e de harmonia com as exigências da função ordenadora do direito.[13]

Acrescenta ainda Betti que "o reconhecimento da autonomia privada por parte da ordem jurídica configura, essencialmente, um fenômeno de recepção, mercê do qual o regulamento prescrito pelas partes para os seus interesses, nas

'voluntarístico'; assim, a par das críticas de que ela desconhece o papel central da vontade, outras lhe foram movidas pelo dualismo em que incorreria, de elementos normativos e voluntarísticos".

9. Cf. Junqueira de Azevedo, citando Scognamiglio, *Negocio jurídico*, cit., p. 14.

10. Emílio Betti, *Teoria Geral do Negócio Jurídico*, Coimbra, Coimbra Editora, 1969, tomo I, pp. 87 e ss., que também afirma: "os negócios jurídicos têm a sua gênese na vida de relações: surgem como atos por meio dos quais os particulares dispõem, para o futuro, um regulamento obrigatório de interesses nas suas recíprocas relações, e desenvolvem-se, espontaneamente, sob o impulso das necessidades, para satisfazer diversas funções econômico-sociais, sem a ingerência de qualquer ordem jurídica" (p. 88-89).

11. Betti, op. cit., I, p. 98.

12. Betti, op. cit., I, p. 101.

13. Betti, op. cit., I, p. 103.

suas relações recíprocas, entra para a esfera do direito e é elevado, com oportunas modificações, a preceito jurídico".[14]

A concepção objetiva tem sido criticada com o argumento de que do negócio jurídico não nascem regras, mas relações jurídicas e tanto assim que "a revogação da lei anteriormente vigente não implica a das regras negociais".[15]

**4.** "A transformação do negócio em norma jurídica concreta escreve Junqueira de Azevedo – é *artificial* na medida em que a expressão 'norma jurídica' implica sempre um *jubere* que o negócio jurídico não possui. Esse o seu principal defeito."[16]

Junqueira de Azevedo tem uma noção eclética do negócio jurídico: não é "uma simples manifestação de vontade, *mas uma manifestação de vontade qualificada,* ou *uma declaração de vontade".*[17] "Por outro lado, sendo a declaração de vontade um ato que, em virtude das circunstâncias em que se produz, *é visto socialmente como dirigido à produção de efeitos jurídicos,* o direito segue a visão social e encobre aquele ato com o seu próprio manto, atribuindo-lhe normalmente (i. e., respeitados os pressupostos de existência, validade e eficácia) os efeitos que foram manifestados como queridos".[18]

**5.** Expostas, em brevíssima síntese,[19] essas correntes doutrinárias sobre o conceito do negócio jurídico e atenta a consideração de que a uma mesma corrente se filiam autores cujas concepções têm matizes, que as fazem distanciar umas das outras, e, por vezes, consideravelmente, é mister voltar a aludir, nesta ordem de ideias, às concepções subjetivistas.

Para estes autores, como se viu, o negócio jurídico é, antes de tudo, uma declaração de vontade, que se analisa em dois elementos: a vontade e a sua manifestação. Em um negócio jurídico normal estes dois elementos estão em perfeita harmonia. Mas nem sempre assim acontece. Ocorre, por vezes, que entre a vontade

---

14. Betti, op. cit., I, p. 165.

15. Orlando Gomes, *Introdução*, cit., p. 297; Junqueira de Azevedo, *Neg6cio jurídico...* cit., p. 16 e s.

16. Junqueira de Azevedo, Negócio jurídico... cit., p. 16. Veja-se também outras objeções a esta teoria que ali se mencionam. A este propósito, e em contrário, escreveu Betti: "Ora, conforme o conteúdo seja socialmente destinado apenas a informar ou a esclarecer (*docere*), ou a estatuir ou regulamentar (*jubere*), isto é, seja destinado, no primeiro caso, a enunciar algo existente ou, no segundo, a dispor um dever-ser para o futuro, a declaração deverá qualificar-se como enunciativa ou puramente representativa, quando *docet,* ou, respectivamente, como dispositiva, preceptiva ou ordenativa, quando *jubet* (*Teoria...* cit., p. 291).

17. Junqueira de Azevedo, *Negócio jurídico...*, cit., p. 21.

18. Junqueira de Azevedo, *Negócio jurídico...*, cit., p. 23.

19. Para uma exposição mais detalhada sobre essas correntes e teorias, ver Custodio da Piedade Ubaldino Miranda, *Teoria Geral do Negócio Jurídico*, São Paulo, Atlas, 2009, 2ª ed., pp. 15 e ss.

e a sua manifestação há uma divergência e põe-se então o problema de saber qual desses elementos deve prevalecer. É que tal divergência inquina o negócio de um vício ou defeito e a solução a dar variará de acordo com a prevalência que tiver um daqueles elementos.

Para resolver este problema, das relações entre a vontade e a declaração, também surgiram várias teorias.[20]

**6.** Segundo a teoria volitiva (subjetivista), formulada inicialmente por Savigny, o elemento primacial do negócio jurídico, aquele que o direito dota de consequências jurídicas, é a vontade real ou psicológica do sujeito, não passando a declaração de simples meio de exteriorização dessa vontade, de mero indício do querer do indivíduo, demonstrável por outro modo; e em caso de conflito com a respectiva declaração, deve a vontade real prevalecer.

> "Esta teoria – acentua Ferrara – levada às suas últimas consequências, produziria resultados iníquos; porque, considerando decisiva para a validade ou nulidade do negócio a verdadeira intenção do agente, iria sempre sacrificar o aceitante de uma declaração, cujas esperanças resultariam traídas pela má fé ou pela culpa do declarante."[21]

Em vista disso, impressionados com as injustiças e os excessos a que conduzia a teoria volitiva, na sua modalidade extrema, procuraram os juristas corrigir-lhe o rigor, com formulações que visavam remediar essas consequências.

E assim surgiram as teorias da *culpa in contrahendo* de Ihering e a do *compromisso tácito de garantia* de Windscheid.

**7.** Ihering, apoiando-se em textos do direito romano, propunha que impendesse sobre o declarante a responsabilidade pela celebração de um negócio jurídico não isento de vício, porque todo o contraente – afirmava – tem a obrigação de agir com diligência, não só nas relações jurídicas já estabelecidas, como também nas que esteja formando. O contraente que não usa dessa diligência age com culpa, é responsável em face do "interesse contratual negativo" do outro contraente. Deve por isso ser obrigado a ressarcir o destinatário da declaração pelos prejuízos que lhe causar a nulidade do negócio jurídico, a que a emissão de uma declaração, divergente da vontade real, necessariamente conduz.[22]

**8.** A teoria do "compromisso tácito de garantia", formulada por Windscheid em suas primeiras edições das Pandectas, pressupõe que o declarante assume, na celebração de um negócio jurídico, uma obrigação de garantia tácita por todas as

---

20. Ferrara, Francesco, La simulación de los negócios jurídicos, tradução do original italiano de Rafael Atarda e Juan A de Puente, Madrid, *Rivista de Derecho Privado*, 1951, 2ª ed., p. 20 que seguiremos de perto, na síntese do seu pensamento, a seguir, dos itens 6 a 10.

21. Ferrara, op. cit., p. 20.

22. Ferrara, op. cit., pp. 20 e 21.

consequências danosas da sua declaração. Deve, assim, o declarante ressarcir o destinatário da declaração quando lhe causa prejuízos que lhe advêm da anulação do negócio, resultante de uma declaração, divergente da vontade real, porque trai a confiança por ele depositada na seriedade da declaração.[23]

Estas teorias que procuravam ser simples atenuações às consequências injustas a que conduzia o rigor da teoria volitiva, na sua pureza, não atendiam, ainda assim, às exigências do comércio jurídico, à certeza e à segurança que devem presidir às relações, além do que deixavam sem proteção suficiente os interesses do próprio destinatário da declaração.

**9.** E assim Röver, seguido por outros autores alemães, formulou a teoria da declaração. Partindo de inúmeras exceções ao princípio de que a declaração é ineficaz sem a vontade correspondente[24] e depois de estabelecer uma distinção entre negócios *mortis causa,* em que as declarações dão a conhecer aos supérstites a última vontade do falecido e os negócios *inter vivos,* em que as respectivas declarações atuam, não como simples meios de prova, sinais sensíveis de reconhecimento ou exteriorização de uma vontade, por outro modo inapreensível, mas como autênticos meios de ligação, de liames que vinculam o declarante às obrigações assumidas com a sua declaração, erige como princípio geral o de que a declaração emitida por pessoa capaz produz efeitos jurídicos sem se considerar se o declarado foi realmente querido ou não.[25]

> "Quem emite uma declaração jurídica, diz Saleilles, aceita ficar vinculado para com aquele a quem se dirige pelo sentido normal das expressões que emprega, senão não poderia haver segurança alguma nas relações privadas."[26]

Mas também a teoria da declaração passou a ser alvo de crítica pelos extremos a que conduzia, deixando sem qualquer proteção os interesses do autor de uma declaração de vontade e prejudicando, da mesma forma, o comércio jurídico, em nome do qual fora formulada.[27]

**10.** Windscheid, por sua vez, formula a teoria da responsabilidade no seu célebre programa *(Wille und Willenserkliirung).* Nem só a vontade, como elemento interno, nem só a declaração, como elemento externo, mas a *declaração de vontade* é que é juridicamente eficaz. "A declaração sem vontade é tão

---

23. Ferrara, op. cit., p. 21.

24. Por exemplo, quando a declaração se limita a uma parte não essencial do negócio; se a causa da divergência é a reserva mental; nas declarações entre ausentes, se o declarante muda de idéia antes que a declaração chegue ao conhecimento da outra parte. Cf. Ferrara op. cit., pp. 22 e 23.

25. Ferrara, op. cit., p. 22 e 23.

26. Beleza dos Santos, op. cit., v. I, p. 23.

27. Beleza dos Santos, op. cit., v. I, p. 25.

nula como a vontade sem a declaração".[28] A declaração de vontade não é assim simples modo de manifestação de uma vontade preexistente, mas "o movimento da vontade em ação", visando não só os sinais exteriores de comunicação, mas os próprios efeitos jurídicos.[29] Tão digno de proteção como os interesses do comércio jurídico e do destinatário da declaração – diz Windscheid – é o interesse do declarante que contrata sem dolo nem culpa. E assim, em caso de divergência entre a vontade real e a declarada, não basta – escreve Windscheid nesta nova formulação da sua teoria – o simples ressarcimento do destinatário da declaração, anulado o negócio; é necessário que o negócio subsista válido, que o declarante se atenha ao prometido, sempre que tenha agido com dolo ou culpa.[30]

**11.** Finalmente a teoria da confiança pretende atenuar os excessos a que chega a teoria da declaração, na sua forma extrema. Partindo da declaração, como elemento mais importante, em atenção à certeza e à segurança nas relações, exige que se atenda à boa fé do destinatário da declaração para, em caso de divergência entre a vontade real e a declarada, manter-se a validade do negócio jurídico. O negócio se anula, segundo essa teoria, só no caso de má fé do declaratário, que consiste no conhecimento daquela divergência, assim como a boa- fé se traduz no desconhecimento da mesma.[31]

**12.** Construção próxima da teoria da responsabilidade, mas com acento no elemento declaração, é a teoria de Kohler.

Para Kohler, vontade e declaração não são elementos distintos que se possam separar arbitrariamente, aparecendo a declaração como simples meio de manifestação de vontade a que aquela estaria subordinada. A declaração de vontade é antes "uma incorporação, uma encarnação do querer"; "é uma unidade para a qual o homem coopera física e psiquicamente". "A declaração não constitui uma divulgação de um ato preexistente e juridicamente relevante, não é algo que se pareça com o som de uma trombeta que ressoa até nós de uma esfera ultra-terrena; vontade e declaração são antes de mais os dois lados, os dois polos de um mesmo fenômeno".[32]

O que é decisivo e juridicamente relevante é a ação do querer, com o elemento interno e o externo indissoluvelmente ligados.[33]

---

28. Ferrara, op. cit., p. 25.
29. Ferrara op. cit., p. 25.
30. Ferrara, op. cit., p. 27.
31. Rodrigues, Silvio, *Dos defeitos dos atos jurídicos*, São Paulo, Max Limonad, 1979, p. 53, e *Dos vícios do consentimento*, São Paulo, Saraiva, 1979, p. 37; Andrade, Manuel A. Domingues de, *Teoria geral da relação jurídica*, Coimbra, Almedina, 1974, 4ª reimpressão, pp. 158 e 159.
32. Distaso, op. cit., p. 9, nota 3.
33. Distaso, op. cit., p. 9, nota 3.

**13.** Vistas em suas linhas essenciais essas correntes sobre o conceito do negócio jurídico e as teorias que procuram explicar as relações entre os dois elementos fundamentais em que, segundo uma dessas correntes – a subjetivista – o negócio se analisa, sendo para uns – os voluntaristas – a vontade o elemento decisivo e para outros – os declarativistas – a declaração, é mister discorrer, ainda que brevemente, sobre a perspectiva segundo a qual os objetivistas encaram a declaração.

Acentuam estes, cada vez mais, a ideia da declaração como um fato social. Se o negócio jurídico é um instrumento posto à disposição dos particulares, pelo ordenamento jurídico, para a auto – regulamentação dos próprios interesses para a consecução dos fins de solidariedade social, a declaração não pode limitar-se a exteriorizar uma vontade psicológica com um valor e importância meramente individuais. Projetada ao mundo exterior, deve ela ser objetivamente reconhecível e valorável, como fato social que é, deve apontar um critério de conduta.[34]

> "A consideração do momento social da autonomia privada – escreve Distaso, na esteira de Betti[35] – está, pois, em relação indissolúvel com a fundamental exigência de reconhecibilidade, a qual se descortina em todo o campo de vida da relação, quer se trate de entender a manifestação da espiritualidade de outrem, quer se trate de regular relações entre consociados. E tal exigência, por sua vez, está estreitamente ligada ao princípio de boa-fé, cujo sentido final é sempre o da confiança. O que significa que a fórmula declaração de vontade, é possível entendê-la em um só sentido, no sentido, isto é, de declaração que, valorada na realidade social à luz dos princípios da experiência e das circunstâncias do caso concreto, isto é, na concretude de sua expressão, permite induzir a vontade de criar um determinado auto – regulamento de interesses."[36]

34. Distaso, op. cit., p. 37.
35. Betti, op. cit., p. 108.
36. Nicola Distaso, *La simulazione dei negozi giuridice*, Turim, Utet, 1960, p. 38.

# CAPÍTULO I

## I

## CONCEITO DE SIMULAÇÃO[1]

1. O negócio jurídico e a simulação: influência da concepção daquele na conceituação desta, entre os autores. 2. A doutrina tradicional sobre a simulação: divergência entre a vontade real e a declarada. 3. A intenção de enganar: simulação e declarações não sérias. 4. Simulação absoluta e simulação relativa. 5. O acordo para simular: simulação e reserva mental.

**1.** As considerações precedentes, em torno do negócio jurídico e das relações entre a vontade e a declaração, tiveram o objetivo de assinalar, por um lado, a íntima conexão que se pode observar entre a construção do conceito de simulação de cada autor ou corrente doutrinária e a respectiva concepção do negócio jurídico e, por outro, a vital importância que tem no procedimento simulatório, portanto, na simulação, o negócio jurídico que é celebrado entre os simuladores, não como um auto – regulamento de interesses, tal como ocorreria em qualquer negócio

---

1. Trata-se de um tema dos mais complexos do direito civil; com razão, escreve Messina, que "em matéria de simulação absoluta não se se exagera quando se afirma que o único conceito seguro da doutrina é o do reconhecimento da incapacidade do ato simulado de criar uma nova relação jurídica entre os simuladores. Mas qual seja a estrutura mesma do negócio simulado, quais os efeitos em relação a terceiros, qual a via pela qual se alcança o resultado negativo acenado é controverso", Giuseppe Messina, La simulazione assoluta, I, *Rivista de Diritto Commerciale*, volume V, Milão, Francesco Vallardi, 1907, p. 393.

jurídico normal, mas destinado precipuamente para a ilusão de terceiros, para que o tomem por um negócio jurídico normal.

É necessário acentuar, porém, quanto ao primeiro ponto, que, não obstante isso, em todas aquelas construções sobre o negócio jurídico, há traços comuns que se ocultam sob diferente terminologia, como bem adverte Auricchio, uma vez que, no fenômeno da simulação, não existem entre os autores desacordos substanciais, mas, divergências que resultam, de uma anterior tomada de posição na teoria do negócio.[2]

Por outro lado, é mister, não obstante, salientar que nem sempre os autores acompanham rigorosamente, na construção da simulação, as respectivas concepções do negócio jurídico, o que aliás nada teria de estranho.[3] Mas, de qualquer maneira, parece que constituem exceções.[4]

Nesta ordem de ideias pode dizer-se que os escritores que, na teoria do negócio, professam o dogma da vontade, bipartem-se em duas categorias: aqueles que constroem o instituto no quadro (estrutural) de uma só declaração (mas de cada uma das partes) e os que o constroem no quadro de duas declarações. Os primeiros conceituam a simulação como uma divergência intencional entre a vontade real e a declarada; enquanto os últimos concebem-na como uma situação em que há duas declarações, das quais uma elimina ou modifica a outra.[5]

---

2. *V., supra,* nota 1 do n., 1 do Capítulo I. Auricchio, op. cit., p. 12, que exemplifica em nota. Enquanto para Betti, simulação é a divergência entre a intenção prática das partes e a causa (função econômico-social do negócio), para Cariota Ferrara é uma divergência entre a vontade do conteúdo e a vontade da declaração. Para os dois autores, há um elemento subjetivo – intenção prática para Betti e vontade do conteúdo para Cariota Ferrara – e um elemento objetivo – causa para o primeiro e vontade de declaração para o segundo. Ambos veriam, portanto, uma desconformidade entre a valoração subjetiva do negócio e a valoração objetiva (v. nota seguinte).

3. Auricchio, referindo-se à doutrina anterior, chama a atenção para o fato de que os escritores tomam uma definição do negócio como pressuposto da teoria da simulação. "A este respeito poderia falar-se de apriorismo, de conceitualismo." (op. cit.., pp. 12 e 13).

4. Orlando Gomes, por exemplo, que parece ser adepto da concepção voluntarista do negócio, escreve que "há simulação quando em um negócio jurídico se verifica intencionalmente divergência entre a vontade real e a vontade declarada, com o fim de enganar a terceiros". "É uma deformação voluntária para escapar à disciplina normal do negócio, prevista na lei..." "Trata-se de vício da causa." (op. cit.., p. 493). Sobre a concepção do negócio, cf. p. 295 e s. Vê-se mais que, simultaneamente, a conceitua como um fenômeno de divergência entre a vontade e a declaração.

5. Francesco Marani, La simulazione negli atti unilateral, Pádua, Cedam, 1971, p. 16.

A primeira corrente é a largamente dominante tanto no Brasil (*v. infra*) quanto na Europa Continental.

Assim, na Itália, na vigência do Código de 1865 (Ferrara, op. cit., p. 61), na Alemanha (Ludwig Enneccerus e Hans Carl Nipperdey, Teoría general dei derecho civil, parte geral, trad. de Blas Peres Gonzales e José Alquer, Barcelona, Bosch, v. 2, t. 1. da 1ª ed., 2. tiragem, p. 172 e s., Andreas von Tuhr, Derecho Civil, Teoría general dei derecho civil alemã (v. 2,

Os escritores que, como Kohler, afastam-se do dogma de vontade e que chamaremos de declarativistas, conceituam a simulação como uma situação em que há duas declarações que se anulam ou se neutralizam, como adiante se verá.

E finalmente os objetivistas, acentuando o momento funcional do negócio, concebem a simulação como um vício da causa, não no seu sentido primitivo e originário, de fundamento da obrigação, mas de elemento referido à totalidade do negócio, às razões da aceitação do negócio (como categoria) pelo ordenamento jurídico.[6]

**2.** A doutrina tradicional, como se disse, largamente dominante tanto no Brasil[7] quanto na Europa Continental, insere a simulação entre os casos de divergência entre a vontade real e a declarada.

Na simulação – diz-se – as partes emitem uma declaração deliberadamente desconforme com a intenção; a divergência entre o que aparentam querer, na

Los hechos jurídicos, El negocio jurídico, trad. de Tito Rava, Buenos Aires, Depalma, p. 238 e s.), em Portugal, tanto no domínio do Código de 1867 (Beleza dos Santos, op. cit., p. 61, Manuel de Andrade, op. cit., p. 169), como no atual, que define a simulação no sentido da doutrina tradicional (art. 240).

A segunda corrente é a que predomina na França, cuja doutrina construiu toda uma teoria das chamadas "contre-lettres" referidas no art. 1.321 do Código Napoleônico nestes termos: "les contre-lettres ne peuvent avoir leur effet qu'entre les parties contractantes; elles n'ont point d'effet contre les tiers". Desde Bartin, a doutrina francesa vinha conceituando a simulação no sentido da segunda corrente: a chamada "contre-lettre" é um ato secreto no qual as partes exprimem a sua vontade real, indo *contra a letra* de um ato ostensivo (Gabriel Marty e Pierre Raynaud, Droit Civil, Paris, Sirey, 1962, t. 2, p. 243, Aubry et Rau, Cours de droit civil français, Paris, Marchei e Billard, 1897, t. 1, p. 175 e s., § 35, Marcel Planiol, Traité élémentaire de droit civil, Paris, 1905, t. 2, p. 396). Porém, Michel Dagot (*La simulation en droit privé,* Paris, 1967, p. 22), afasta-se da teoria clássica das "contre-Iettres".

6. Francesco Marani, op. cit., p. 16.

7. Pontes de Miranda, *Tratado de direito privado; parte geral,* Rio de Janeiro, Borsoi, 1954, t. 4, p. 374 e s.: "Em toda a simulação há a divergência entre a exteriorização e a volição...", (p. 376); Homero Prates, *Atos simulados e atos em fraude da lei,* Freitas Bastos, 1958, p. 27; Eduardo Espínola, *Breves anotações ao Código Civil brasileiro,* 1918, v. 1, p. 300; Paulo de Lacerda, *Manual do Código Civil brasileiro; parte geral,* 1923, v. 3, p. 468 e 469; Washington de Barros Monteiro, *Curso de direito civil; parte geral,* 6. ed., Saraiva, 1968, v. 1, p. 246-7; João Franzen Lima, *Curso de direito civil brasileiro,* 4. ed., Forense, v. 1, p. 306; Serpa Lopes, *Curso de direito civil,* 5. ed., Freitas Bastos, v. 1, p. 396; Orlando Gomes, op. cit., p. 493; como observado antes, este autor conceitua a simulação também como vício da causa. Não partilham da opinião da doutrina dominante: Silvio Rodrigues que escreve: "Na simulação a declaração reveladora do negócio jurídico não difere da vontade que os simuladores tiveram o intento de externar. Inexiste disparidade entre o querido e o declarado" (Dos defeitos, citada, p. 9, e Dos vícios, citada, p. 6). V., porém, conceituação no sentido da doutrina dominante, em Direito civil, Saraiva, 1976, v. 1, p. 211; Clóvis Beviláqua, *Código Civil comentado,* 14. ed., 1959, p. 283; Antonio Joaquim Ribas, *Curso de direito civil brasileiro,* 4. ed., 1975, p. 475; Caio Mário da Silva Pereira, *Instituições de direito civil,* 2. ed., Rio de Janeiro, Forense, 1966, p. 313.

declaração, destinada a ser conhecida do público, e a vontade real, a verdadeira intenção e que deverá permanecer secreta, é deliberada de comum acordo entre as partes.

A divergência entre o que na verdade se quer e o que só na aparência se declara é livremente querida pelas partes: é assim que a simulação se distingue da coação absoluta em que tal divergência é consciente, mas não desejada pelo coacto.[8]

A característica fundamental do negócio simulado é a divergência intencional entre a vontade e a declaração. Há uma oposição consciente entre o querido e o declarado; as partes não querem o negócio, querem apenas fazê-lo aparecer, emitindo uma declaração não conforme com a sua vontade, que predetermina a nulidade do negócio jurídico e provoca uma ilusão de sua existência. Pretendem que aos olhos de terceiros apareça uma relação jurídica que na realidade não existe, mas da qual se quer mostrar uma exterioridade enganadora, mediante uma declaração sem qualquer conteúdo volitivo: "trata-se, pois, de uma declaração efêmera, vazia, fictícia, que não representa uma vontade real e é, por isso mesmo, nula, destinada unicamente a enganar o público".[9]

**3.** O dissídio consciente e intencional entre a vontade real e a declarada deve resultar, segundo a doutrina que vimos referindo, de um acordo entre o declarante e o declaratário, com o intuito de enganar terceiros.

Essa intenção de enganar distingue a simulação de outras formas de divergência intencional entre a vontade real e a declarada, tais como as que são feitas por ironia ou gracejo, as que têm um fim didático ou de reclamo, as que representam uma declaração cênica. Em todas essas hipóteses, existe também uma discordância intencional entre a vontade real e a declarada na medida em que o declarante, quando emite a declaração, não tem a mínima intenção de se vincular negocialmente. Mas a declaração é feita em circunstâncias tais que, aqueles a quem a declaração se dirige, logo se apercebem de que se trata de uma declaração insusceptível de fundar a confiança de quem quer que seja. Por isso são conhecidas na doutrina com a designação genérica de declarações não sérias.[10]

Mas se as circunstâncias em que é feita tal declaração é de molde a induzir alguém a erro, se há culpa do declarante em fundar, embora erroneamente, a

---

8. Manuel de Andrade, *Teoria Geral*, II, cit., p. 169.

9. Ferrara, op. cit., p. 61-2. Ferrara foi o jurista que mais profundamente versou o tema no domínio do Código Civil italiano de 1865, exercendo vigorosa e irresistível influência tanto na Europa Continental quanto entre nós.

10. Ferrer Correia, Erro e interpretação na teoria do negócio jurídico, Coimbra, Atlântica, 1968, p. 76; Ferrara, op. cit., p. 63.

Para Manuel de Andrade, a solução é inconciliável com a teoria voluntarista pura, filiando-se antes ao princípio da responsabilidade, circunscrito aos casos de dolo (intuito meramente enganatório) (*Teoria geral*, cit., p. 155, nota 2). Espínola, *Manual*, cit., p. 468.

confiança de outrem na seriedade da declaração, o declarante fica vinculado à sua declaração.[11]

O art. 118 do Código Civil alemão contempla a declaração não séria, emitida na suposição de que o destinatário se dê conta da falta de seriedade da declaração e a fere de nulidade. Se a falta da seriedade foi conhecida pelo destinatário ou este podia conhecê-la – escreve Von Tuhr – a nulidade decorre dos próprios princípios de interpretação (art. 133); mas a declaração também é nula –acrescenta, seguindo a doutrina dominante – se a falta da seriedade não é reconhecível.[12]

A doutrina a que estamos nos referindo adverte que não se deve confundir o fim de enganar com o fim de prejudicar. Aquele bastaria para se poder falar em simulação. Este, o fim de prejudicar, caracterizaria apenas as simulações fraudulentas, realizadas com o fim de frustrar direitos de terceiros ou de ocultar a violação da lei.

À chamada simulação inocente seria estranho o fim de prejudicar: ditada no interesse do próprio simulador, pode ter um fim de vaidade, de pompa, de reclame, de preservação de sentimentos afetivos, um interesse moral, em suma, mas sem que nada disso envolva *prejuízo* patrimonial ou moral de terceiros, ou violação da lei.[13]

Além dos dois elementos a que se acabou de aludir, é necessário, para que se verifique a simulação, segundo a doutrina tradicional, um acordo para simular entre todos os que intervêm na celebração do negócio simulado. Esse acordo ou conluio que deve existir entre os simuladores é que distingue a simulação da reserva mental.

Na reserva mental, a divergência entre o que se quer e o que se declara se restringe a uma das partes contratantes: é o declarante que emite conscientemente uma declaração, que não corresponde à sua vontade real, com o intuito de enganar o declaratário.

---

11. Beleza dos Santos invoca a teoria da responsabilidade para justificar esta solução (op. cit., p. 58); Espínola também invoca o mesmo princípio, a propósito destes casos e da reserva mental (*Manual*, citado, p. 467 e 468); Ludwig Enneccerus e Hans Carl Nipperdey, op. cit., p. 172.

12. Von Tuhr, op. cit., p. 238. (O art. 133 citado é do CC alemão.) 16) (op. cit., pp. 213-14).

13. Beleza dos Santos, op. cit., p. 63-5; Manuel de Andrade, op. cit., p. 173; Silvio Rodrigues nos dá os seguintes exemplos da simulação inocente extraídos da jurisprudência: aquisição por interposta pessoa, de cotas de sociedade, se o negócio é levado a efeito sem o intuito de prejudicar terceiros (*RT* 210:510); entrega de imóvel para realização do próprio capital em sociedade que se constituía, se os autores dissimularam tal entrega sob a aparência de compra e venda (*RT*, 152:516) (op. cit.., pp. 213-14).

A ineficácia da reserva mental se funda "na segurança do comércio jurídico e na confiança na palavra dada".[14]

Efetivamente, se se admitisse a anulabilidade de um negócio jurídico só porque o declarante, emitindo uma declaração negocial, não quis intimamente vincular-se lhe, sem que o declaratário conhecesse a divergência, ou ao menos devesse conhecê-la, não haveria segurança alguma nas relações jurídicas. É por este motivo que todos os ordenamentos jurídicos repudiam a reserva mental, independentemente de texto expresso de lei; quer a lei proveja, quer não nesse sentido, a reserva mental é juridicamente irrelevante. Excetua-se o caso da reserva mental conhecida (ou reconhecível com o uso de diligência normal) do outro contraente; como aqui não militam as razões daquela ineficácia, o direito dá-lhe relevância, cominando nestes casos a invalidade.[15]

Até mesmo os sequazes do dogma da vontade admitem a irrelevância da reserva mental. O argumento com que procuram justificar tal irrelevância, não obstante ocorrer nos casos de reserva uma discordância entre a vontade e a declaração, é o de que se verificam, nesses casos, circunstâncias excepcionais, que fundamentam a validade das declarações eivadas de reserva mental. Esse elemento excepcional seria a *intenção de enganar* com que o reservante emite a sua declaração de vontade, dirigida ao seu destinatário. A reserva mental redunda, em última análise, diz-se, numa conduta moralmente censurável e "o direito não pode consentir que alguém invoque, para delas tirar proveito, as suas mentiras".[16]

Mas o argumento não colhe. Como acentua também Ferrer Correia, as ações humanas, para que sobre elas possa ser emitido um juízo de valor, não podem ser julgadas em si mesmas, senão em conexão com os fins que as ditaram. Enganar, no sentido de mentir, nem sempre constitui uma conduta moralmente censurável. Atente-se no clássico exemplo do indivíduo que, para salvar um amigo que está na iminência de se suicidar em virtude de sua desesperada situação financeira, promete-lhe solenemente empréstimo de considerável importância em dinheiro, sem a mínima intenção de se vincular, pretendendo, antes, invocar a reserva tão logo a pessoa em questão desista do suicídio. Não se pode falar, em casos como este, em conduta moralmente censurável.[17]

A única consideração em que, nesta como em outras hipóteses que lhe sejam assimiláveis, se pode fundar a ineficácia da reserva mental, escreve ainda Ferrer Correia, é que "o direito vincula, pelo menos, contanto voluntariamente se dê a

---

14. Von Tuhr, op. cit., p. 238.

15. Manuel de Andrade, *Teoria Geral*, II, citada, p. 217 e s.; Von Tuhr, op. cit.., p. 238 e s. É a aplicação da máxima *nemo auditur propriam turpitudinem allegans.*

16. Ferrer Correia citando Manigk, op. cit., p. 76

17. Ferrer Correia, op. cit., p. 77.

um terceiro uma base forte bastante para ele fundar a confiança na seriedade da promessa recebida”.[18]

**4.** A doutrina sempre distinguiu e ainda distingue entre simulação absoluta e simulação relativa. É conveniente, por isso, discorrer aqui, ainda que brevemente, sobre estas duas modalidades da simulação.

Na simulação absoluta, existe um negócio jurídico que é produto de um acordo das partes que o celebram, apenas para que terceiros em geral, que travam conhecimento de sua existência, o tomem por um negócio real, normal, quando ele não passa, nos termos precisos daquele acordo, simulatório, de uma aparência negocial, de uma determinada forma do negócio jurídico (compra e venda, doação, mandato), mas, cujo conteúdo externado pelas partes, não corresponde à sua intenção prática, aos efeitos que realmente desejam alcançar com a forma negocial projetada (transferência da coisa vendida ou doada de um a parte para a outra, a incumbência por uma delas de que a outra cumpra determinados atos em seu benefício etc.).

Explicitando melhor: todo o negócio jurídico, de acordo com o seu tipo, está colimado à realização de uma determinada função econômico-social: é nisso que consiste a sua causa, a causa objetiva. Ela pode ser definida aproximadamente nestes termos: todo o negócio jurídico tem uma função econômico-social *típica*, uma fisionomia que lhe é peculiar e que permite distinguir os diversos tipos ou categorias de negócios. O elemento que configura os diversos tipos de negócios, constituindo a “síntese dos seus efeitos jurídicos essenciais”, é a sua causa.

Além da causa objetiva ou abstrata, há uma causa subjetiva ou concreta A conduta de um sujeito do negócio jurídico está geralmente orientada para a realização dessa função econômico-social de cada negócio jurídico típico (legal ou socialmente típico). Há, portanto, uma causa subjetiva, típica, que geralmente coincide com a causa objetiva, com a função econômico-social própria de cada negócio jurídico em particular.

Há, todavia, exceções: são aqueles casos em que o motivo ou causa subjetiva típica, a intenção prática que as partes têm em vista, diverge da causa objetiva, da função econômico-social própria do negócio jurídico de que as partes lançam mão, porque têm em vista um fim ulterior, próprio de um outro tipo negocial ou obrigacional. São os casos dos negócios jurídicos indiretos e fiduciários. Essa intenção prática típica das partes em ordem à realização de um fim próprio do negócio realizado, ou de um outro negócio ou tipo obrigacional – por exemplo, venda com pacto de retrovenda, que representa um excesso do fim em relação ao meio utilizado, com fins de garantia hipotecária – é que é tutelada pelo direito.

---

18. Ferrer Correia, op. cit., p. 84. *V.*, também p. 74 e s.

No negócio simulado, porém, as partes celebram um negócio comum, normal, para o conhecimento de terceiros, mas firmam um acordo simultâneo ou antecedente pelo qual concordam em desprover o negócio simulado do seu conteúdo típico, que corresponderia à forma negocial que lhe é própria, tal como num negócio normal, em que o conteúdo é efetivamente querido pelas partes, como produtor dos efeitos jurídicos inerentes; no negócio simulado, porém, na intenção comum das partes, ele não deve produzir quaisquer efeitos (não foi firmado para isso), nem entre eles, simuladores, nem em relação a terceiros.

É nisso que consiste o procedimento simulatório: a pactuação de um negócio jurídico, projetado ao mundo exterior, para a ilusão de terceiros em geral, diga-se do público, quando internamente, para os simuladores, ele não deve ser um verdadeiro negócio jurídico, capaz de produzir os respectivos efeitos e, consequentemente, qualquer alteração nas respectivas esferas jurídicas, derivadas desse negócio, já que é mero simulacro do tipo negocial escolhido. Note-se bem que é assim que os simuladores o veem, é essa a valoração que dele fazem, mas que decisivamente não é a valoração de terceiros, que veem apenas um negócio real, normal, e muito menos a da lei, que vê um negócio ambivalente, bifronte, tudo como a seu tempo se verá.

**5.** O acordo para simular um negócio jurídico é que distingue, segundo a doutrina tradicional, a simulação da reserva mental. Nesta, o reservante emite uma declaração, divergente da sua intenção prática típica, para enganar o declaratário, a outra parte contratante. Diz querer vincular-se, assumindo as obrigações previstas no contrato, mas, na realidade, não quer.

A bilateralidade pressuposta no acordo simulatório deve, aliás, em nosso entender, estender-se, numa interpretação extensiva, até mesmo àqueles casos em que o acordo não seja expresso, com duas declarações emitidas neste sentido pelas partes do negócio jurídico, mas tácito, em que uma das partes, embora não tenha uma cooperação psíquica ativa nele, tenha a ciência da pretensão simulatória da outra *e a ela adere*.

É esta a conotação também dada ao acordo por um eminente autor italiano: Pugliese[19] para quem basta a ciência da simulação não sendo necessário um acordo prévio para que ela ocorra. Para nós, o que se diz no fundo é que o acordo pode ser expresso ou tácito, anterior, simultâneo ou até posterior, antes da projeção do

---

19. Cf. Distaso, op. cit., p. 68 em que se lê: Pugliese "considera suficiente o conhecimento por parte do declaratário do significado anormal atribuído (pelo declarante) a uma manifestação de vontade receptícia: a simulação – diz-se – pressupõe que as partes estejam de acordo sobre o valor dos seus atos exteriores, mas não exigem que estejam previamente de acordo a respeito. Com isto não se nega que o dito acordo acompanhe quase sempre na prática o negócio simulado, mas não se exclui a hipótese, que se assume como provável, que haja um negócio simulado que prescinda de um acordo prévio e que se funde só sobre a simples ciência da simulação" (tradução nossa, parênteses nosso)..

negócio para o mundo exterior, tudo *dependendo evidentemente das circunstâncias concretas*, mas sempre haverá necessidade de um acordo (simulatório).

A reserva mental, como se disse, é sempre unilateral, algo que o reservante oculta, no recôndito da sua estrutura psíquica e, se conhecida do destinatário da declaração, o negócio jurídico celebrado produz todos os seus efeitos, ao contrário do negócio simulado que é nulo entre as partes. Naquele caso, se protege a confiança do declaratário na aparente seriedade da declaração emitida e se responsabiliza o declarante por uma declaração emitida efetivamente sem seriedade, vinculando-o a ela, às obrigações que nela diz assumir.

## II

6. Crítica à tese da divergência entre a vontade e a declaração. O pensamento dos declarativistas. 7. A formulação de Kohler e sua influência na elaboração posterior do tema. 8. A construção de Emílio Betti.

**6.** Na primeira publicação desta obra sobre o nosso tema, escrevemos, ainda no âmbito do Código Civil de 1916:

Como informa Distaso, a conceituação da simulação como um caso de divergência entre a vontade e a declaração já era alvo de crítica, até mesmo no domínio do Código Civil italiano de 1865, por notáveis adeptos do dogma da vontade.

A tese da divergência entre a vontade e a declaração – afirma um desses autores – era incapaz de explicar os diversos e complexos aspectos do fenômeno simulatório, os quais exigem soluções específicas insusceptíveis de serem reduzidas a uma disciplina unitária e exclusiva, que a tese de divergência entre a vontade real e a declarada, para a salvaguarda da sua própria coerência íntima, exigiria.[20]

Nas relações *inter partes* – diz-se – o que a tese de divergência entre a vontade e a declaração deixa de considerar é que a divergência, quando de divergência se fala, é sempre unilateral, é relativa à parte que nela incorre e, consequentemente, insusceptível de bilateralidade, tanto que, quando a divergência for conhecida da outra parte, deixa de ser relevante;[21] sendo assim não se pode admitir que na simulação ocorra um fenômeno de divergência porque ela é conhecida da outra parte.[22]

Por outro lado – acrescenta-se – reduzir a simulação ao problema de divergência entre a vontade e a declaração redundaria em aceitar, por qualquer das teorias extremas (a da vontade ou a da declaração), a prevalência pura e simples, ou do negócio simulado (declarado), ou do negócio real (querido), soluções inexatas e contrárias à letra da lei[23]. E, ainda que se adotasse a teoria da responsabilidade, teria de se aceitar, também entre os simuladores, a eficácia do negócio simulado e, mais ainda, sua relevância perante terceiros e até contra terceiros, o

---

20. Verga, *Errore e responsabilità nei contratti*, em Distaso, op. cit., p. 25.
21. Coing em Distaso, op. cit., p. 25.
22. Distaso op. cit., p. 25.
23. Distaso, op. cit., p. 25. Esta última observação no texto refere-se à lei italiana, mas idêntica afirmação procede em face da lei brasileira.

que é absurdo porque é pacífica na doutrina a ineficácia do negócio simulado entre as partes, a par da sua eficácia contra terceiros e perante terceiros.[24]

Ocorre também – afirma-se – que nenhuma das partes manifesta uma vontade em contraste com o íntimo querer, mas ambas concordam em dar uma certa forma a uma vontade diversa da verdadeira, de maneira que em definitivo compõem dois atos antitéticos entre si: de um lado declaram querer algo na aparência, e de outro lado declaram, na realidade, ou que não querem nada ou que querem coisa distinta.[25]

Acresce também – diz-se ainda – que, se é verdade que a declaração diverge da vontade, se e na medida em que tal vontade não seja idônea a tornar-se conhecida do seu destinatário, existindo na simulação um harmonioso entendimento entre as partes sobre o valor das duas declarações, não se pode falar de um conflito entre a vontade e a declaração. A tese da divergência entre a vontade e a declaração teria fundamento se a declaração tivesse um significado objetivo, imutável, insusceptível de qualquer determinação por obra das partes (coisa que os próprios adeptos daquela tese não admitem na medida em que para eles a manifestação é meio de perfeição e fixação da vontade); não sendo assim, acaba por ter de se considerar destinatários das manifestações receptícias, terceiros estranhos ao negócio, o que é ilógico. Finalmente, apenas negando o contraste entre o elemento objetivo e o elemento subjetivo é possível justificar a validade do negócio dissimulado, o qual, de outro modo, resultaria querido, mas não manifestado: isto parece evidente quando a forma do negócio simulado é exigida para a validade do negócio dissimulado.[26]

Quanto ao problema da tutela de terceiros, especialmente do subadquirente do simulado adquirente, a doutrina tradicional concebe a simulação como reserva mental bilateral, donde a consequência de que, sendo a reserva mental juridicamente irrelevante em face do contraente que a ignora, assim também a simulação, que se reduz a uma reserva comum dos contraentes em relação a terceiros, deve ser-lhes ineficaz;[27] por essa via, aplicando-se o princípio da responsabilidade se

---

24. Verga, citado em Distaso, op. cit., pp. 25-6. Segundo a teoria da responsabilidade o declarante fica vinculado à sua promessa sempre que tenha agido com dolo ou culpa. A observação do texto é formulada para o direito italiano. No direito brasileiro, como se sabe, no domínio do CC em vigor (art. 167), o negócio simulado é nulo, valendo o dissimulado se válido for na substância e na forma. Diferente era o regime no CC de 1916 (arts. 103 e 104) como se pode ver em detalhe em Custodio da Piedade Ubaldino Miranda, *A simulação no direito civil brasileiro*, São Paulo, Saraiva, 1980, pp. 113 e ss.

25. Giuseppe Stolfi, *Teoría dei negocio jurídico*, trad. de Jaime Santos Briz, Madrid, 1959, p. 155 e 156; V., também, Distaso, op. cit., p. 26. Cf. Silvio Rodrigues, Defeitos, citada, p. 9 e 10.

26. Pugliese, *La simulazione nei negozi giuridici*, Padova, 1938, em Distaso, op. cit.., pp. 26 e 27.

27. Distaso, op. cit., p. 28. e Ferrara, op. cit., p. 75.

chegava à fórmula da inoponibilidade da simulação a terceiros de boa fé; a vontade secreta do reservante, a vontade secreta dos simulantes – observa Ferrara – não é expressão de um interesse sério, não corresponde ao desenvolvimento legítimo da atividade individual, mas é um embuste para iludir terceiros; é uma vontade inidônea de tutela jurídica.[28]

A equiparação da simulação à reserva mental foi contestada por Messina com a observação de que, por um lado, uma vez que se fala na simulação como um procedimento destinado a enganar, as declarações simuladas devem necessariamente considerar-se receptícias,[29] e, por outro lado, em relação àqueles a quem tais declarações não são dirigidas, tampouco poderia falar-se em reserva mental que os visasse.[30]

Ferrara refutava a objeção afirmando que a declaração simulada, embora tivesse uma "direção subjetiva", em vista do escopo de engano que comporta, não era diretamente endereçada a terceiros, mas feita de modo "que terceiros tivessem dela conhecimento".[31]

O tratamento analógico da simulação e da reserva mental, segundo Distaso, resultava da confusão entre o "momento estrutural e o teleológico da simulação", tanto assim que a resposta de Ferrara acabava por dar razão a Messina, uma vez que a divergência intencional entre a vontade e a declaração constitui a estrutura da reserva mental, enquanto, com respeito a terceiros a quem se "destina" a declaração simulada, concerne ao fim da simulação.[32]

Com estes e outros argumentos cuja reprodução exaustiva exorbitaria do âmbito deste trabalho, tem-se procurado combater a tese que vê na simulação um fenômeno de divergência entre a vontade e a declaração.

**7.** Foi, porém, a partir da formulação de Kohler, que via na simulação duas declarações que se anulam ou se neutralizam, que o instituto de simulação sofreu uma notável evolução na sua elaboração posterior.

"Já que a declaração de vontade, a manifestação, é uma incorporação, uma encarnação do querer" – diz Kohler – não se pode pretender, como o faz a doutrina dominante, quando vê na reserva mental uma hipótese de divergência entre a vontade e a declaração, que uma ação de vontade se contradiga voluntariamente, como é impossível que o homicida leve e ao mesmo tempo não leve a efeito o seu intento homicida.

---

28. Ferrara op. cit., pp.. 81 e 82; Distaso, op. cit., p. 28.

29. É assim que o entende Messina para quem a consumação do engano é também elemento constitutivo da simulação (*La Simulazione*, citada, II, item 13, p. 511. Cf. também Distaso, op. cit., p. 71.

30. Distaso op. cit., pp.28-29.

31. Distaso, op. cit., p. 29.

32.Distaso, op. cit., pp. 29 e s.

Uma vez que todo o ordenamento jurídico assenta sobre a certeza da manifestação, a qual permite aos homens, na sua vida cotidiana, estabelecer relações com outros homens, é absolutamente inconcebível uma consciente contradição na ação da vontade, assim como não se pode conceber uma contradição intencional em um estado de ânimo.

A simulação – prossegue Kohler – nada tem de comum com a reserva mental: aquela assenta no fato de que a ação de vontade, na sua totalidade, é alguma coisa diferente da parte da declaração que os simuladores desejam tornar conhecida de terceiros. Quando alguém subscreve um documento em que se obriga a alguma coisa e ao mesmo tempo declara que não deseja obrigar-se, que a obrigação só é contraída na aparência, não manifesta intenção alguma de se obrigar. Se se destaca do todo da declaração só uma sua parte, se se toma arbitrariamente um fragmento da declaração de vontade, só então se pode chegar a uma declaração que contradiga a ação de vontade; mas na realidade tal contradição não existe, sendo consequência da arbitrária separação da parte, do todo em que ela se insere.

Na simulação, escreve Kohler, do complexo comportamento das partes resulta à evidência que não é do seu intento operar qualquer alteração nas respectivas situações jurídicas. As declarações que emitem, neutralizam-se, anulam-se e, se pode parecer a terceiros que existe uma divergência entre a vontade e a manifestação, é porque os simuladores tornam conhecido do público apenas um fragmento de sua declaração; e assim os terceiros podem contar com a seriedade das declarações que lhes chegam ao conhecimento.

No concernente aos efeitos da simulação, em relação a terceiros, Kohler observa a necessidade de se reduzir ao mínimo os graves efeitos do negócio aparente, que passa a circular no tráfico jurídico como uma verdadeira moeda, como criação sem realidade e verdade, invoca o postulado de justiça de que um negócio destinado a aparecer em público como verdadeiro, deve valer como tal em relação a terceiros de boa- fé; em relação ao público em geral, deve valer só aquela parte da declaração de vontade de que tomaram ciência.[33]

Quer se explique a simulação como um "contraste entre uma declaração 'externa' que as partes querem para que opere em relação a terceiros e uma declaração 'interna' ou contra-declaração que as partes querem para que tenha efeitos entre elas", ou se veja nela um vício de causa, a verdade é que – escreve Distaso – não se pode deixar de reconhecer à construção de Kohler, especialmente à ideia de que existem no negócio simulado duas declarações que se anulam ou se neutralizam, uma importância fundamental na elaboração posterior do tema.[34]

Distaso ilustra melhor este pensamento com a sua construção.

---

33. Em Distaso, op. cit., pp. 9 e 10 (nota 3), e Ferrara, op. cit., p. 69.
34. Distaso op. cit., p. 9 e s.

A primeira ideia que a palavra simulação sugere – diz este autor – é a da preordenação de uma aparência. "A ação que conduz a tal resultado consiste na *imitação de uma dada forma*, com a qual se opera a dissociação entre a realidade e a aparência, a contrafação da realidade: simulação, numa palavra, é pré-ordenação de uma falsa sinalização da realidade".[35]

Se simular é *imitar na forma,* a não realidade escondida na forma imitada, é todavia, realidade, enquanto fingimento. É essa a ambivalência de todo o fingimento, o qual é real, enquanto tal, e é fingimento frente à realidade.[36]

Sendo assim e uma vez que a aparência é *querida* pelos simuladores "na unidade do seu procedimento e na determinação do momento teleológico destinado à sua criação", não pode deixar de ter o máximo relevo, na determinação dos dados do fenômeno que se vê na realidade da vida, o acordo dos simuladores visando esse objetivo.[37]

Caracterizando-se o fenômeno simulatório por uma dissociação entre o real e o aparente não pode ele ser avaliado prescindindo-se do momento em que se

---

35. Distaso, op. cit., pp. 58- 59.

36. Distaso op. cit., p. 60.

Essa construção foi criticada por Aldo Pellicanò, com argumentos extraídos da formulação dos arts. 1.414 e 1.415 do CC italiano. Escreve este autor que "a querer se penetrar o íntimo significado do enunciado do texto referido, em primeiro lugar, se constata o uso equivalente dos termos *realidade* e *fingimento*, de tal modo que a rigor poderia tranquilamente afirmar-se que, como *simulação* pode entender-se, seja um *fingimento real*, seja uma *realidade aparente*. É propósito da autoridade judiciária – isto é, função do processo – desvendar a aparência e restituir o primado à realidade". E que "indubitavelmente correto sobre o plano etimológico e lexical, o raciocínio é carente no plano epistemológico. Nesta sede, ou seja, na lógica interna do sistema – simulação não é sinônimo de fingimento mas, antes de mais, de ineficácia".

Enquanto o art. 1.414, inciso I, dispõe: o contrato simulado não produz efeito entre as partes, segundo o art. 1.415 seguinte: a ineficácia não pode ser oposta, nem pelas partes contraentes, nem pelos adquirentes ou credores do simulado alienante, a terceiros que de boa fé adquiriram direitos do titular aparente. É fácil constatar, então, que a antinomia intrínseca ao fenômeno da simulação não está tanto na dissociação (que as partes teriam querido) entre a realidade e a aparência, quanto na misteriosa circunstância de que um contrato – ineficaz entre as partes – possa produzir efeito em relação a terceiros de boa fé" (*Il problema dela simulazione nei contratti*, Pádua, Cedam, 1988, pp. 3 a 4).

O fato de a realidade ser aparente ou oculta – dizemos nós – ou de haver duas realidades, uma aparente, outra oculta, não invalida, como, aliás, o próprio autor parece reconhecer, a descrição do fenômeno da simulação (no plano etimológico ou lexical, tanto faz, já que a análise é sempre feita no plano fenomênico) que se faz, quando se diz que a simulação se traduz na dissociação entre a aparência e a realidade. A qualificação jurídica da simulação é algo que se lhe segue e as duas operações (descrição e qualificação) são perfeitamente compatíveis com a sistemática do direito brasileiro em vigor. O que não quer dizer, evidentemente, que as duas operações devam ser estanques, elas, antes, se pressupõem, se interpenetram e assim se concluem.

37. Distaso, op. cit., p. 60.

opera tal dissociação.[38] Se a dinâmica daquele fenômeno pressupõe uma divergência entre a aparência negocial simulada e a situação jurídica real, os dois termos dessa relação não podem prescindir da existência de um elemento de ligação das duas *declarações negociais* mediante as quais se cria a aparência enganadora; por outro lado, o conhecimento recíproco do valor das declarações das partes se resolve naturalmente no acordo, ainda que tácito, de fazer valer uma situação jurídica diversa da que derivaria das declarações negociais que decidem emitir.[39]

> "A verdade é, pois, que o acordo de simular constitui o *prius* lógico, a essência do fenômeno simulatório; é no entendimento dos simuladores que ele se centra, enquanto a coexistência ou a combinação das duas declarações encontra nele o seu significado, o seu unitário momento psicológico, a sua complexa determinação teleológica."[40]

Escreve ainda Distaso que a partir da formulação de Kohler, as indagações da mais moderna doutrina italiana e as suas próprias investigações conduziram a uma *visão unitária do fenômeno simulatório* que deve ser encarado como um procedimento no qual se integram atividades múltiplas, todas elas igualmente queridas e conspirando para a criação da aparência enganadora; trata-se de uma complexa atividade em que as partes atuam por graus, mas que se interligam por uma incindível unidade teleológica, a qual se reflete na intenção dos simuladores de criarem uma mera aparência ou uma aparência diversa da forma negocial específica (típica) à consecução daquele intento.[41]

Que dizer desta construção? Já a perfilhamos integralmente na publicação anterior desta obra, e não vemos, numa nova reflexão sobre o nosso tema, quaisquer razões para discordar, em princípio, de suas ideias fundamentais, embora seja necessário, aqui ou ali, esclarecer alguns aspectos dela, *particularmente se se tiver em vista a lei brasileira em vigor*. É inegável que o acordo simulatório é um elemento essencial do procedimento simulatório, que é, sem dúvida, constituído de duas declarações não *negociais*, embora haja quem entenda o contrário.

As declarações constitutivas do acordo simulatório são *não negociais*, por meio delas não se celebra qualquer negócio jurídico, pelo contrário, pretende-se tirar os efeitos ao único negócio celebrado, o negócio simulado, que tem esta natureza, precisamente em virtude do acordo simulatório. Mas isso não quer dizer que não haja um nexo lógico e teleológico entre os dois elementos, ligados umbilicalmente– o acordo simulatório e o negócio simulado- ou que se possa conceber este sem aquele.

---

38. Distaso op. cit., p. 61.
39. Distaso, op. cit., p. 61.
40. Distaso, op. cit., p. 61.
41. Distaso, op. cit., pp. 13 e 149 e s.

Nada disso leva, no entanto, à conclusão, não só de que essa simbiose ou complementariedade dos dois elementos confira ao primeiro a natureza de negócio jurídico, mas também que deixe de existir esse nexo lógico e teleológico, se o acordo simulatório deixar de ter essa natureza. É verdade que a lei não se refere expressamente a este elemento do procedimento simulatório, mas a única razão pela qual declara a nulidade do negócio simulado é porque pressupõe a existência, expressa ou tácita, de um acordo das partes para simular um negócio jurídico, ou seja, celebrar um negócio jurídico desprovido do seu real conteúdo. Isso quer dizer, e apenas isso, de que o negócio simulado acaba por ser, e o é na intenção das partes, um negócio aparente, na medida em deve *aparentar* uma forma negocial, correspondente ao seu conteúdo típico efetivo, produtor de efeitos jurídicos.

É este o substrato do acordo, implícito nas declarações que o constituem, que negativa, ou pretende negativar,[42] o conteúdo do negócio jurídico celebrado, daí a qualificação deste, reconhecida pela lei, como negócio simulado.[43] Além disso, o acordo simulatório é elemento reconhecido pela quase unanimidade da doutrina e jurisprudência, tanto nacional, quanto na estrangeira. Ele não representa um consenso para a celebração de um negócio jurídico para que as declarações respectivas sejam negociais; o consenso existente é para a celebração de um negócio jurídico aparente (simulado) que terceiros devem tomar por real.

Embora simulado o negócio jurídico, e por isso nulo, não pode essa aparência, ou a nulidade do negócio, em virtude da simulação, ser oposta a terceiros de boa – fé que desconheçam a simulação,[44] mas que o veem aparecer no mundo jurídico e que, a partir dele, adquirem direitos ou celebram negócios dos quais derivam

---

42. Conforme se veja o negócio simulado do ângulo dos simuladores, ou de terceiros de boa fé, respectivamente, pois em relação a estes tal pretensão de negativar o conteúdo não chega a ter êxito, por virtude da lei.

43. Se, como diz Paes de Vasconcelos, op. cit., p. 568), com quem estamos de pleno acordo, "a qualificação é um juízo predicativo que tem como objecto um negócio jurídico concretamente celebrado e que tem como conteúdo a correspondência do negócio a um ou mais tipos negociais, bem como os graus e o modo de ser dessa correspondência", o negócio simulado é precisamente o que não tem correspondência alguma com qualquer dos fins da autonomia privada, plasmados em cada um dos tipos negociais reconhecidos pela lei, daí a sua nulidade. Tudo em função do acordo simulatório.

44. "A boa fé- consiste na ignorância da simulação ao tempo em que foram constituídos os direitos que o terceiro invoca e que são prejudicados pela arguição da simulação. Se o terceiro adquiriu o bem conhecedor da simulação, não merece já a proteção legal. Só os terceiros inocentes são protegidos" (Paes de Vasconcelos (op. cit., p. 693). Este autor, tratando *dos casos em geral*, da inoponibilidade a terceiros de boa-fé (art. 291, 3 do CC português) do negócio nulo, diz que a boa fé do terceiro adquirente "consiste no desconhecimento, *sem culpa* do vício do negócio nulo ou anulável". Não é suficiente, portanto, que o terceiro desconheça que o negócio era nulo ou anulável, mas tem ainda de ser demonstrado que esse desconhecimento *não é culposo*. Pode ser problemática e controvertida a determinação do grau de zelo exigível no conhecimento (itálicos nossos, op. cit. Teoria Geral, p. 748). Já,

direitos.[45] As relações jurídicas se desenvolvem, com base no negócio simulado, sem qualquer evidência de aparência negocial. O negócio simulado é aparente só para os simuladores, no recôndito de suas relações pessoais, o que quer dizer que o acordo simulatório é totalmente irrelevante para a ordem jurídica, no plano dos efeitos que o negócio simulado deva produzir no mundo jurídico,[46] o que não quer dizer, por outro lado, que não possa haver terceiros de boa- fé que tenham interesse em fazer prevalecer a nulidade do negócio simulado.[47]

quanto à inoponibilidade da *nulidade do negócio simulado*, silencia, como se viu, quanto à exigência da culpa, em consonância com a corrente majoritária da doutrina portuguesa.

Como escreve Mota Pinto: "Não basta, para haver má fé, a cognoscibilidade da simulação, ou a suspeita da dúvida sobre a sua existência. Estas, como se exprimia Manuel de Andrade, são como "pecados veniais" em face da má fé dos simuladores" (Carlos Alberto da Mota Pinto, *Teoria Geral do Direito Civil*, Coimbra, Coimbra Editora, 2005, 4ª ed., p. 484 e nota 636).

Esta maior tolerância é, no entanto, facultada aos terceiros de boa-fé (desconhecimento da simulação sem culpa) ante a arguição da simulação pelos próprios simuladores. Nos outros casos, que não o de simulação, o regime geral de inoponibilidade exige do terceiro de boa fé o desconhecimento do vício, que inquina o negócio de nulidade, *com culpa* no desconhecimento, como, aliás, também já se viu, quando se citou Paes de Vasconcelos.

Também a *jurisprudência italiana* tem precisado que, em matéria da simulação, a simples suspeita ou a dúvida sobre a sua existência não indiciam a má fé; nota-se mesmo uma tendência recente que identifica a má fé, não com a simples ciência da simulação, mas com a intenção de alcançar a finalidade com que é empreendida a simulação ou, alternativamente, com a intenção de aproveitar da simulação o dano do simulado alienante, isto é, com a participação nas maquinações ou na fraude. É o que se esclarece na obra de Rodolfo Sacco (*Tratatto de Diritto Civile italiano*, por Rodolfo Sacco e Giorgio De Nova, 3. ed., Tomo Primeiro, Turim, Utet, 2004, p. 676 e a jurisprudência citada nas notas 24 e 26.

45. Suponhamos que B, traindo a confiança de A, com quem celebrou um negócio simulado de compra e venda de um imóvel, de propriedade deste, vende-o a C. Essa venda é válida e eficaz, na medida em que a nulidade do negócio simulado é inoponível a terceiros de boa-fé, nos termos do art. 167, § 2.º. Ou, então, que B contraia um mútuo com C, para a garantia do qual dá em hipoteca o imóvel que diz ter adquirido de A, exibindo a competente escritura da venda simulada. Quando C, por falta de pagamento da divida, resolve executar a dívida hipotecária, A não será admitido a defender o seu direito de propriedade, que realmente detém, alegando a nulidade do negócio simulado, em vista do referido § 2.º do art. 167. Em nenhum destes casos, será admitida qualquer alegação de que o negócio é meramente aparente, por qualquer dos simuladores.

46. Mais precisamente: em relação a terceiros de boa-fé; dada a especial configuração do negócio simulado, só aqueles participam, no mundo jurídico, da proteção legal.

47. Assim, se A faz uma venda simulada de seu imóvel a B, quando já havia contraído uma dívida com C que, por sua vez, contava com o imóvel para a garantia do seu crédito, C poderá penhorar o imóvel numa eventual execução movida a A, alegando a nulidade do negócio simulado, simulação de que veio a saber casualmente, depois de firmado o contrato de mútuo. Mas note-se que pode haver conflitos entre vários tipos de terceiros, dando-se prevalência a uns em relação a outros, como a seu tempo se verá quando se tratar dos efeitos da simulação.

Sendo assim, porque dar-se tanta ênfase à dissociação entre a aparência e a realidade? O único negócio que realmente conta é o negócio jurídico, celebrado no decorrer do procedimento simulatório, pois este entra no mundo jurídico como um negócio normal, para terceiros de boa-fé que tenham interesse na sua validade. Corretíssima, assim, a posição de Romano que proclama a existência – e a suficiência- na simulação de uma só declaração negocial: a do contrato simulado com exclusão de toda e qualquer outra declaração, assim como também na simulação relativa, e a exclusão de todo o caráter negocial à contra-declaração.[48]

O acordo simulatório, não sendo ou não podendo ser, pela própria natureza, declaração negocial, constata uma realidade existente apenas entre os simuladores, mas não é a realidade do mundo jurídico, dos que desconhecem a simulação, de terceiros de boa-fé, que contemplam apenas um negócio jurídico, com aparência de normal. O acordo simulatório nada mais é do que um pacto, o *pactum simulationis.*

Estruturalmente perfeito, *na sua aparência*, e embora se possa reconhecer defeitos também no plano estrutural, na sua *real* constituição, que o fazem incorrer em nulidade, na lei em vigor, a nulidade do negócio simulado advém fundamentalmente de outra fonte, do perfil funcional do negócio simulado, precisamente em consequência do acordo simulatório, como melhor se verá adiante.[49]

**8.** Pela originalidade da sua construção e pela inegável lógica e vigor dos argumentos com que a fundamenta, e, mais, por não ver na simulação um vício de caráter estrutural, mas funcional, é mister aludir ainda, mesmo que sem grandes desenvolvimentos, à concepção de um dos mais notáveis adeptos da tese objetivista do negócio jurídico: Emílio Betti.

Para Betti a simulação constitui um vício da causa. É normal – escreve este brilhante autor – as partes escolherem um tipo negocial para alcançar os fins que a causa desse negócio representa. Todavia, ocorre, por vezes, que as partes recorrem a um negócio para alcançar um escopo que não é típico do negócio escolhido, mas próprio de uma outra categoria negocial. Em suma, há hipóteses em que as partes optam por um negócio, desviando-o da sua destinação normal, exercem um *abuso da função instrumental do negócio.*[50]

Além disso, nem sempre as partes escolhem um negócio *típico* para atingirem fins próprios de uma outra categoria negocial e então se põe o delicado problema de saber se, e em que medida, tais negócios são admissíveis, dignos de tutela jurídica. Para isso Betti opera com o conceito da *tipicidade social:* são também merecedores de tutela jurídica os negócios que, embora não sejam típicos, sejam

48. Salvatore Romano, *Contributo esegetico alo studio della simulazione*, Milão, Giuffrè, 1955, p. 34. Ou seja, do acordo simulatório.

49. Vide item VII, 27 infra deste capítulo.

50. Betti, op. cit., t. 2, p. 378 e s.

tipificáveis, susceptíveis de serem elevados a tipos, pela sua relevância social; é a consciência social que, numa palavra, dirá, em dado momento e espaço históricos, se um negócio, embora atípico, é merecedor de tutela jurídica ou não. Se o for, o negócio, embora atípico, não será destituído de causa.[51]

Betti adota um conceito amplo de simulação que surge na fenomenologia do direito como um meio de que a iniciativa privada lança mão, quer para contornar os limites postos a essa iniciativa pelo direito objetivo, no exercício do seu poder de controle da licitude, quer em virtude da insuficiência dos meios legalmente reconhecidos e postos à disposição dos particulares para a regência dos próprios interesses.[52]

Segundo Betti, a simulação se insere, além disso, num fenômeno mais amplo de divergência consciente entre a intenção prática das partes e a causa típica do negócio, no qual se abrangem também os negócios indiretos e os negócios fiduciários. Se a discrepância entre a causa típica do negócio escolhido e a intenção prática visada em concreto configura uma verdadeira *incompatibilidade*, tem-se o fenômeno da simulação. Mas se tal discrepância tem o caráter de uma simples *inadequação* (incongruência ou discordância) entre meios e escopos que são compatíveis entre si, tem-se o negócio indireto ou o negócio fiduciário. Produto essencialmente relativo de uma avaliação contingente e dependente das concepções dominantes na consciência social, a incompatibilidade não é algo de absoluto e exteriormente verificável.[53] Daí que a distinção entre negócio simulado

---

51. Betti, discorrendo sobre a falta de causa idônea para justificar a tutela jurídica, escreve que "a falta de causa compreende não só o caso de inexistência absoluta de causa típica, mas também o de sua falta de idoneidade para a tutela jurídica. A falta de causa idônea é mais visível quando o contrato celebrado não corresponde a nenhum dos tipos contratuais previstos e dotados de uma especial disciplina jurídica (art. 1.322 e parágrafo, do CC italiano, note-se), mas também é configurável quando ele corresponde a algum daqueles tipos abstratos, sem todavia satisfazer, concretamente, a sua destinação. Para se compreender este ponto é preciso recordar que é tendência constante das legislações modernas, nos países mais progressivos, inspirar em finalidades sociais toda a função normativa do direito; de aí deriva que não basta alargar a noção da ilicitude da causa, mas é também preciso exigir a correspondência positiva entre os negócios celebrados e certas funções de interesse social, susceptíveis, como tais, de serem classificadas por tipos, ainda que não previstos e não incluídos nos esquemas tradicionais" (op. cit., t. 2, p. 366-7).

52. Em Distaso, op. cit., p. 91.

53. Betti, op. cit., II, p. 373 e s., especialmente 375: "A incompatibilidade exclui qualquer verdadeira correspondência entre a causa típica do negócio e a determinação causal da parte: pelo que, neste caso, pode parecer que o negócio não é querido na realidade, mas apenas na aparência; não é o que, pelo contrário, sucede com a simples incongruência...". "Dá-nos um exemplo instrutivo dessa relatividade a norma do art. 1.526, último parágrafo, que prevê a hipótese de uma venda com reserva da propriedade, configurada como um contrato de arrendamento, com a reserva da propriedade da coisa ser adquirida pelo arrendatário no termo do contrato, em troca das rendas convencionadas e pagas. É claro que, aqui, é inteiramente possível apresentar a venda que está na intenção prática das partes, tanto como negócio

e negócio indireto nada tenha de absoluto e de fixo, nem possa aspirar ao rigor científico de outras classificações.[54]

> "Há simulação quando as partes de um negócio bilateral, combinadas entre si – ou o autor de uma declaração com destinatário determinado, de combinação com este – estabelecem um regulamento de interesses diverso daquele que pretendem observar nas suas relações, procurando alcançar, através do negócio, um escopo (dissimulado) divergente da sua causa típica. Escopo divergente, que: *a)* pode, no entanto, ser sempre de autonomia privada, na medida em que caracteriza um tipo de negócio diferente do simulado e leva a descobrir, por baixo do negócio simulado, a figura de um negócio diferente; ou *b)* pode ser de natureza totalmente diferente, estranho à função da autonomia privada."[55]

dissimulado, quanto como negócio indireto, dado que, mesmo havendo incompatibilidade lógica, não há uma verdadeira incompatibilidade prática" (op. cit., p. 376).

"Além do diferente grau de discrepância, seria o seguinte o critério de distinção: no negócio indireto e no fiduciário a valorização subjetiva das partes 'é perfeitamente aderente ao significado objetivo da declaração emitida, não obstante o interesse e a intenção prática perseguida – embora típica em sentido social – divergirem daquilo que, normalmente, corresponde à causa típica do negócio escolhido' (interesse típico desse negócio). No negócio relativamente simulado, pelo contrário, a avaliação em causa adere, não ao significado que, objetivamente, tem a declaração emitida, mas ao diferente significado que as partes convencionaram atribuir-lhe nas relações entre elas, através da contra-declaração que mantém oculta. A contra-declaração é uma espécie de negócio auxiliar, que se incorpora no negócio simulado, e desempenha a função de uma interpretação autêntica, com a qual as partes determinam o significado subjetivo da declaração aparente, neutralizando-lhe o significado objetivo, quer no sentido de paralisá-lo em parte (p. ex. quanto ao co-respectivo convencionado), quer no sentido de desviá-lo (da pessoa interposta para o sujeito dissimulado), quer no sentido de retificá-lo."

"O critério diferenciador procurado, consiste, portanto, no seguinte: no negócio relativamente simulado, o valor vinculativo do negócio é atribuído ao significado subjetivo convencionado entre as partes, na concomitante intenção simulatória; ao passo que, no negócio indireto e no fiduciário, ele adere perfeitamente ao significado objetivo da declaração" (op. cit., p. 388 e 389).

54. Betti op. cit., II, p. 375 e 376.

55. Betti, op. cit., II, p. 379.

## III

9. Síntese dos conceitos de simulação e do negócio jurídico à luz do direito positivo. 10. A nulidade do negócio simulado nas legislações em geral e a falta da vontade em que se analisa a divergência entre a vontade e a declaração, no ensinamento da doutrina tradicional. 11. A disciplina da simulação no Código Civil de 1916; improcedência da tese da divergência entre a vontade e a declaração em face dessa disciplina. 12. Continuação. Subsistência dessa improcedência em face da formulação do art. 404, I, do Código de Processo Civil. 13. A simulação no Código Civil em vigor.

**9.** Temos para nós que no estudo de um instituto não se pode prescindir de sua disciplina no direito positivo, como não se deve também abstrair da evolução, na ciência do direito, quer do instituto de que se trata, quer de outros institutos que possam, direta ou indiretamente, exercer nele influência.[56]

Não se pode, isto é, deixar de se levar em conta, no exame da simulação, não só a evolução do seu conceito, como ainda a do conceito do próprio negócio jurídico, desde que, é mister salientar, essas novas construções possam ser acolhidas à luz do direito positivo, mais precisamente em face da lei vigente, devidamente interpretada segundo uma orientação atualista.

O negócio jurídico foi encarado, por largo tempo, sob a secular influência do dogma de vontade, como um instrumento de modelação de vontades individuais; a vontade individual, reconhecida como soberana e como tal tutelada pela ordem jurídica é que, segundo essa concepção, era o elemento produtor dos efeitos jurídicos. Claro que também numa outra concepção subjetivista, a dos declarativistas, a vontade tem de estar exteriorizada numa declaração; da vontade psicológica, não manifestada, não poderiam surgir quaisquer efeitos jurídicos.

Mas, ainda aqui, a declaração aparece como simples meio de exteriorização daquela vontade soberana, simples veículo de reconhecimento de um querer que, de outro modo, seria inapreensível. Determinar se, em caso de divergência entre a vontade e a declaração, deve prevalecer aquela ou esta, estabelecer qual desses dois elementos deve ser decisivo nas hipóteses em que ocorra tal divergência, é problema diferente e até sucessivo, mas que ainda, de certo modo, se situa dentro do quadro das concepções subjetivistas.

56. Quanto à primeira destas afirmações, cf. Distaso (op. cit., p. 32), e Auricchio (op. cit., p. 40, nota 1), sobre a afirmação de que é tendência evidente da ciência jurídica contemporânea procurar superar a formulação psicológica em busca de valores fenomenológicos.

Os declarativistas não vão ao ponto de negar o papel relevante da vontade como elemento produtor de efeitos jurídicos; negam-lhe, sim, importância exclusiva, porque – dizem – o que o direito tem em conta é a vontade manifestada, é a vontade que se infere da declaração, ainda que não de todo coincidente com a vontade real.[57]

Diferente é o ponto de vista dos objetivistas, como se pode ver da seguinte passagem de Emílio Betti que vale a pena transcrever:

> "Uma definição, ainda hoje comum na doutrina, onde se tornou translatícia por uma espécie de inércia mental, caracteriza, ao invés, o negócio como uma manifestação de vontade, destinada a produzir efeitos jurídicos. Mas esta qualificação formal, frágil e incolor, inspirada no 'dogma da vontade', não lhe apreende a essência, a qual está na autonomia, no autorregulamento de interesses nas relações privadas, como *fato social:* autorregulamento, portanto, que o particular não deve limitar-se a desejar, a 'querer' na esfera interna da consciência, mas antes a preparar, ou seja, a realizar objetivamente."
>
> "Com o negócio o indivíduo não se limita a declarar que quer alguma coisa, mas declara para os outros o objeto do seu querer: e deve ser um regulamento vinculativo, o que ele estabelece no seu interesse, para as relações com os outros. Com o negócio, ele não pode limitar-se a manifestar um estado de espírito, um modo de ser do querer, que teria uma importância psicológica puramente individual; mas deve apontar um critério de conduta, estabelecer uma relação de valor normativo. A questão diz respeito, não já ao caráter de ato voluntário, que qualquer negócio deve ter, mas à função da vontade, ao lugar, que lhe deve ser atribuído na estrutura de um fato social, como é a manifestação da autonomia privada na vida da relação."
>
> "Não se nega que, na normalidade dos casos, o indivíduo declare ou faça qualquer coisa querida. Nega-se apenas que a vontade se encontra, no negócio, em primeiro plano, e que a concordância entre os efeitos jurídicos e a função ou razão (causa) do negócio também deva ela própria ser querida, como se pretende quando se postula uma vontade individual orientada para os efeitos jurídicos. Efetivamente, não deve esquecer-se que, no momento em que o negócio se realiza, o processo volitivo deve ter, e normalmente já o fez, percorrido o seu 'iter', e atingido a sua meta definitiva: ele já se esgotou e se concretizou numa resolução firme, e os efeitos são determinados pela ordem jurídica, em conformidade com a função do negócio. O teor de um negócio qualquer mostra bem que nele ocupa o primeiro plano o regulamento de interesses disposto para o futuro, ao passo que a vontade apenas está em segundo plano, como dirigida à função prática daquele: ela pertence efetivamente à gênese, mas não ao conteúdo do ato de autonomia como fato social."[58]

---

57. Cf. a este propósito a exposição de Saleilles em Junqueira de Azevedo, op. cit., p. 87, e as judiciosas considerações deste último autor sobre vontade e declaração de vontade, inclusive na lei, jurisprudência e doutrina francesas e alemãs.

58. Op. cit., t. 1, p. 111-3.

Sendo o negócio, não um simples instrumento de modelação de vontades individuais, mas um meio de regulação de interesses recíprocos das partes nas suas relações com os outros, em harmonia com os superiores fins de solidariedade social, a declaração reveste-se de um sentido peculiar e, se não se pode dizer que é um autêntico fato social,[59] sem dúvida transcende os limites de uma simples manifestação de vontade.

Daí que se acentue o caráter constitutivo da declaração. Só na medida em que se torne reconhecível no ambiente social, só quando "tornada um fato social susceptível de interpretação e de avaliação por parte dos consociados", só quando dirigida a fundar a confiança de outrem é que a vontade negocial é tomada em consideração pelo direito.[60]

A doutrina brasileira também partilha desse movimento renovador, de revisão de conceitos ligados a um dogma cuja crise coincide, segundo Passarin D'entreves, com o movimento de reação ao individualismo do século passado.[61]

> "Ao falarmos, portanto, em declaração de vontade – escreve Junqueira de Azevedo – estamos utilizando esta expressão como uma espécie de manifestação de vontade que socialmente é vista como destinada a produzir efeitos jurídicos. A declaração é do ponto de vista social o que o negócio é do ponto de vista jurídico, isto é, a declaração tende a coincidir com o negócio, na medida em que a visão jurídica corresponde à visão social. O ordenamento jurídico procura tomar a declaração de vontade como hipótese normativa (hipótese legal) dessa espécie de fato jurídico, que é o negócio jurídico. Por isso mesmo num contrato, por exemplo, não há, como se diz, duas ou mais declarações de vontade; há nele mais de uma vontade e mais de uma manifestação de vontade, mas essas manifestações se unificam na visão social de uma só declaração, que juridicamente será um só fato jurídico."[62]

---

59. V. Junqueira de Azevedo, op. cit., pp. 94-96.

60. Distaso, op. cit., p. 43.

61. Distaso op. cit., p. 33.

62. Op. cit., p. 22-3. O autor, com razão, mudou posteriormente o seu pensamento, admitindo que no negócio jurídico existem duas declarações de vontade (consubstanciando-se numa "totalidade dotada de sentido", como afirmaria Larenz), mudança essa que não terá chegado a constar de nenhum texto escrito, com a prematura morte do autor, mas que foi reiterada, repetidas vezes, em suas aulas de pós-graduação.

A tendência para uma atitude de revisão da conceituação tradicional do negócio, evidencia-se ainda do seguinte passo do mesmo autor: "Por outro lado, rejeitada como artificial a idéia do negócio como 'norma jurídica concreta', nem por isso a visão ora apresentada deixa de ser menos objetiva que a das concepções preceptivas. Não ficam, através dela, de forma alguma, esquecidos os efeitos que do negócio resultam; esses efeitos, porém, não estão presos como normas a outras normas, mas mais simplesmente são relações jurídicas (em sentido lato) que o ordenamento jurídico, respeitados certos pressupostos (de existência, validade e eficácia), atribui ao negócio, em correspondência com os efeitos manifestados como queridos" (op. cit., p. 26).

A referida natureza constitutiva da declaração, em virtude desta nova concepção do negócio jurídico, em que a vontade existe, sim, mas em um momento anterior e cuja função se esgota depois que se objetiva na declaração,[63] não permite, de um ponto de vista lógico, que se atribua relevância à divergência entre a vontade real e a declarada.[64]

É nessa linha dos autores citados que vimos também construindo nosso pensamento sobre o negócio jurídico,[65] assim expresso, em síntese:

A "declaração de vontade" será elemento do conceito do negócio jurídico, não no seu sentido tradicional, enquanto expressão de uma vontade dirigida à produção dos efeitos jurídicos, mas referida a momentos ou fases específicas do negócio: o de sua formação e o de sua vigência.

Assim, a "declaração de vontade" exprimirá a idéia de que na fase ou no momento da constituição do negócio terá de se formar (hipóteses de erro-vício, dolo, coação, estado de perigo, lesão) e de se manifestar (hipóteses de erro-obstáculo, simulação e fraude contra credores) sem vício ou defeito, devendo também o sujeito ou os sujeitos serem portadores dos requisitos da capacidade e da legitimação.

Mas o negócio jurídico não se limita ao momento ou à fase da sua criação: ele tem normalmente uma vigência, mais ou menos longa no tempo, e, nessa medida, se consubstancia numa outra realidade que a "declaração de vontade", entendida no seu sentido tradicional, não exprime.

Essa realidade é o valor vinculativo do negócio: uma vez realizado, as partes sujeitam-se a um imperativo, a uma regra de conduta, a um dever-ser juridicamente relevante, na medida em que o ordenamento jurídico o consagra e o sanciona, atribuindo-lhe efeitos jurídicos.

Negócio jurídico é o ato de autonomia privada, constituindo-se em um comportamento normalmente adotado ou em uma ou mais declarações de vontade regularmente emitidas, que exprimem imperativos de autovinculação, juridicamente relevantes (pp. 33-34).

Em última análise, e no tema específico da simulação, é o exame e a interpretação dos dispositivos legais que regem o instituto que nos dirão a que conclusões lógicas essas idéias nos conduzirão em face do direito positivo.

Na doutrina, em decorrência da evolução do conceito do negócio, os autores têm adotado uma atitude de revisão dos conceitos formulados pela escola tradi-

---

63. Cf. Junqueira de Azevedo op. cit., p. 96 e s., para quem a vontade pode influenciar a validade e às vezes a eficácia do negócio.

64. E nem mesmo à vontade do conteúdo (cf. Distaso, op. cit., p. 43-44).

65. Capítulo I, Conceito do Negócio Jurídico, da nossa *Teoria Geral*, op. cit., ao final do qual se lê o que se segue no texto.

cional, em matéria da simulação, a tal ponto que Betti chega a afirmar que a tese de divergência entre a vontade e a declaração pode considerar-se superada na ciência jurídica, embora seja seguida por "aqueles que continuam, ainda que sem se darem conta do fato, sob a influência do dogma de vontade".[66]

**10.** Percorrendo os diversos autores que conceituam a simulação no sentido da doutrina tradicional, isto é, como forma de divergência entre a vontade e a declaração, verifica-se que, quer haja texto expresso de lei nesse sentido, quer não, qualificam de nulo o negócio simulado por falta daquilo que consideram seu elemento essencial: a vontade real.[67]

---

66. Betti, op. cit., p. 382.

67. Assim, Ferrara, no domínio do Código Civil italiano de 1867: a teoria da simulação absoluta em nosso Código resulta, indiretamente, dos princípios que regem a formação dos contratos. Entre os requisitos essenciais para a existência destes figuram o consentimento válido dos contraentes e a causa lícita de obrigar (art. 1.104), requisitos de que carece o negócio fingido. O negócio simulado vazio de conteúdo por falta de vontade: é uma sombra de contrato (op. cit., p. 191-2);

Von Tuhr escreve: "O vício pode consistir em que a declaração não corresponde à vontade. Como a vontade, isto é, todo o processo interno, pode deduzir-se tão-só de fatos exteriores, pareceria evidente que a declaração constituísse sua única maneira de manifestar-se. Por conseguinte uma divergência entre declaração e vontade deveria ser logicamente impossível. Sem embargo não o é e isso resulta da consideração seguinte: a interpretação da vontade não pode exceder certos limites, que derivam da compreensão da pessoa a quem se dirige e da forma em que se manifesta; ao contrário não existem limites para a análise da vontade interna, pois esta pode fundar-se em fatos que o destinatário da declaração não pode conhecer ou que não se expressaram na forma da declaração. Desta diferença a respeito do material de interpretação se depreende que é possível comprovar uma divergência entre o sentido da declaração e a vontade do declarante. O declarante pode conhecer ou ignorar essa divergência. No primeiro caso existe reserva mental (art. 116), declaração aparente (art. 117)" (op. cit., p. 234). E mais adiante:

"O negócio é aparente ou simulado quando com o consentimento do destinatário a declaração receptícia se efetua só aparentemente, isto é, com a vontade de que não tenha efeitos. A simulação se assemelha muito à reserva mental conhecida pela parte contrária (art. 116, 2) (já que é uma distinção psicológica mui sutil a que existe entre mero conhecimento e consentimento, em muitos casos, praticamente impossível de efetuar e de igual modo que esta, enseja a nulidade da declaração) (art. 117, I)" (op. cit., p. 241).

Escreve Beleza dos Santos: "Na simulação há sempre um ato aparente que é tudo que as partes quiseram realizar, na simulação absoluta, que dissimula um ato verdadeiro, na simulação relativa. Esse ato aparente é nulo por falta de um elemento essencial dos atos jurídicos: a vontade real dos declarantes (CC de 1867, arts. 643, n. 2, 647, 648 e 684; op. cit., p. 298)". "Por outro lado, não pode considerar-se a falta da validade dos atos aparentes como uma simples anulabilidade, estabelecida em favor de certos interessados, porque não há nelas apenas um vício que afeta um elemento essencial do ato jurídico, o qual, no entanto, possa dizer-se existente, mas a falta de um elemento dessa natureza que fere o ato de nulidade" (op. cit., p. 298). E finalmente: "a verdade é que, confrontando o art. 1.031 do nosso Código com os preceitos gerais sobre a formação dos contratos, não pode deixar de concluir-se que o ato

Por outro lado, a decorrência inevitável da divergência entre a vontade e a declaração sob o ponto de vista puramente lógico, é a nulidade do negócio que resulta dessa divergência; e todas as teorias que pretendem resolver o conflito resultante da discordância entre os elementos volitivos e a declaração aparecem como destinadas a remediar os inconvenientes resultantes dessa nulidade a que necessariamente tal divergência conduziria. É esse, enfim, o objetivo da própria teoria da confiança que colheu os aplausos da doutrina e foi consagrada na lei italiana.[68]

Quer isso dizer que na simulação o defeito de que o negócio simulado enferma em sua estrutura e que determina a sua nulidade é, segundo a doutrina tradicional, uma divergência entre a vontade real – que não existe – e a vontade declarada. Se tal divergência, decorrente da falta de vontade determina, como se viu, a nulidade do negócio, é porque é juridicamente relevante.[69] A nulidade do negócio simulado, segundo a doutrina tradicional, ocorre tanto na simulação absoluta como na simulação relativa, quer a simulação seja fraudulenta, quer seja inocente.

Mas, no domínio do CC de 1916, a doutrina interpretava o princípio de que a simulação era tolerada, enquanto não tivesse um escopo fraudatório, e, na simulação relativa, no sentido de que a nulidade do negócio simulado, nessa espécie de simulação, não contaminava o negócio dissimulado, não acarretava a nulidade deste, se ele, em si mesmo, fosse válido, se contivesse os requisitos de substância e de forma exigidos em lei.[70] Aliás, esta última solução foi também consagrada no Código Civil em vigor (art. 167, segunda parte).

aparente é nulo. Esse ato não tem um elemento essencial para a sua existência jurídica – a vontade – e a conseqüência dessa falta é sua nulidade (CC, art. 643)" (op. cit., p. 299).

Identicamente o Código Civil de 1967 depois de conceituar a simulação como uma divergência entre a vontade real e a declarada (art. 240, I) comina a nulidade do negócio simulado (art. 240, 2).

Entre nós, Orlando Gomes depois de conceituar a simulação no sentido da doutrina tradicional (op. cit., p. 493) escreve:

"No rigor dos princípios, a simulação absoluta deveria acarretar a nulidade do contrato, pois falta a vontade negocial. Não se trata, pois, de anulabilidade. A mesma sanção aplica-se à simulação relativa, ainda que, em tal hipótese, a nulidade possa ser considerada relativa" (op. cit., p. 495).

68. Segundo A. Torrente: "O Código Civil italiano de 1942, repudiando as teorias da vontade, da declaração e da responsabilidade, segue, como diretriz geral, a teoria da confiança (*ajjidamento*), segundo a qual o negócio patrimonial *inter vivos* e a título oneroso é válido quando a outra parte não conhece nem está em condições de conhecer a divergência entre a vontade e a declaração, *sendo o negócio nulo em caso contrário* (*Manuale di diritto privato*, 2. ed., 1955, § 96, grifo nosso) (em Vicente Ráo, op. cit., p. 197, nota 53).

69. Cf. Auricchio, op. cit., p. 49.

70. V. especialmente na França, Marty e Raynaud, op. cit., p. 245; M. Planiol, *Traité élémentaire de droit civil*, 3. ed., 1905, t. 2, p. 398, Aubry e Rau, op. cit., p. 175; Espínola, *Manual.*, op. cit., p. 509. A este propósito, escreve Espínola: Não é que a simulação constitui

**11.** Viu-se no número precedente que a divergência entre a vontade real e a declarada, que a doutrina tradicional vê na simulação, analisa-se na ocorrência, não de um mero vício de vontade na celebração do negócio simulado, mas de uma autêntica falta de vontade.[71] Por essa divergência, a que se aludiu, analisar-se em uma falta de vontade, determina a nulidade absoluta do negócio simulado.

Para efeitos de argumentação, parece-nos que se pode estabelecer uma relação de causa e efeito entre a divergência intencional, entre a vontade real e a declarada, consistente em uma falta de vontade, e a nulidade do negócio simulado. Uma relação de causalidade, dir-se-ia, porque é logicamente inconcebível que a falta de vontade, que caracteriza o negócio simulado, não dê origem ao efeito mais grave na escala da ineficácia negocial: a nulidade do negócio.[72]

Mas não basta essa relação lógica entre aqueles dois termos para que se possa aderir a uma conceituação da simulação que os coenvolva. É necessário, além disso, que encontrem uma expressão nos textos legais que disciplinam a simulação.[73] O recurso aos argumentos lógicos, como acima se disse, só se legitima quando tenham uma justificação em face dos dados do direito positivo. Já que estamos dissertando sobre a simulação no direito brasileiro, seria inadmissível que aderíssemos a um conceito de simulação, por muito convincente que fosse, por estribar-se em conclusões da mais moderna doutrina e de inegável vigor lógico, mas que abstraísse dos dados do direito positivo.

É sobre esses dados que terá de se construir o conceito de simulação; por outras palavras, tal conceito só se legitimará quando encontrar um mínimo de expressão (senão mesmo uma expressão adequada) nas disposições legais que regem o instituto e o sistema, ainda que na interpretação desses dispositivos se perfilhe como, aliás, entendemos que se deva adotar, uma orientação que não se atenha à vontade do legislador, mas que procure descortinar a *mens legis* com o

em si e por si um procedimento reprovado a que a lei impõe a pena de nulidade. O ato simulado é nulo porque lhe falta um elemento essencial – o consentimento. Daí, para esse efeito, é indiferente a intenção das partes, quando recorreram à simulação. A nulidade se impõe não só quando seja fraudulenta a simulação, mas ainda quando tenha caráter absolutamente inócuo. Quando na doutrina francesa se afirma que "a simulação não é causa da nulidade, não se pretende reconhecer qualquer efeito jurídico ao ato simulado, mas salientar de preferência, particularmente à simulação relativa, que válido subsiste algum negócio real, efetivamente querido, que se dissimula, quanto à natureza e conteúdo. Em nosso direito, como adiante veremos, o negócio simulado é anulável e a simulação não pode ser alegada pelas partes" (*Breves anotações ao Código Civil brasileiro*, Bahia, 1918, v. I, p. 307 e 308).

71. Expressivas são a este respeito as palavras de Beleza dos Santos, transcritas em nota supra.

72. Empregamos o termo ineficácia em sentido amplo de modo a abranger todas as formas de invalidade e contrapô-lo ao conceito de inexistência. Cf. a este respeito Rui de Alarcão, *A confirmação dos negócios anuláveis*, Coimbra, Atlântica, 1971, p. 33 e s.

73. Esta afirmação, referida ao que se vinha dizendo no texto, tinha perfeito cabimento no CC de 1916, mas já não no Código atual.

material e os métodos de investigação que nos são fornecidos pela teoria objetivista e atualista da interpretação das leis.

Posto isto, vejamos a que conclusões nos conduzia a disciplina da simulação no direito brasileiro, em primeiro lugar, de acordo com o texto normativo da legislação anterior.

No domínio do Código Civil de 1916, nas simulações inocentes, entendia-se, por argumento *a contrario* extraído do art. 104,[74] que qualquer das partes poder ia obter a declaração judicial da inexistência da relação jurídica (simulação absoluta), ou da existência de uma relação oculta de natureza diversa da que parecia decorrer do negócio aparente[75] (simulação relativa) e, mais do que isso, entendiam alguns autores que lhes era facultada ação de anulação do negócio simulado[76] contra, aliás, o que parecia dispor o art. 103.[77]

Éramos de opinião, no domínio daquele Código, com os escritores que se filiavam à primeira corrente, de que na simulação inocente não se punha o problema de anular o negócio simulado, mas de declarar os efeitos visados pelas partes (na simulação absoluta nenhuma relação jurídica, na simulação relativa uma relação jurídica de natureza diversa da aparente) e aos quais a lei atribuía relevância. Como escrevia João Luiz Alves, citando Lacerda de Almeida, "nestes casos se a parte quer fazer prevalecer o ato simulado, procede com dolo, que os autores denominam 'dolo posterior ao contrato'" *(Obrigações,* § 58).[78]

Na simulação absoluta inocente quando, por exemplo, uma das partes, violando o pacto simulatório, quisesse prevalecer-se de relação jurídica inexistente, a outra parte poderia obter a declaração judicial da inexistência dessa relação, alegando e provando a simulação. Esta solução decorria, do citado art. 104 *(a contrario)* e do art. 81 daquele Código Civil.[79]

---

74. *Art. 104.* "Tendo havido intuito de prejudicar a terceiros, ou infringir preceito de lei, nada poderão alegar, ou requerer os contraentes em juízo quanto à simulação do ato, em litígio de um contra o outro, ou contra terceiros".

75. É assim que o entendem, e a nosso ver com toda a razão, João Luiz Alves, *Código Civil da República dos Estados Unidos do Brasil,* 3. ed., Rio de Janeiro, Borsoi, 1957, v. 1, p. 194; Pontes de Miranda, op. cit., p. 389 e s.; Alfredo Buzaid, *Ação declaratória no direito brasileiro,* São Paulo, Saraiva, 1942, p. 150 e s., § 4.º, n. 117; v., também, na jurisprudência, voto divergente do Des. Martinho Garcez Neto do TJGB, em *RT* 447:229.

76. Espínola, Manual, citado, p. 503 e s., socorrendo-se da doutrina estrangeira; Carvalho Santos, na esteira de Espínola, Código Civil brasileiro interpretado, 2. ed., 1938, v. 2, p. 388 e s.; Silvio Rodrigues, op. cit., p. 216, seguindo a doutrina dominante.

77. *Art. 103.* "A simulação não se considerará defeito em qualquer dos casos do artigo antecedente, quando não houver intenção de prejudicar a terceiros, ou de violar disposição de lei".

78. João Luiz Alves, op. cit., p. 194-5.

79. *Art. 104.* ver nota 109, supra.

*Art. 81.* "'Todo o ato lícito, que tenha por fim imediato adquirir, resguardar, transferir, modificar ou extinguir direitos, se denomina ato jurídico".

Na simulação relativa inocente contemplada no citado art. 103 daquele Código, as soluções eram diferentes. Precisamente porque a lei reconhecia como válido e eficaz o procedimento simulatório, nesse tipo de simulação, atribuía relevância a uma relação jurídica que as partes procuravam alcançar por meio de um negócio aparente que, se não fora simulado, daria origem a uma relação jurídica de natureza diversa. Assim, se as partes procuravam atingir os efeitos próprios de uma doação (uma atribuição patrimonial gratuita de uma das partes em favor da outra com *animus donandi*), celebrando uma venda aparente, a lei reconhecia a eficácia dessa doação, embora efetivada sob a forma de uma venda. É neste sentido que, no acórdão do Tribunal de Justiça do Rio Grande do Sul, em Câmaras Cíveis Reunidas, se dizia, numa formulação perfeita, que "o traço principal do negócio simulado, como é corrente, tanto na simulação absoluta, quanto na simulação relativa, reside na discordância entre a forma e o conteúdo".[80]

Se, porém, uma das partes, violando o acordo simulatório, pretendesse fazer valer os efeitos próprios do negócio aparente, a lei reconhecia à outra o direito de alegar e provar em juízo a simulação para que prevalecessem os efeitos próprios do negócio dissimulado.

Quer isso dizer que, se existia uma divergência, não era propriamente na estrutura do negócio simulado, mas na estrutura de todo o fenômeno simulatório; era a divergência entre a forma (negócio simulado) e o conteúdo (negócio dissimulado) na expressão usada no acórdão citado.

Não se pode afirmar que, nesse procedimento, as partes não quisessem o negócio simulado; é certo que podiam não lhe querer os efeitos, mas queriam a forma do negócio; a aparência desse negócio era-lhes indispensável por razões que as levavam a simular. Assim, o homem solteiro que fazia uma doação à concubina, mas sob a forma de uma venda, para preservar a sua reputação pessoal, queria que se efetivassem os efeitos de uma doação, desde que o fosse sob a forma de uma venda.

Em vista disso não se podia afirmar, até mesmo considerando-se todo o fenômeno simulatório, que existisse uma divergência entre a vontade real e a declarada; por outro lado a divergência entre a forma e o conteúdo não tinha qualquer relevância para o efeito de viciar o procedimento simulatório e o invalidar, nessa forma de simulação (simulação inocente).

Na simulação fraudulenta, o entendimento de que não se podia ver no negócio simulado uma divergência entre a vontade e a declaração, juridicamente relevante,

Na simulação absoluta, perfilhávamos o entendimento de Pontes de Miranda que considerava inexistente o negócio simulado. na simulação absoluta inocente. Fundamentávamos esta posição no art. 81 que nada tinha a ver com a falta da vontade ou a divergência entre a vontade e a declaração.

80. *RT* 208:655.

se impunha de forma irrecusável. Nos termos do art. 104 daquele Código, revogado, nessa espécie de simulação, as partes nada podiam alegar em juízo quanto à simulação do ato em litígio de um contra o outro ou contra terceiros, ficando elas vinculadas à sua declaração tal como terceiros a viam, salvo a faculdade concedida a certas categorias de terceiros de poderem, em determinados termos, prevalecer-se da validade do negócio.

Quer isso dizer que a vontade real dos simuladores era totalmente irrelevante, como irrelevante era a divergência a que se aludiu. A aceitar-se a estrita aplicação do preceito contido naquele dispositivo legal não eram admitidas, nessas hipóteses, a alegação e a prova da intenção simulatória, que presidira à celebração do negócio simulado. E a anulabilidade do negócio, por terceiros prejudicados ou pelos representantes do Poder Público, era concedida pelo art. 105, não em homenagem à vontade real dos simuladores, como é óbvio, mas em benefício desses terceiros, da lei ou da Fazenda.[81]

**12.** Ainda no domínio do CC de 1916, escrevemos: o art. 404 do Código de Processo Civil, aprovado pela Lei n. 5.869, de 11 de janeiro de 1973, veio dispor no inc. I:

> "É lícito à parte inocente provar com testemunhas":
>
> I – "nos contratos simulados, a divergência entre a vontade real e a vontade declarada".

Poderá dizer-se que este dispositivo legal contradiz o entendimento que perfilhamos, de que a simulação, no direito civil brasileiro, não se caracteriza por uma divergência entre a vontade e a declaração juridicamente relevante?

Está bem de ver que não. Embora se empreguem nesse texto legal as palavras clássicas com que a doutrina tradicional conceituava a simulação, não se pode ver em um dispositivo isolado da lei adjetiva, concernente à prova testemunhal, fundamento bastante para a construção de um conceito do fenômeno simulatório, que teria necessariamente de abranger e refletir os complexos e variados aspectos do mesmo fenômeno.

É mister observar que aquele dispositivo legal viera sancionar uma corrente jurisprudencial que vinha admitindo a alegação e a prova da simulação por iniciativa da chamada "parte economicamente mais fraca" nos negócios simulados que dissimulavam a violação da lei da usura.[82]

---

81. *Art. 105.* "Poderão demandar a nulidade dos atos simulados os terceiros lesados pela simulação, ou os representantes do Poder Público, a bem da lei ou da Fazenda".

82. Nada encontramos na pesquisa feita sobre os trabalhos preparatórios do Código de Processo Civil que pudesse elucidar sobre a história deste preceito, que é inovação do Código, donde o que a seguir dizíamos, no texto, era uma conclusão nossa, em vista do estado do direito positivo brasileiro, no tema da simulação, à data da promulgação daquele Código.

É comum, entre nós, que depois de ter pactuado em um negócio simulado, no próprio interesse, a fim de obter um empréstimo em dinheiro, embora com juros superiores aos legais, o mutuário vá a juízo, não obstante a proibição do art. 104 do Código Civil, e consiga, alegada e provada a simulação, a anulação do negócio. Este é convencionado como uma venda de um bem imóvel do mutuário com pacto de retrovenda, servindo o imóvel de garantia ao mutuante, que assim aparece como comprador do imóvel, passando ao aparente vendedor (o mutuário), a título de preço da venda, a importância do mútuo.

No cumprimento do pacto da retrovenda, o mutuante revende (devolve) o imóvel, recebendo, em pagamento do preço, a importância correspondente não só ao capital mutuado, mas também aos juros usurários. Por vezes, o mutuário acabava por não conseguir pagar a importância necessária (capital mais juros) para resgatar o imóvel dado em garantia, acabando por não poder pagar o "preço da revenda", com o risco de perder o imóvel para o seu comprador e mutuante, em virtude do pacto comissório que também se estipulava. Para obviar a esse risco aquele recorria a juízo no intuito de se beneficiar da proteção da lei (da usura) infringida, alegando a simulação levada a efeito para a ocultação da violação daquela lei.

As decisões judiciais anulavam esses negócios, sem mencionar a proibição do citado art. 104, mas acentuando, ou a nulidade absoluta do negócio dissimulado, ou a nulidade decorrente da proibição do pacto comissório, estabelecida no art. 765 daquele Código de 1916, senão de ambos (*RT, 424:97,* 353:229, 342:928).

Tais decisões não incorriam, em nosso entender, numa violação, por assim dizer, substancial do art. 104 daquele Código, porque não deixavam de atender ao espírito da proibição contida nesse artigo (que era a de evitar a violação da lei, coibindo as simulações que visassem defraudá-la, vinculando-se os simuladores à criação da aparência negocial) na medida em que admitiam, não propriamente para anular o negócio simulado, a *alegação* da simulação pela "parte mais vulnerável" para concluírem pela nulidade do negócio dissimulado e do pacto comissório, nulidades essas que, como consequência, acarretavam o desfazimento de todo o complexo negócio, inclusive do dissimulado.

Mas, de qualquer maneira, tais decisões não deixavam de violar a *letra* do mesmo art. 104, na medida em que admitiam a alegação da simulação por uma das partes, já que aquele dispositivo legal dispunha que "tendo havido intuito de prejudicar, ou infringir preceito de lei, nada poderão alegar, ou requerer os contraentes em juízo quanto à simulação do ato, em litígio de um contra o outro ou contra terceiros".

O art. 404, I, do Código de Processo Civil, vinha atender, em nossa opinião, à imperiosa necessidade de se obviar à inadequação desse dispositivo legal (o art. 104 do CC de 1916 que proibia a alegação da simulação em litígio de um contra o outro nas simulações fraudulentas) a situações concretas submetidas à apreciação dos tribunais. E neste, como em tantos outros domínios, a lei posterior não fazia mais do que sancionar a orientação da jurisprudência.

Por tudo isto, dado o objetivo restrito a que se propunha, o citado art. 404, I, do Código de Processo Civil, não nos fornecia elementos para a construção de um conceito de simulação e nem invalidava qualquer das considerações que a esse respeito formulávamos a propósito desse conceito.

**13.** A simulação no Código Civil em vigor.

E até que ponto essas ideias procedem nos termos do que dispõe a lei em vigor?

Antes de mais, o art. 167, o único dispositivo legal que, no domínio da nova legislação, provê para a simulação, não contém também nada que invalide, em princípio, as considerações até agora desenvolvidas para a elaboração de um conceito de simulação. Consiste esta, fundamentalmente, num procedimento pela qual as partes celebram um negócio jurídico, em regra um contrato, para o conhecimento de terceiros, com um conteúdo típico, correspondente a uma das formas negociais, em geral previstas e reguladas em lei; mas o verdadeiro alcance e sentido de um tal negócio, deliberado entre elas, consta de um acordo simulatório, destinado a permanecer em sigilo e pelo qual, o negócio jurídico que celebram deve ser aparente, com um conteúdo fictício, não devendo, portanto, produzir quaisquer efeitos jurídicos, uma vez que não haverá entre eles, os sujeitos do negócio simulado, qualquer ato de execução desse negócio, isto é, uma troca de atribuições patrimoniais a que ele normalmente daria origem; na realidade, os simuladores não querem nada, nenhuns efeitos ou relação jurídica que dele decorra (simulação absoluta), ou, na chamada simulação relativa, querem outra coisa, um conteúdo próprio de um outro tipo negocial ( negócio dissimulado – por exemplo, uma doação), mas oculto sob a forma, correspondente ao conteúdo ostensivo do negócio simulado, externado ( por exemplo de uma compra e venda).[83]

A disciplina da simulação, no Código em vigor, embora substancialmente diferente da do CC de 1916, embora nem por isso altere o conceito de simulação, tal como formulado, é muito restrita, limitando-se, como se disse, apenas a um

83. Assim, o negócio simulado, na intenção das partes, só tem uma forma, por exemplo de uma compra e venda, com sujeitos, objeto-transferência recíproca da coisa vendida e do preço-próprio daquele negócio, tudo isso aparentemente, mas sem nenhum conteúdo real porque eles não desejam os efeitos correspondentes (simulação absoluta). Na simulação relativa há uma forma, por exemplo, a compra e venda e um conteúdo que não lhe corresponde, mas a uma doação, porque sob a aparência da compra e venda as partes engendram combinações negociais ou levam a esse resultado, declarando uma delas já ter recebido o preço, ou, então, recebendo-o e devolvendo-o ao simulado alienante. É evidente que estamos dando aqui exemplo de uma simplicidade elementar só para a ilustração do que se afirma, mas as tais combinações negociais podem ser muito complexas e até difíceis de desvendar, dependendo da inteligência e da experiência do simulador nesta matéria.

preceito legal, o art. 167, na medida em que no *caput*, declara nulo o negócio jurídico simulado e no § 2º ressalva, não obstante nulo o negócio, os direitos de terceiros de boa-fé.[84]

No § 1º menciona, por outro lado, algumas hipóteses de simulação parcial (a de interposição de pessoa no inciso I, a de declaração, condição, confissão ou cláusula não verdadeira, no inciso II, a de antedata ou pós-data, aposta a um instrumento negocial, no inciso III). Diz-se simulação parcial porque é relativa a certos elementos ou pressupostos do negócio jurídico simulado.[85] Mas, ainda que parcial, nesse sentido, a simulação, na verdade, contamina a validade de todo o negócio jurídico.[86]-[87]

Voltando aos efeitos do negócio simulado, precisamente por isso, porque há agora uma dupla valoração desse negócio, feita pela lei, uma que decreta a nulidade desse negócio para os simuladores e a outra que parece declarar a sua eficácia[88] perante terceiros de boa-fé, impõe-se um esforço maior da doutrina, em aprofundar o estudo deste instituto, tão importante quanto sutil nas suas formas de

---

84. *Art. 167.* "É nulo o negócio jurídico simulado, mas subsistirá o que se dissimulou, se válido for na substância e na forma. § 1.º Haverá simulação nos negócios jurídicos quando: I – aparentarem conferir ou transmitir direitos a pessoas diversas daquelas às quais realmente se conferem ou transmitem; II – contiverem declaração, confissão, condição e cláusula não verdadeira; III – os instrumentos particulares forem antedatados ou pós-datados. § 2.º Ressalvam-se os direitos de terceiros de boa fé em face dos contraentes do negócio jurídico simulado.

85. Sobre a simulação total e parcial, Inocêncio Galvão Teles, *Manual dos Contratos em Geral*, Coimbra, Coimbra Editora, 2002, 4. ed., pp. 168-170.

86. Aurelio Gentile, *Il Contratto Simulato*, Napoles, Eugénio Jovene, 1982, p. 121, em que escreve:

"Antes de mais, a nulidade do contrato afetado de interposição fictícia vai bem além da consideração do momento subjetivo: a simulação transcende o sujeito e investe a globalidade do ato. É verdade que está referida à vontade ou à causa, segundo o enfoque voluntarístico ou preceptivístico da doutrina, mas se trata periodicamente de doutrinas que veem na vontade ou no preceito a essência mesma do negócio. Onde, pois, justificam a invalidade simulatória como vício de um elemento, na realidade sufragam surpreendentemente, e sempre, a tese de que a invalidade de que o negócio simulado enferma é total: não é vício de um seu único elemento, é vício radical de todo o negócio Considerações análogas podem valer, obviamente, para o objeto."

87. Sobre a nulidade parcial e a redução do negócio jurídico com o aproveitamento do restante de seus elementos, não afetados pela nulidade, Custodio da Piedade U. Miranda, *Teoria Geral*, citada. pp. 187 e ss.

88. Ou, pelo menos, a existência e a validade de uma relação jurídica que decorre daquele negócio no mínimo, a legitimidade do simulado adquirente para transmitir o seu direito, decorrente desta nova relação jurídica, validamente, para terceiros de boa-fé. Empregamos aqui o termo eficácia, não no sentido kelseniano, conformidade da conduta (neste caso, negocial) à norma – Hans Kelsen, Teoria Geral do Direito e do Estado, tradução do original *General Theory of Law and State*, São Paulo, Martins Fontes, 2005, 4. ed. – mas no sentido de produtor de efeitos, não por virtude do negócio simulado, mas por obra exclusiva da lei.

manifestação e bastante disseminado na sociedade moderna, de modo a estender seus tentáculos na vida política, econômica e financeira do país.[89]

*Uma inovação legislativa exige sempre uma reformulação das ideias expendidas à época de uma legislação anterior, ainda mais quando há entre elas diferenças dignas de nota.* É o que se tenta fazer nesta obra.

A mais importante dessas inovações é que o negócio jurídico simulado é agora nulo, em qualquer hipótese, sem prejuízo da validade do negócio que se dissimulou sob a cobertura daquela forma negocial, desde que obedeça aos seus requisitos de forma e de conteúdo (art. 167 e § 2º).

Pode dizer-se que o citado art. 404, I, do CPC nem sequer seria necessário em face da nova disciplina da simulação, já que as partes do negócio simulado podem agora, em qualquer hipótese, ao contrário do que ocorria, ao abrigo do art. 104 do CC de 1916, apenas nas chamadas simulações fraudulentas, alegar a simulação e a própria nulidade do negócio simulado, caso tenham nisso um interesse relevante, desde que sem prejuízo dos direitos de terceiros de boa-fé.

Não há também porque concluir-se que a cominação da nulidade ao negócio simulado decorra da ideia do legislador, de que a simulação é um caso de divergência entre a vontade real e a declarada e que a falta da vontade em direção ao conteúdo da declaração é que determina a nulidade do negócio simulado.

Isso, porque não compete ao legislador formular conceitos ou construções jurídicas, nem ele se preocupa ou tem de se preocupar com isso, mais ainda, ocupando-se, como deve, apenas, de dar o tratamento devido, no plano jurídico, às situações reais da vida, envolvendo conflitos de interesses, que possam vir a surgir na vida da comunidade. Mesmo que esse tratamento seja correto, do ângulo da valoração de interesses, o legislador pode, por vezes, cometer imprecisões, nas formulações normativas, mais precisamente, na exata utilização dos princípios e conceitos que constituem o arcabouço da ciência jurídica, necessários para a interpretação daquelas, imprecisões essas que têm de ser apontadas pela doutrina.

Nisso, na preocupação de dar tratamento adequado a situações concretas, ainda que de modo hipotético, sem grande preocupação com as concepções científicas, o que até certo ponto se compreende, ou, melhor, se pode aceitar, o órgão legislativo se aproxima, em certa medida, do órgão judiciário, com a diferença de que este está encarregado de dar tratamento às situações concretas,

---

89. "Se se interroga a história desses últimos anos – escreve L'Abeille (*La simulation dans le droit dês societés*, cit., p. 11) constata-se que a maior parte dos escândalos financeiros que caracterizam este período é o produto da larguíssima prática da simulação por parte das sociedades; nestas, através de subscrições fictícias nas assembleia gerais dos acionistas , a simulação da sede social, a distribuição de dividendos fictícios, a arte da *mise em scène* é erigida a um ponto tal que elas não constituem, tudo somado, senão imensas e perigosas empresas de ilusão" (Distaso, op. cit., p. 14, em nota).

mas já essa imprecisão de conceitos, neste último órgão, não é aceitável, porque a boa "aplicação" da lei decorre também, e em medida apreciável, especialmente quanto ao valor "certeza e segurança jurídica", do fato de que a jurisprudência não transponha, tanto quanto possível, limites que não sejam aceitáveis, no plano conceitual e jurídico.

Tal nulidade, cominada ao negócio simulado, se não tornou irrelevante, tornou, pelo menos, sem grande interesse prático, no sistema atual, a distinção entre a simulação inocente e a simulação fraudulenta, na medida em que a nulidade do negócio simulado é imposta para esses dois tipos de simulação, sem qualquer distinção, ao contrário do regime anterior, em que a mera anulabilidade, a que se sujeitava o negócio simulado, resultava apenas da simulação fraudulenta, não se impondo qualquer sanção para o negócio simulado, na simulação inocente.

Além disso, ao contrário da anulabilidade, resultante do fato de se considerar a simulação um vício ou defeito do negócio jurídico, no domínio do Código, revogado, de 1916, restrita à ação de terceiros prejudicados, ou do Poder Público, a bem da lei ou da Fazenda (art. 105 daquele Código), a cominação da nulidade ao negócio simulado, sob o império da lei atual, legitimou para a ação da simulação qualquer *interessado* no reconhecimento da nulidade do mesmo negócio, além do que *deve* ela ser pronunciada de ofício pelo juiz (art° 168 e seu parágrafo único).

Finalmente, como já se viu, não obstante nulo o negócio, ressalvam-se os direitos de terceiros de boa- fé, ficando por explicar, insista-se nisso, como de um negócio nulo, mais precisamente, da relação jurídica que dele *não* decorre, por força do acordo simulatório, pode *advir* um "direito"[90] ao simulado adquirente, de transmiti-lo a terceiros de boa- fé, de modo válido e eficaz, sem que se possa arguir, perante eles, a nulidade do negócio simulado. Não basta dizer que é porque a lei ressalva os direitos de terceiros, pois é preciso discorrer sobre o modo pelo qual ela opera essa transmudação de nulidade do negócio, por um lado, e sua eficácia para certa classe de terceiros, pelo outro.[91]

---

90. Não se trata propriamente de um direito, mas de uma legitimação que muitos reconhecem apenas formal.

91. Nem se poderia, no nosso sistema, em vista da expressa *nulidade* do negócio simulado, declarada na lei em vigor, argumentar, tal como o faz Alberto Auricchio, no direito italiano, invocar a *validade* do negócio simulado, conclusão a que chega, após uma trabalhosa argumentação, com base na *ineficácia* do negócio simulado em relação aos simuladores, nos termos do art. 1.414 do CC italiano: (o negócio simulado não produzirá efeitos entre as partes) (op. cit., pp. 77 e ss.), aliás, contra a doutrina majoritária italiana, que o considera nulo, como informa Maximo Bianca, *Diritto Civile, Ill contratto*, Milano, Giuffrè, 1994, p. 657), incluindo a deste autor que escreve:

"É, todavia, mais apropriado falar de ineficácia enquanto a simulação não integra uma irregularidade do contrato (violação de normas imperativas, violação do objeto etc."). Aliás, a teoria da nulidade contraria texto expresso de lei italiana (art. 1.414), que fala em ineficácia, salvo se ela terá querido falar em ineficácia *lato sensu*, na qual se incluiria a nulidade. Mas não vimos esta conclusão defendida por qualquer dos autores consultados.

Este e outros temas terão de se sujeitar, em face da novidade legislativa e de novos aportes doutrinários, a outras tantas reflexões, ao longo desta obra, particularmente em matéria de efeitos sobre a simulação, mas sem que seja necessário, parece-nos, alterar a traça essencial da obra anterior, a não ser pelas razões apontadas e pela natural evolução do nosso pensamento, aqui ou ali.

Voltando ao ponto inicial, a nulidade do negócio simulado, estabelecida pela nova lei conduz irretorquivelmente a ter de se aceitar a tese de divergência entre a vontade real e a declarada? Não necessariamente.

Na simulação, o negócio simulado é, no ânimo das partes, um meio colimado a um fim que não é típico do negócio escolhido, tal como em qualquer negócio jurídico normal, mas a um fim, por assim dizer "atípico",[92] *não negocial*, o de disseminar um engano, para que terceiros acreditem na efetividade de uma *relação jurídica, inexistente* entre eles, simuladores, como a que decorre de um negócio jurídico normal, com conteúdo e efeitos queridos (simulação absoluta).[93]

Decerto, toda essa anomalia é que levou o legislador a determinar a nulidade do negócio simulado. O nó górdio da questão está em descobrir, tarefa que cabe ao jurista, repita-se, qual o mecanismo ou o caminho pelo qual a lei empreendeu essa dupla valoração do negócio simulado para chegar a uma conclusão intrigante: nulidade do negócio, mas validade dos direitos nele fundados para certa categoria de pessoas.

Esta conclusão é tanto mais desconcertante quanto é certo que, na Itália, onde o nosso tema tem sido mais estudado, ante a disciplina legal da simulação, no Código respectivo, tem levado notáveis juristas a reconhecer que, pode até aceitar-se a *eficácia* da "relação jurídica" que advém do negócio simulado, quando se reconhece que este é válido, ou simplesmente ineficaz apenas entre as partes, mas o que escaparia a qualquer fundamentação legal e lógica é convir-se em que se possam fundar direitos de terceiros de boa-fé, validamente, num negócio simulado nulo, do qual não provém qualquer relação jurídica.[94]

---

92. O termo atípico está empregado aqui no sentido de um fim que não é típico de um negócio jurídico normal – típico ou atípico – mas próprio de um negócio anômalo, inaceitável para a ordem jurídica.

93. Tome-se para exemplo de um negócio simulado uma compra e venda. Ela terá um conteúdo que corresponde à forma exterior que ostenta, de uma compre e venda: a transferência de uma coisa em troca de um preço, de uma parte para a outra. Só que esse conteúdo é aparente, na realidade não existe, pois as partes não querem qualquer atribuição patrimonial de uma para a outra, não havendo qualquer alteração nas respectivas esferas jurídicas (simulação absoluta, negócio simulado).

94. Assim, Auricchio que escreve textualmente: "É conveniente precisar em que sentido o negócio (simulado) altera a situação jurídica dos contraentes. É seguro que o direito do transmitente não se modifica no seu conteúdo interior: por exemplo, o simulado alienante, se era proprietário do bem aparentemente transmitido, conserva ainda após a simulação absoluta, o direito de propriedade. Muda, pelo contrário, a tutela que a lei atribui a esse

Aliás, tem sido uma constante do legislador brasileiro, apontar esse desafio à doutrina, no âmbito dos dois sistemas jurídicos. Um (no Código Civil de 1916), pela sua singularidade, em face de outros sistemas jurídicos, seus contemporâneos, quase todos determinando a nulidade do negócio simulado e não distinguindo a simulação inocente da simulação fraudulenta, atribuindo-lhe o mesmo efeito, *ao contrário daquele primeiro Código*, sob o signo da anulabilidade apenas para o negócio simulado fraudulento; e o outro sistema (no Código em vigor), em face da formulação da norma que trata da simulação (art. 167), que declara a *nulidade* do negócio simulado, ao contrário, por exemplo, da *ineficácia* do mesmo negócio no direito italiano (art. 1.414 do Código Civil daquele país), à luz do qual as construções jurídicas em torno da simulação, embora numerosas e divergentes entre si, permitem que elas assentem em outras bases, mais coerentes e lógicas, inaceitáveis no direito brasileiro, em vista da expressa nulidade determinada pela lei.

Se não é função do legislador preocupar-se com conceitos, uma resposta por ele dada a uma determinada questão – no caso a nulidade do negócio simulado-

direito ao titular, em relação a terceiros: na verdade essa tutela é atribuída por força do *contrato válido* – ao simulado adquirente, o qual pode realizar, de maneira juridicamente relevante, os actos normalmente atribuídos ao titular do direito. Na realidade – sugere-se aqui como explicação do fenômeno – mudaram as condições de facto a que a lei subordina a tutela para o exercício do direito" (op. cit., p. 157) (parênteses e itálico nossos).

Também para Romano, artigo citado, pp. 48-51: "um contrato nulo justificaria dificilmente aqueles efeitos que o contrato simulado produziria em relação a terceiros e se estaria diante do seguinte contrassenso: o de um contrato válido e ao mesmo tempo inválido, segundo os sujeitos". E depois de argumentar que nem mesmo seria possível justificar a tutela de terceiros com base na boa fé, à semelhança do que ocorre com o art. 1.159 daquele Código, com a situação do possuidor, cujo direito se resguarda com base no princípio de que posse vale título, uma vez que não são análogas as duas situações (do simulado adquirente e do possuidor), nem a dos pressupostos da ressalva dos direitos de terceiros, conclui:

"Isto constitui um outro argumento contra a valoração do contrato simulado como contrato nulo, na medida em que a lei o considera operativo por sua perfeição estrutural e oponibilidade das limitações no plano interno". Dessa perfeição resultaria a eficácia em relação a terceiros.

No mesmo sentido, Francesco Galgano, (*Il Contratto*, Pádua, Cedam, 2007, pp. 363-364), onde se lê: "É um fato que o código civil qualifica, não como nulo, mas como ineficaz o contrato simulado (art. 1.414), distingue a ação da simulação da ação da nulidade, (art. 2.652 ns. 4 e 6) e, o que mais conta, regula a simulação de modo diferente; mas se a ineficácia de que fala o art. 1.414 fosse nulidade, ela seria uma nulidade bem singular, sendo inoponível a terceiros protegidos pelos arts. 1.415-1.416, além do que a simulação, quando constatada, ao contrário da nulidade, não pode ser relevada de ofício pelo juiz, é insuscetível de conversão, mas admite convalidação". As referências aos artigos são todas do CC italiano de 1942, em vigor.

Diz mais este autor que dessas normas, autores mais recentes, na doutrina italiana, como Auricchio, Messineo, Bianca, Gentile, além de outros, têm considerado o negócio simulado, válido.

tanto pode significar que tal resposta tem a sua razão de ser na divergência entre a vontade e a declaração, na realização do negócio simulado, como no fato de o negócio jurídico – simulado – incorrer em nulidade por causas, intrínsecas ou não, ao negócio, além de poderem influir nele negativamente, por inobservância de um pressuposto, ou por infração de um dever de preservar os interesses da coletividade, ou, finalmente, por ter sido utilizado para um fim indigno de sua função, ser um vício ou um desvio da causa. É tudo isso que ocorre no negócio simulado, nos termos da disciplina legal da simulação, em vigor.[95]

E assim teremos as seguintes causas da nulidade do negócio simulado:

Em primeiro lugar, a impossibilidade jurídica do seu conteúdo, pressuposto que determinaria a nulidade do art. 166, II: É nulo o negócio jurídico quando for ilícito, impossível ou indeterminado o seu objeto (*lato sensu*).

Do mesmo modo, na medida em que o art. 421, por um lado, prescreve que a liberdade de contratar deve ser exercida em razão e nos limites da função social do contrato e, por outro, é intuitivo que, com o negócio simulado, se transpõem os limites dessa liberdade na medida em que não se atende ao interesse social, na sua celebração, pelo contrário, serve-se um interesse marcadamente antissocial, tal negócio incorre frontalmente na nulidade prevista no art. 166, VI: é nulo o negócio jurídico quando a lei proibir-lhe a prática , sem cominar sanção.

Finalmente, o negócio simulado pode também ser nulo por incorrer na incidência do disposto no art. 166, inciso III: "É nulo o negócio jurídico quando o motivo determinante, comum a ambas as partes, for ilícito". Ora, não são necessárias grandes elucubrações para se vislumbrar, até mesmo através das lentes opacas do negócio simulado, a existência de um motivo ilícito, comum a ambas as partes, determinante da realização do negócio simulado, e que é a criação de uma aparência negocial enganadora, para a ilusão de terceiros em geral, para que estes acreditem no negócio simulado como um negócio típico, normal, pois só assim, os simuladores acham que podem efetivar seus interesses.

---

95. Se isso já era assim, isto é, se tais construções, a simulação como divergência entre a vontade e a declaração, ou uma divergência entre duas declarações que se anulam ou se neutralizam entre si, ou ainda um vício da causa, já existiam, na doutrina, mesmo na vigência do ordenamento jurídico anterior, a verdade é que no novo ordenamento civil, ora em vigor, em vista de seus dispositivos, também terá de se fazer uma opção por alguma construção doutrinária, como se verá, quando se falar sobre os efeitos da simulação.

## IV

14. A intenção de enganar na concepção tradicional: apreciação crítica deste elemento. 15. O acordo simulatório: diversas teorias a respeito. 16. A tese do negócio declarativo de Cariota Ferrara. 17. O acordo simulatório como negócio jurídico com causa típica de Salvatore Pugliatti. 18. A formulação de Salvatore Romano. 19. O entendimento de Alberto Auricchio. 20. A construção de Nicola Distaso. 21. A concepção de Pugliese.

**14.** Prosseguindo no exame e na apreciação crítica dos elementos constitutivos da simulação, segundo a doutrina tradicional, no presente item, aludiremos, em poucas linhas, ao intuito de enganar para, em seguida, analisarmos o elemento-chave da simulação: o acordo simulatório.

Diz-se que o fim de enganar é essencial a toda a ideia da simulação, partindo-se, evidentemente, da concepção naturalística ou comum da palavra simular. Ferrara chegava mesmo a afirmar que a "simulação não muda de natureza quando passa para o terreno jurídico".[96]

O fim de enganar, diz-se, é conatural a toda à ideia da simulação e o fim de prejudicar, com o qual não se deve confundir o mero fim de enganar, caracteriza apenas as simulações fraudulentas.

Não há dúvida de que em toda a simulação existe o intuito de enganar. O negócio simulado destina-se precisamente a essa finalidade: enganar terceiros, aparentar uma situação aos olhos de terceiros, precisamente para que estes acreditem que o negócio jurídico por eles celebrado é um negócio normal, em que o acordo ou o consenso que lhe deu origem será idêntico ao que precede qualquer outro negócio jurídico. E não é, como oportunamente se verá. O acordo simulatório, com uma outra natureza e finalidade, permanece, por isso mesmo, em absoluto sigilo entre as partes do negócio simulado.

Mas, nem por isso, se torna necessário autonomizar o *intuito de enganar terceiros* como elemento constitutivo da simulação, tal como o fazia a doutrina tradicional. Tal desnecessidade pode justificar-se com duas ordens de considerações:

Em primeiro lugar, o engano é inerente à simulação porque é inerente a toda a aparência que não corresponde à realidade. Quando se diz que a simulação é um procedimento destinado à criação de uma aparência (negocial) contrária à

96. Ferrara, op. cit., p. 60.

realidade pretendida pelos simuladores, já se sugere a ideia do engano, inerente à criação dessa aparência.[97]

Por outro lado, como acentua Mosset Iturraspe, a finalidade de enganar "faz parte do acordo simulatório". "O acordo simulatório é um acordo para enganar terceiros com o contrato aparente".[98] Só diríamos que o contrato, nos termos da lei, não é aparente, senão quando considerado em relação às partes que simulam; mas uma vez lançado ao mundo exterior é real, melhor dizendo, normal, produzindo os efeitos próprios do conteúdo e da forma que ostenta, em relação a terceiros (de boa-fé), precisamente àqueles a cujo conhecimento e divulgação se destina o negócio simulado, na intenção dos simuladores.

Entretanto, não é necessário, para que haja simulação, *a consumação do engano*, como pretende Messina, *in verbis*: "Na verdade, se a simulação absoluta tem sempre por escopo o engano fraudulento de terceiros, o seu elemento constitutivo não pode dizer-se exaurido com a estipulação do negócio simulado. O engano, que lhe é inerente, implica uma determinada direção subjetiva e não se tem esta com aquela estipulação (...) Em uma palavra, os simuladores podem desistir do plano simulatório, renunciar ao propósito de consumar o engano, deixar pelo meio o desenho começado a executar (...) O que quer dizer que a simulação não adquire relevância *como tal* perante terceiros", enquanto não haja a consumação do engano.[99]

Não obstante a grande autoridade deste autor, e com a devida vênia, não é aceitável esse entendimento, pelo menos à luz do direito brasileiro.

Se há uma intenção de enganar dos simuladores, por um lado, não há, por outro, nos termos da lei, qualquer exigência à efetivação desse engano que possa alcançar terceiros. Estes desconhecem que o negócio é simulado, aliás, a boa-fé,

---

97. Aquele que vê a aparência de algo sem que se dê conta de que à aparência não corresponde uma idêntica realidade induz-se em engano. É nesse sentido que a aparência é definida como "aquilo que parece realidade sem o ser; ilusão; fingimento; disfarce". *Novo dicionário da língua portuguesa,* de Aurélio Buarque de Holanda Ferreira, Nova Fronteira.

Não há assim nada demais em afirmar-se que, na elaboração de um conceito jurídico, pode partir-se de uma noção pré-jurídica do mesmo; se é certo que não se deva ir ao extremo do que dizia Ferrara, que a simulação não muda de natureza quando se passa para o terreno jurídico, não é menos certo que também não se deve chegar a outro extremo, de negar à noção empírica da simulação qualquer valor, ainda que provisório, como o faz Auricchio op. cit., pp. 35-36).

Se assim fosse, como ficaria a pré-compreensão, necessária para a apreensão de qualquer conceito jurídico? A lei, no direito brasileiro, não define a simulação e o conceito resultará de uma construção jurídica erguida a partir da disciplina legal do negócio simulado, sim, mas para isso é certamente necessário ter-se uma ideia, a partir de significação linguística do vocábulo simulação, do que ela seja, em que é que ela, *prima facie*, consiste.

98. Mosset Iturraspe, op. cit., p. 30.

99. Messina, artigo citado, p. 519.

isto é, o desconhecimento da simulação, é mesmo um pressuposto legal para a ressalva de seus direitos, decorrentes desse negócio (§ 2º do art. 167); logo, não podem dizer-se enganados em face de um negócio que para eles é normal, produz os efeitos que lhe são próprios, nada tendo a ver com a mera aparência de negócio, criada pelos simuladores. A consumação do engano só era indispensável nas simulações fraudulentas. Mas, para que haja simulação, nos termos da lei em vigor, basta apenas o *intuito de enganar*, como a doutrina tradicional sempre afirmou, no que estava absolutamente certa, O engano de terceiros resulta precisamente porque o acordo simulatório, mantido em sigilo, não revela nada que possa indicar uma "direção subjetiva" do negócio simulado.

A consumação do engano só era necessária, nas simulações fraudulentas, no domínio do Código de 1916, mas nem toda a simulação tem esta natureza. Portanto, não pode ser um elemento essencial à simulação, ao seu conceito; será, quando muito, um elemento natural, próprio dessa espécie de simulação. Na chamada simulação inocente, não havia qualquer prejuízo de terceiro, insuscetível este de ocorrer se não houvesse consumação do engano; mas isso é uma circunstância acessória da simulação, como diria Ferrara,[100] nada acrescentando ao conceito de simulação, que pode ter um fim de ostentação, da necessidade de se escapar de solicitações inoportunas, de vaidade ou de reclame, de exteriorizar uma posição creditória para preservar aparências sociais, enfim, finalidades que não prejudicam ninguém, nem requerem a consumação do engano.[101] Quer os terceiros sejam efetivamente enganados, quer não, o simulador alcança o seu objetivo com o lançamento do negócio simulado ao mundo exterior, que não o seu.

Basta, portanto, o intuito de enganar expressado ou implícito no acordo simulatório.[102]

**15.** Com muito poucas exceções,[103] a doutrina sustenta que o acordo simulatório é elemento essencial ao conceito da simulação.

---

100. Distaso, op. cit., p. 79, nota 2.

101. Distaso, op. cit., p. 79.

102. O acordo simulatório é considerado, portanto, essencial ao conceito da simulação, na doutrina tradicional. Maximo Bianca faz uma bela síntese sobre o acordo simulatório no sentido da doutrina tradicional na op. cit., vol. 13, pp. 659 a 661.

103. Assim, Pontes de Miranda (inspirado em Manigck) discorrendo sobre as diferentes correntes doutrinárias acerca do acordo para simular alude às que o admitem como elemento essencial, às que se contentam com a recepticidade ou conhecimento da manifestação de vontade pelo destinatário e finalmente às que admitem a simulação nos atos jurídicos em geral, desde que se trate de manifestações de vontade susceptíveis de simulação (esta última afirmação – parece-nos – já sugere a ideia do acordo – cf. Distaso, op. cit., p. 203). A esta última, diz, se filia o Código Civil brasileiro (op. cit., p. 392); Pugliese, embora admita o acordo, não o considera essencial ao procedimento simulatório, como adiante se verá, no texto e Salvatore Romano, no entendimento de Auricchio, op. cit., p. 43 em nota. Não nos

A este propósito, escreve Auricchio que "todos os autores que se ocupam da simulação falam em acordo, em *Einverständnis,* e muitos procuram encontrar nesta noção o fundamento do instituto".[104]

Mirabelli, em resposta à pergunta que ele próprio formula, que coisa é a simulação, escreve: as diversas concepções concordam substancialmente sobre um só ponto: que se trata de um complexo de dois atos, dos quais um, o acordo simulatório, tolhe a eficácia jurídica do outro, o negócio simulado". Qualquer que seja a fundamentação ou o mecanismo pelo qual se opera a simulação e de que resulta a nulidade do negócio simulado (divergência entre a vontade expressa no negócio simulado e a real vontade das partes, a realização de um negócio jurídico que priva o negócio simulado da causa da sua "aparente função", ou a falta da causa do negócio simulado, ponto que não se acertou ainda em definitivo), o que é certo é apenas o que ficou dito, que as partes realizam um negócio que tem uma certa aparência, mas que, seguido de um outro negócio entre elas firmado, não gera entre elas os mesmos efeitos que àquela aparência corresponderiam.[105]

Em vista do que se afirmou, sustenta-se também que a simulação tem lugar, em princípio, nos contratos, podendo ocorrer também nos negócios unilaterais, desde que se trate de declarações receptícias, porque susceptíveis de acordo, ainda que tácito.[106]

Segundo Orlando Gomes, deve-se a Zittelmann a distinção entre as declarações receptícias e as não-receptícias. As primeiras são aquelas cuja eficácia depende do conhecimento do conteúdo da declaração por aqueles a quem se dirigem, enquanto as segundas se tornam eficazes assim que são emitidas, independentemente da recepção pelo destinatário. Como exemplo das primeiras, atente-se em que a despedida de um empregado só opera, só se torna efetiva, quando este vem a tomar conhecimento da declaração do empregador.[107]

parece, no entanto, que esse autor.embora negue ao acordo a natureza de negócio jurídico, deixe de admiti-lo, na simulação.Também Carnelutti e Barbero nenhuma referência fazem à eficácia do acordo, segundo Auricchio, op. cit., pp. 42-43, nota 3).

104. Auricchio, op. cit., p. 41.

105. Giuseppe Mirabelle, op. cit., p. 67. O autor discorre brevemente sobre a simulação, nesta sua excelente obra, para responder à indagação sobre se é possível a simulação nos atos negociais não receptícios e até mesmo em tais atos , não negociais.

106. Entre nós, Orlando Gomes destaca a necessidade deste elemento: "Para haver simulação é necessário o acordo simulatório". "A necessidade do acordo simulatório não confina a simulação no campo do contrato. Pode ocorrer também nos negócios unilaterais receptícios, dando-se o conluio com o destinatário" (op. cit., p. 454).

107. Op. cit., p. 300. Certo que também as não-receptícias – acrescenta – se dirigem a outra pessoa, mas esta não precisa de ter conhecimento do ato em que se inserem. Também aqui há aquele propósito notificatório que as distingue das simples atuações da vontade (op. cit., p. 114).

Manuel de Andrade exemplifica a simulação através de uma declaração receptícia, com a hipótese de um patrão fingir despedir um empregado para ser agradável a um cliente.[108]

É extremamente controvertido o problema de saber, com precisão, em que consiste o acordo simulatório e a doutrina incorre em notáveis divergências ao determinar sua natureza jurídica e sua função.

**16.** Para uns, seria um "negócio declarativo", sendo essa teoria largamente difundida, talvez por se filiar à doutrina tradicional.

Na formulação de Cariota Ferrara, "com o acordo as partes estabelecem e acertam de modo vinculante e decisivo para si, que a declaração ou as declarações que emitem (no negócio simulado) não são na realidade queridas; ele se traduz, por vezes, numa contra- declaração (escrita)". Para este autor a divergência intencional entre a vontade e a sua manifestação dá lugar a uma intencional falta de *vontade do conteúdo* do negócio, ao contrário do erro-obstáculo ou erro obstativo, na expressão dos italianos, em que essa divergência é não intencional. O entendimento que a simulação exige com a contraparte ou com o destinatário (nas declarações receptícias) precede ou acompanha as declarações aparentes (do negócio simulado).[109]

No mesmo plano, do "negócio declarativo" de Cariota Ferrara, coloca Auricchio a tese de função do acordo como "ato de interpretação autêntica", acrescentando que essas teorias deixam por resolver o problema central que aqui interessa.

A tese do negócio declarativo foi combatida por Auricchio com o argumento de que a nulidade do negócio simulado, a ser um vício estrutural, deve ser intrínseca ao próprio negócio, resultar da divergência entre a vontade e a declaração ou entre a intenção prática e a causa, e não da combinação dessa divergência entre as partes, que seja objeto do referido "negócio declarativo".[110]

Para outros, o acordo simulatório seria, como já se viu, um "ato de interpretação autêntica", teoria que constitui uma variante da anterior. Mas aqui não teria necessariamente a natureza de um negócio jurídico autônomo.

Esta teoria que, segundo Auricchio,[111] se deve inicialmente a Segré, foi adotada por Betti, que escreve a este respeito:

---

108. Op. cit., vol. II, p. 170.

109. Cariota Ferrara, op. cit., p. 497.

110. Auricchio, op. cit., p. 44.

111. Cf. Auricchio, op. cit., p. 45, que escreve: "A teoria deriva de Segré (*In materia di simulazione nei negozi giuridici, em Scritti giuridici,* Cortona, 1920, v. 1, p. 426) que falou do negócio simulado como de uma declaração feita em linguagem convencional. Deve, porém, acrescentar-se que esta primeira formulação da teoria foi expressa só para excluir a existência de uma divergência entre a vontade e a declaração, e que, na realidade, ela

> "Uma vez demonstrada a intenção simulatória, o elemento discrepante é quebrado como um ramo seco (p. ex., a contrapartida) ou é retificado (p. ex., o objecto) ou substituído em conformidade com essa intenção (causa dissimulada, ou sujeito dissimulado, que substituem a causa afirmada ou a pessoa interposta): e isto, mediante um processo de interpretação corretiva, a que a declaração é submetida. Efetivamente, a declaração simulada é interpretada à luz e sob as vistas da intenção simulatória, como se fosse uma declaração com função indicativa ou alusiva, feita numa linguagem convencional, cujo verdadeiro significado é esclarecido segundo uma convenção interpretativa estabelecida."[112]

Também essa teoria não resolveria, segundo Auricchio, o problema central a que se aludiu, o de se saber como a nulidade de um negócio, o simulado, possa decorrer de um outro ato, negocial ou não, ou seja de uma fonte externa, já que a nulidade é sempre um vício intrínseco do negócio.

**17.** Bastante original, nesse quadro, é a construção de Pugliatti que desfrutou de grande repercussão e que vê no acordo simulatório e no negócio simulado os dois *momentos* essenciais da simulação. Segundo este autor, o negócio simulado não é mais do que um negócio jurídico normal e a qualificação de simulado não resulta de algo de dentro do esquema negocial, mas de fora dele, e precisamente do seu suporte, o acordo simulatório.[113]

> "Este acordo determina a intenção das partes, de dar vida a uma aparência, de tirar valor e significado, de anular a realidade da intenção (prática) típica do negócio; assim o intento negocial se torna de fato irreal, e daí que o negócio mesmo seja simplesmente aparente. Vale dizer: o acordo simulatório priva o negócio da sua causa."

Tal como na sua construção do negócio fiduciário, diz o mesmo autor, há uma unidade da ação do querer e uma duplicidade de declarações.

> "O primeiro elemento se traduz na determinação do unitário momento teleológico: as partes querem unicamente criar a aparência de um negócio; o outro elemento mostra o instrumento técnico idôneo à consecução do resultado. A adoção de tal instrumento – combinação de declarações negociais – permite alcançar o fim a que as partes se propõem, pelo próprio fato de que uma das declarações, isto é, o acordo simulatório, absorve a intenção que deveria suster a outra, isto é, aquela que dá vida ao (à aparência do) negócio, que precisamente por isso se qualifica como simulado. Do mesmo modo,

não implicava, necessariamente, a noção do acordo como um negócio jurídico autônomo; e, efetivamente, na opinião de Pugliese (*La simulazione...*, cit., p. 11) que também se inspira na mesma fonte, o acordo é de excluir, imediatamente, como requisito essencial da atividade simulatória".

112. Betti, op. cit., t. 2, p. 386.

113. Salvatore Pugliatti, *La simulazione dei negozi unilalerali,* extraído dos Estudos em homenagem a Antonio Scialoja in *Diritto Civile*, Milano, Giuffrè, 1951, p. 543.

na hipótese da simulação relativa, o acordo simulatório *absorve* a causa do negócio simulado, substituindo-a pela do negócio dissimulado: isto é que explica a nulidade de um e a validade do outro."[114]

Adverte também que "a autonomia das declarações é apenas formal, tão estreito é o nexo teleológico com que elas se enlaçam e tal nexo pode considerar-se incindível, de tal maneira que uma das declarações penetra, por assim dizer, no âmago da outra e a esvazia".[115]

Neste sentido – prossegue o autor – pode ver-se como é inadequada qualquer outra tentativa de esclarecer a recíproca reação de cada uma das declarações sobre a outra, por exemplo, a formulação segunda a qual o acordo simulatório deve ser visto como uma antecipada revogação dos efeitos contratuais (Von Thur). As duas declarações *negociais* manteriam, assim, na construção de Pugliatti, a mais completa autonomia, e produziriam todos os seus efeitos que acabariam por se compensar entre si e neutralizar-se.[116]

Quando se fala de simples aparência de negócio, ou de negócio aparente, diz ainda o autor, pode disseminar-se um equívoco, deixando a impressão de que se trata de um negócio que se apresenta como tal só na aparência, e não, na realidade, de um negócio em seu sentido técnico.[117]

Pugliatti vê no acordo simulatório um autêntico negócio jurídico, bilateral, nominado e com causa absolutamente típica – a *causa simulandi* – que priva o negócio simulado de sua própria causa, ou a modifica, na simulação relativa; ele aparece e opera como um negócio válido, mas, quando a simulação é descoberta, deve ser declarado nulo, por falta da causa. É neste sentido que se fala do negócio simulado como negócio aparente, um negócio aparentemente existente, mas na realidade inexistente (ou nulo) que tem a sua relevância jurídica, predominantemente negativa, mas também eventualmente, positiva.[118]

**18.** Esta concepção foi criticada com as agudas observações de Salvatore Romano com vários argumentos:

---

114. Pugliatti, artigo citado, p. 544.

115. Pugliatti, artigo citado, p. 545.

116. Pugliatti, artigo citado, p. 545.

117. Por exemplo, quando se afirma que se trata de "um pacto que não entra na categoria dos atos jurídicos, mas que é considerado pelo direito como um simples fato, porquanto encerra uma manifestação de vontade (referência à posição de Messina, artigo citado, p. 546).

118. Pugliatii, artigo citado, p. 546. Não há assim, acrescenta este autor, uma sucessão de momentos que constituem a simulação, um fenômeno complexo que constitua o procedimento da simulação, mas um complexo procedimento que tem como resultado um negócio simulado (ou a simulação de um negócio) A própria lei, embora tenha um título no cap. X – a simulação – concentra a sua disciplina no contrato simulado e nos seus efeitos em especial no art. 1.414 (do CC italiano).

"É de se perguntar, se um negócio, com o objetivo de excluir os efeitos legais de um outro negócio não viola um dos limites indisponíveis da autonomia privada. Quando se pensa nas razões da nulidade cominada em consequência da aposição de uma condição meramente potestativa, suspensiva de um contrato – art. 1355[119] – pensa-se também que fica excluída *a fortiori* qualquer declaração negocial que suste em bloco a execução do contrato."

"Por outro lado, seria contrário à lógica admitir que se possa criar negocialmente uma subtração ao contrato de um seu elemento essencial: isto vale para os que sustentam que o acordo simulatório priva o negócio de sua causa, ou então que suprime nele a função instrumental para a qual foi criado, o que vem a dar no mesmo. Mais, ainda, não se vê a necessidade de se recorrer à figura do negócio: são suficientes elementos internos, tais como uma intenção comum, ou um comum motivo, para criar uma incompatibilidade com a subsistência de um contrato, de modo a fazer incorrer este em nulidade."[120]

O autor propõe, "a título de orientação uma fórmula segundo a qual a atividade simulatória se concretiza em um procedimento, com momentos sucessivos, a que correspondem dois elementos objetivos: a) um contrato (simulado); b) uma não execução ou um ato simulado de execução do mesmo (por exemplo, um pagamento ou uma transferência da coisa, fictícios; c) o acordo simulatório. Esta fórmula vale para a simulação absoluta; para a simulação relativa haverá de se acrescentar ao requisito da não atuação do contrato simulado, a atuação de um contrato diferente".

Mais: o autor não considera o escopo de enganar da doutrina tradicional (Ferrara, Messina) elemento da simulação, seja pela inoponibilidade da simulação em relação a terceiros, seja porque acha preferível, em seu lugar, considerar a imediata direção do acordo simulatório: a exclusão da execução do negócio simulado.

"O negócio simulado é um verdadeiro negócio tendo por base uma vontade relevante e eficiente na sua criação: há muitos negócios que permanecem letra morta sem que as partes se deem ao trabalho de uma nova declaração negocial. Podem emitir-se declarações negociais, sabendo-se que não serão executadas (por exemplo, acordos que preveem controles rigorosos sobre gestão de fundos, sabendo-se que ninguém se importará com efetuá-los). Estas hipóteses são naturalmente estranhas ao fenômeno simulatório."

---

119. *Art. 1.355.* "E' nulla l'alienazione di un diritto o l'assunzione di un obbligo subordinata a una condizione sospensiva che la faccia dipendere dalla mera volontà dell'alienante o, rispettivamente, da quella del debitore". (É nula a alienação de um direito ou a assunção de uma obrigação, subordinada a uma condição suspensiva que a faça depender, respectivamente, ou da mera vontade do alienante ou da do devedor).

120. Salvatore Romano, Contributo, citado, in *Rivista Trimestrale di Diritto e Procedura Civile*, Milano, Giuffrè, 1954, Anno VIII, p. 43. As alusões feitas à privação da causa e à função instrumental do negócio são às construções de Pugliatti e de Bett, respectivamente.

"Pelo contrário, uma pré-ordenação daquela não atuação ou execução – e é o propósito do acordo simulatório – e a efetiva não atuação aperfeiçoam a simulação."[121]

"A simulação é, antes de mais, um procedimento e isto é suficientemente claro. E se explica sempre por uma *fratura do procedimento negocial*: este último implica um ciclo que se inicia com a criação do negócio – melhor contrato, pois que nos referimos só a esta figura – e se conclui com a atuação dele. Uma vez que o negócio sai (para o mundo jurídico), não está no poder das partes dispor normativamente dos seus efeitos, tal como numa lei, uma vez que entra em vigor, não mais é possível a sustação de sua exequibilidade." (parênteses nossos)

"Ora, as partes criam – querem criar – um preceito, mas não lhe querem a atuação ou execução (simulação absoluta), ou querem a execução de um contrato diverso (simulação relativa), ou, ainda, não querem a execução do contrato simulado quanto a qualquer dos seus elementos – sujeito, objeto etc. (casos de simulação parcial)."[122]

**19.** Também Auricchio combateu a construção de Pugliatti, negando ao acordo natureza negocial, uma vez que "qualquer negócio, para o ser, deve ter eficácia de lei entre as partes (art. 1.372) e deve constituir, regular ou extinguir uma determinada relação jurídica (art. 1.321);[123] ora, do acordo não provém ou parece não provir – diz o autor – "um dever para os contraentes, nem, por outro lado, parece possível individualizar a relação jurídica que dele nasce".[124]

---

121. Romano, Contributo, citado, pp. 41-42.

122. Romano, Contributo, citado, pp. 33 e 36-37.

123. Argumentando *a contrario* – escreve Auricchio – "qualquer ato que não desempenhe esta função não é um ato de autonomia privada" (op. cit., p. 47).

Os artigos citados referem-se ao Código Civil italiano de 1942, em vigor.

*Art. 1.372.* "Il contrato ha forza di legge tra le parti. Non può essere sciolto che per mutuo consenso o per causae ammesse dalla legge. Il contrato non produce effeto rispetto ai terzi che nei casi previsti dalla legge" (O contrato tem força de lei entre as partes. Não pode ser celebrado senão por consenso ou por causa admitida em lei. O contrato não produz efeito em relação a terceiros, senão nos casos previstos em lei).

*Art. 1.321.* Il contratto è l'accordo di due o più parti per costituire, regolare o estinguere tra loro un rapporto giuridico patrimoniale (O contrato é o acordo de duas ou mais partes para constituir, regular ou extinguir uma relação jurídica patrimonial).

124. Auricchio ilustra a afirmação com o seguinte exemplo: "Suponha-se o caso de Tício e Caio terem chegado a acordo sobre um contrato a simular; posteriormente, Caio morre e Tício estipula o mesmo contrato com o herdeiro de Caio, que ignora o acordo precedente. Pode, neste caso, Tício excepcionar a simulação contra o herdeiro de Caio, que lhe peça a execução do contrato? Pareceria que não e esta opinião justifica-se, plenamente, com base na noção tradicional do acordo; aqui, poderia dizer-se, não existe o acordo, porque um dos dois contraentes queria, realmente, os efeitos do contrato. Mas se por acordo se entende um negócio verdadeiro e próprio, com os seus efeitos particulares, não haveria razão para, neste caso, excluir a simulação: o herdeiro subentra também na situação criada pelo acordo, qualquer que ela possa ser em concreto, e não poderia fugir a ela, como não pode recusar o

Nega este jurista, consequentemente, natureza negocial e até mesmo qualquer autonomia ao acordo simulatório. Depois de criticar várias teorias formuladas a respeito da estrutura do acordo, conclui que este não só não configura um negócio jurídico autônomo, mas é uma mera *preliminar de fato* que se incorpora ao negócio simulado. Este é, no entender deste autor (que argumenta para o efeito com dispositivos já citados do CC italiano em vigor), um negócio *válido*, contendo todos os requisitos estruturais para esse efeito, mas *ineficaz* entre as partes, porque não contém um autorregulamento de seus interesses. Sem natureza negocial e sem autonomia, o acordo simulatório estaria para o negócio simulado, numa relação causal, como qualquer atividade contratual (propostas, contrapropostas, sondagens etc.) está para um contrato (normal).[125] "A simulação não é mais do que a actividade desenvolvida pelas partes para realizarem o negócio simulado".[126]

Ainda que essa concepção, do acordo simulatório como uma preliminar de fato, idêntica à que ocorre na atividade preparatória de um regular contrato qualquer, possa ser objeto de crítica, e o será, logo adiante, tem o inegável mérito de esclarecer, de modo fundamentado, e é isto que interessa ao jurista, porque o acordo simulatório não pode ter a natureza de um negócio jurídico.

**20.** Como esclarece, entretanto, Distaso, uma coisa é ver-se no acordo simulatório o *prius* lógico, a essência mesma do fenômeno simulatório, outra, bem diferente, determinar como se configura juridicamente este momento peculiar do procedimento simulado, o qual constitui sua característica fundamental, imprescindível na dinâmica da criação da aparência enganadora. É no entendimento dos simuladores – escreve ainda – que o fenômeno simulatório tem o seu centro, enquanto a combinação ou a coexistência das duas declarações derivam desse entendimento o seu significado, o seu unitário momento psicológico, a sua complexa determinação teleológica. Mas isto não significa que se deva necessariamente ver no acordo um *específico instrumento negocial.*[127]

Por outro lado – prossegue o mesmo autor- atribuir ao acordo simulatório a natureza de uma simples preliminar de fato, assinalando-lhe a modesta função de uma mera atividade preparatória, incorporando-o ao negócio simulado, significa desconhecer a essência mesma do fenômeno que, definido como uma falsa representação da realidade, postula, como necessário ponto de referência, a relevância autônoma, com respeito ao ato simulado, daquele momento do procedimento em que se preordena a aparência e se atua a vontade enganadora.[128]

pagamento de um débito pecuniário, ainda que por ele ignorado no momento da aceitação" (op. cit., p. 37, 47 e 48).

125. Auricchio, op. cit., especialmente p. 57.

126. Auricchio, op. cit., pp. 68-69.

127. Distaso, op. cit., p. 202. A expressão em itálico (nosso), extraída de Valsecchi, citado na nota 5, é uma referência crítica à posição de Pugliatti.

128. Distaso, op. cit., p. 200.

O acordo simulatório constitui assim, para este autor, o momento decisivo e essencial na atuação da intenção simulatória, o elemento característico e indefectível do procedimento simulado, e em função do qual este último se concretiza e se desenvolve, porque só por meio da pré-ordenação da aparência é possível assinalar aos terceiros uma realidade contrária à da esfera das relações dos simuladores, em virtude do entendimento nesse sentido. Tal entendimento desempenha a função de tornar simulado o negócio, isto é, de criar a ficção, que tem no entendimento simulatório o seu indefectível ponto de referência: é assim que o ato aparente contradiz a sua essência.[129]

Reduzir o acordo simulatório a uma simples atividade preparatória – insiste ainda o mesmo autor – é equipará-lo a uma comum atividade pré-contratual, destinada à celebração do negócio simulado, significa desvalorizar o momento característico e essencial do fenômeno simulatório, aquele que estabelece uma antítese entre a *simulata gesta* e a *veritatis substantia*, entre a aparência e a realidade. Ao contrário dos casos comuns de atividade pré-contratual, em que o acordo se incorpora ao negócio, uma vez que o seu único escopo é a conclusão do negócio, o acordo simulatório, longe de se incorporar ao negócio simulado, cria os termos da relação, estabelecendo a antítese.[130]

**21.** Finalmente, Pugliese entende que "o acordo para simular *não é* um elemento essencial do negócio simulado, sendo suficiente o conhecimento, por parte do aceitante, do significado anormal atribuído pelo declarante a uma declaração de vontade receptícia: a simulação pressupõe que as partes estejam *de acordo* sobre o valor dos seus atos exteriores, mas não exige que tenham previamente *acordado* a respeito".

> "Com isto não se nega que o dito acordo acompanhe quase sempre na prática o negócio simulado; na verdade, normalmente (o declarante) não se contenta com a simples expectativa de ser entendido, mas deseja uma relativa segurança e ao mesmo tempo tem o cuidado de ocultar a simulação, pondo-se em guarda contra eventuais tentativas de desmascaramento: são bons motivos para se acordar previamente com a contraparte."[131]

---

129. Distaso, op. cit., pp. 200-201.Tradução nossa do original italiano, assim como de todas as outras menções feitas no texto a este autor, assim como de trechos reproduzidos de obras não traduzidas para português de outros autores.

130. Distaso, op. cit., p. 201. Tem toda a razão o autor também nesse ponto específico.

131. Giovann Pugliese, *La simulazione nei negozi giuridici* – Studio di diritto romano, vol XIII, de Studi Di Ditito Privato Italiano e Stangero dirigido por Mario Rotondi, Padua, Cedam, 1938, p. 19. "Todavia, – prossegue o autor – não são menos possíveis, mas antes prováveis, hipóteses na prática comercial, tais com as referidas, o que é indubitável à luz de tudo quanto se disse, em que se realizem negócios aos quais devem aplicar-se todas as normas do negócio simulado. E tanto basta para que se negue a essencialidade do acordo simulatório". As hipóteses a que se refere são as da reserva mental conhecida e a falta de

"O acordo tem apenas a função de eliminar a possibilidade de equívocos entre as partes, fixando entre elas, de modo seguro, o significado da respectiva manifestação da vontade... Se tal significado, diverso do comum, puder ser fixado de outro modo, que não pelo acordo, este é de considerar-se supérfluo. Não há nenhum obstáculo *a priori* para a eliminação do acordo dentre os requisitos essenciais do negócio simulado."

"Necessário apenas demonstrar a possibilidade em concreto que um valor anormal tenha sido assinalado a uma manifestação de vontade e que tal valor seja conhecido de todos os que participam do negócio sem que qualquer acordo, ainda que tácito, tenha sido firmado entre eles."[132]

seriedade (da declaração) reconhecível que também determinam a nulidade do negócio simulado.

132. Pugliese, op. cit., p. 14. Criticando a tese de divergência entre a vontade e a declaração, diz na nota 2 da p. 3 da mesma obra, que o autor desta doutrina, da qual foi também o precursor, Savigny, no seu Sistema de direito romano atual, define a simulação como "uma declaração de vontade, na qual concorrem mais pessoas que concordam em dar à sua declaração um sentido diverso do comum". Savigny acrescenta que "ocorre em todos os casos de simulação um traço comum: que a contradição entre a vontade e a declaração não fica oculta no pensamento do declarante, mas pode ser reconhecida por aqueles que entram consigo em relação imediata".

## V

22. Estrutura do acordo simulatório. Como o víamos: A – No domínio do CC de 1916. Como o vemos: B – No âmbito do CC de 2002, em vigor. 23. Fundamentação da existência deste elemento, na lei e na jurisprudência. 24. O acordo simulatório, na doutrina nacional, no âmbito do Código Civil, em vigor. 25. A simulação nos negócios jurídicos unilaterais.

**22.** Uma adequada reflexão sobre a estrutura do acordo simulatório conduz naturalmente à indagação sobre a sua natureza jurídica, tema complexo e que tem suscitado notáveis controvérsias entre os autores, sobre o qual se passa a discorrer de modo a adequar-se sua extensão à natureza desta obra, já com a inclusão das alterações que a nova disciplina legal eventualmente sugira.

### A – No domínio do Código Civil de 1916, escrevíamos:[133]

Antes de mais, não temos grandes dúvidas em aceitar a tese de que o acordo simulatório não constitui um negócio jurídico; não tem, em si mesmo, a natureza de um negócio jurídico autônomo. Se tivesse essa natureza, se o acordo fosse uma promessa de contratar (de realizar o negócio simulado) juridicamente vinculante, se se tratasse de um compromisso para a celebração do negócio simulado, tutelado pelo ordenamento jurídico, a violação desse compromisso por uma das partes daria à outra o direito de exigir e obter judicialmente a execução coativa da obrigação, valendo a sentença constitutiva como título executivo dessa obrigação.[134]

Ora, seria absurdo reconhecer-se qualquer direito de se compelir judicialmente à celebração do negócio simulado. O absurdo não consistiria, evidentemente, na simulação inocente, no fato (que ocorre na simulação fraudulenta) de a simulação ser um procedimento reprovado por lei; na simulação inocente não existiria tal obstáculo. O absurdo seria, sob o ponto de vista prático, resultante

133. Os artigos referidos neste item são os do CC de 1916.

134. Cf. Auricchio, op. cit., p. 59-60 – é o que ocorre, entre nós, por exemplo, nos contratos de *compromisso* de venda e compra de imóvel em que as partes assumem a obrigação de celebrar o contrato de venda e compra respectivo, podendo a parte lesada em caso de inadimplência daquele compromisso pela outra obter, em juízo, uma vez cumpridas as obrigações que assumiu para esse efeito, a outorga compulsória da escritura do contrato de compra e venda.

do fato de se dar publicidade a uma situação que, pela própria natureza, deve ser ocultada de terceiros, deve ser conhecida só das partes.[135]

Por outro lado, a aceitar-se a construção de Pugliatti, de que o acordo é um autêntico negócio jurídico, com causa típica, destinado a privar de causa o negócio simulado, tal negócio (o acordo) seria nulo de pleno direito, nos termos do art. 115, como ensina Romano a propósito do direito italiano, invocando o art. 1.355 do CC de seu país:[136]

O art. 115 considera defesas, sob pena de nulidade do respectivo negócio a que estiverem apostas (nulidade cominada no art. 116), as condições, em qualquer das suas modalidades, que privem de todo o efeito o respectivo negócio.

A proibição contida no art. 115 constitui um dos limites intransponíveis impostos pelo ordenamento jurídico à autonomia privada. Se uma condição aposta ao próprio negócio, desde que se destine a privá-lo de efeitos, é nula de pleno direito, idêntica terá de ser a conclusão quando essa privação de efeitos for objeto, não de uma condição, mas de um outro negócio. A dificuldade está nas relações entre a autonomia privada e o ordenamento jurídico: não se pode transpor os limites que este lhe impõe, quer de uma maneira, quer de outra.

Embora não constitua negócio jurídico autônomo não se pode deixar de reconhecer ao acordo simulatório a necessária autonomia, a qual ficará ressaltada e melhor apercebida com as considerações formuladas sobre a sua natureza. Incorporar o acordo pura e simplesmente ao negócio simulado, como pretende Auricchio,[137] seria negar-lhe toda e qualquer relevância, torná-lo inoperante e destituído de qualquer valor.

Como já se viu acima, trata-se de um momento do complexo procedimento simulatório, aquele em que as partes engendram a aparência, diferente da realidade; esse momento é lógica e naturalmente precedente àquele outro momento em que as partes executam a *mise en scene* anteriormente deliberada, ainda que entre os dois momentos haja uma "simultaneidade ideológica ou intelectual".[138]

---

135. Escreve Auricchio a este respeito: "o absurdo desta hipótese é tão evidente, mesmo sob o ponto de vista prático, que não admite dúvidas" (op. cit., p. 60).

136. Romano, op. cit., p. 42. *Art. 1.355.* E' nulla l'alienazione di un diritto o l'assunzione di un obbligo subordinata a una condizione sospensiva che la faccia dipendere dalla mera volontà dell'alienante o, rispettivamente, da quella del debitore (É nula alienação de um direito ou a assunção de uma obrigação subordinada a uma condição suspensiva que o/a faça depender da mera vontade do alienante, ou, respectivamente, da do devedor).

Entre nós é o art. 122 do CC (correspondente ao art. 115 do CC de 1916) que provê para essa situação, *verbis*: "São lícitas em geral , todas as condições não contrárias à lei e aos bons costume,; entre as condições defesas se incluem as que privarem de to o efeito o negócio jurídico , ou o sujeitarem ao puro arbítrio das partes".

137. V., supra, item IV, 19 do Capítulo I.

138. V., infra item V, 23-B do Capítulo I.

O acordo pode ser verbal ou escrito, estar ou não consubstanciado em documento (público ou particular).[139] O acordo nada mais é do que aquilo a que entre nós se chama ressalva, *contre-lettre* na França, *contradichiarazione* na Itália e *contradocumento* na Espanha. Seria preferível, para evitar equívocos, reservar estes termos apenas para o caso de o acordo constar de documento escrito. É isto mesmo que se infere de várias decisões judiciais proferidas pelos Tribunais e é neste sentido que a *contradichiarazione* é concebida pela moderna doutrina italiana.[140]

Se o acordo simulatório não constitui um negócio jurídico,[141] qual será, então, a sua natureza?

A figura jurídica que, em nosso entender, mais se assemelha ao acordo simulatório é a dos pactos do antigo direito romano.

Discorrendo sobre o conceito de *pactum* no direito romano, escreve Moreira Alves que, no tempo da Lei das XII Tábuas, o *pactum* tinha uma eficácia puramente negativa. Na definição de Grosso pacto é o "acordo de vontades que visa a extinguir um vínculo jurídico entre as partes, para eliminar a pretensão de uma delas contra a outra". Assim, por exemplo, na hipótese de *membrum ruptum,* se a vítima e o ofensor celebrassem um *pactum,* o ofensor indenizando a vítima afastava de si a pena de talião.[142] Posteriormente, no direito clássico, também já

139. É evidente que nas simulações fraudulentas o tabelião não poderá (e deverá recusar-se a) lavrar uma escritura consubstanciando o acordo simulatório. Aliás, só em tese pode figurar-se esta hipótese já que as partes para melhor manterem o sigilo que exige o negócio simulado farão constar o acordo de um mero instrumento particular, em princípio, até mesmo nas simulações inocentes.

140. Cf. *RT* 342:398, 383:99. Quanto à segunda afirmação, escreve Francesco Marani: "por contradeclaração se entende hoje toda a documentação secreta, que atesta o acordo simulatório: atribui-se lhe eficácia meramente probatória. Esta definição é o resultado de um fatigante labor doutrinal (Ferrara, Messina, Pugliatti) e jurisprudencial, em que por muito tempo as contradeclarações representaram o elemento constitutivo da simulação. A doutrina francesa é ainda construída sobre a teoria das *contre-lettres* (à semelhança das contradeclarações da nossa doutrina menos recente e, ainda, do texto do art. 164 do CC), concebidas como negócio secreto, contemporâneo do negócio simulado, que determinam a simulação modificando ou suprimindo este último" (op. cit., p. 17, nota 16).

141. Jorge Mosset Iturraspe qualifica o acordo como um negócio jurídico de caráter constitutivo; seria um contrato de primeiro grau que faz nascer para as partes a obrigação de celebrar o ulterior contrato de segundo grau ou de cumprimento, isto é, o negócio simulado. Não há neste segundo contrato uma renovação do consentimento, senão uma execução do já convencionado. Remete em seguida à sua teoria geral do contrato, à parte referente ao contrato-promessa, dentre os contratos preliminares (op. cit., pp. 34 e 35). Cremos que estas considerações em abono da tese do acordo simulatório como um verdadeiro e autêntico negócio jurídico já foram suficientemente rebatidas com os argumentos que alinhamos no número precedente.

142. José Carlos Moreira Alves, *Direito romano,* 2. ed., Rio de Janeiro, Forense, vol. 2, p. 204 e ss.

se admitia eficácia positiva aos pactos, admitindo-se que as partes de uma relação obrigacional, por meio de uma cláusula que lhe fosse aposta, lhe modificassem os efeitos: é o que os glosadores denominaram *pacto adjecta (pactos adjectos).*[143]

O que se faz mister salientar, porém, é que esses pactos eram sancionados (juridicamente tutelados), em regra, por uma *exceptio.* Assim por exemplo se uma das partes violando um *pactum* pelo qual renunciara ao direito de mover contra a outra a *actio* (ação), decorrente de uma relação jurídica anterior, intentasse a *actio* à qual renunciara, o pretor concedia à ré uma *exceptio pacti conuenti* (exceção de pacto), que afastava a condenação pelo juiz popular.[144] Até mesmo nos *pacto adjecta* que tinham, como se viu, eficácia positiva, os que eram apostos aos contratos sancionados por *iudicia stricti iuris* eram protegidos por uma *exceptio,* enquanto os sancionados por *iudicia bonae lidei,* no momento da sua celebração (os chamados *pacta in continenti),* eram tutelados pela própria ação que sancionava o contrato, cujos efeitos o pacto adjecto modificara.[145]

A pouco e pouco, escreve ainda Moreira Alves, com o desenvolvimento da teoria do contrato *(contractus),* os juristas clássicos passaram a analisar os elementos constitutivos dos pactos, prestando especial atenção ao acordo de vontades que neles se continha. Assim, da acepção restrita com que originariamente eram designados (acordo para pôr fim a uma controvérsia, ou para renunciá-la), passaram a ter um sentido amplo: qualquer acordo de vontades não formal. Embora, consequentemente, tanto o *pactum* como o *contractus* fossem um acordo de vontades, distinguiam-se, porque no *contractus* o acordo de vontades se agrega a um elemento objetivo (causa), gerando por isso *obligationes* e sendo sancionado por uma *actio;* enquanto que no *pactum,* há apenas o acordo de vontades sem a *causa,* não decorrendo dele *obligationes* e sendo sancionado somente por uma *exceptio.*[146]

Perscrutando-se a natureza do acordo simulatório, tendo-se em vista, sobretudo, a disciplina jurídica da simulação, já atrás referida,[147] ver-se-á que, se é certo que, em cumprimento do acordo para simular, nenhuma das partes pode compelir a outra a celebrar o negócio simulado, não menos certo é que, uma vez que o negócio simulado seja firmado, não podem as partes prevalecer-se, por qualquer forma, da aparência negocial a que se reduz o mesmo negócio; se uma delas o fizer, pode a outra, na simulação inocente, opor-lhe a simulação. E quer o faça, quando demandada, por via de exceção, quer, numa outra hipótese, tenha

---

143. Moreira Alves, op. cit., p. 205.

144. Moreira Alves, op. cit., p. 205.

145. Moreira Alves, op. cit., p. 205.

146. Daí – acrescenta ainda – a célebre assertiva que se atribui a Ulpiano (D. 11, 14, 7, 4): *"Nuda pactio obligationem non parit, exceptionem"* (op. cit., p. 205 e 206).

147. V. supra, item 11 (capítulo III), especialmente a parte que começa com a expressão: No domínio do Código Civil de 1916.

para isso de recorrer a uma ação própria, ficará manifesta, parece-nos, a eficácia meramente negativa do pacto simulatório.[148]

A eficácia positiva parece-nos, ainda, ficará evidenciada apenas nas hipóteses da simulação relativa inocente, quando uma das partes quiser exigir da outra o cumprimento das obrigações decorrentes da relação jurídica efetivamente estabelecida, sempre que a outra, por sua vez, ignorando-a, queira fazer subsistir a relação a que daria origem o negócio simulado (aparente).

Tal eficácia positiva do pacto simulatório, na simulação relativa, tem lugar, na medida em que, por meio dele, as partes convencionam atribuir ao negócio aparente efeitos diferentes dos seus efeitos normais, precisamente os efeitos da relação jurídica efetivamente estabelecida (oculta).[149]

É mister observar, antes de se concluir pela similitude do acordo simulatório com a dos pactos do direito romano, que as considerações formuladas têm inteira procedência nas simulações inocentes; nas simulações fraudulentas, embora o acordo de vontade dos simulantes continue revestindo, em tese, a natureza de um pacto, tal acordo, pelo menos no rigor da lei, é irrelevante na medida em que, proibindo a alegação da simulação, até mesmo em litígio de um contra o outro, equipara o negócio simulado ao negócio normal. E quando, excepcionalmente, terceiros prejudicados tenham interesse em fazer prevalecer a relação efetivamente estabelecida entre as partes, é óbvio que tal prevalência não decorre do acordo simulatório, em virtude do qual, em relação a terceiros, é decisivo o negócio aparente.

Como acima se disse, a preocupação que nos moveu foi a de acentuar as semelhanças que o acordo parece apresentar com os pactos do direito romano, afim de melhor se lhe compreender a natureza.

## B – O acordo simulatório: uma revisão do seu conceito?

Refletindo mais e melhor sobre a natureza do acordo simulatório, e tendo-se em vista, que os preceitos legais nunca se referiram a tal acordo, na disciplina da simulação, quer na legislação anterior, quer na atual, no art. 167 e seu § 2º, é necessário partir-se da ideia do acordo simulatório tal como o vê a doutrina e em seguida perguntar-se se o conceito que se formular atende à disciplina legal da simulação, ou se é por esta repelido.

Já deixamos claro, ao longo do que já foi dito até aqui, que, para nós, o acordo simulatório não tem a natureza de negócio jurídico, com ou sem autonomia, isto é, ou, constituindo-se ele próprio, por si só, em negócio jurídico, tal

148. Cf. Betti op. cit., l. 2, p. 397.
149. V. Betti, op. cit., p. 398.

como o entende Pugliatti,[150] ou, então, integrado ao próprio negócio simulado, tal como o vê Auricchio,[151] referindo-nos só a esses dois posicionamentos extremos, na doutrina italiana.

É mister, porém, antes de mais nada, deixar claro, nesta altura, que o pacto simulatório não é uma espécie de um negócio preliminar, nem poderia sê-lo, uma vez que não vemos nele um negócio jurídico autônomo. Não é uma promessa de contratar aparentemente, como afirmávamos anteriormente,[152] embora negativamente, para combater a alegada natureza negocial do acordo simulatório.[153]

Para nós,[154] o acordo simulatório tem a natureza de um pacto, sim, com suas origens no direito romano, mas sendo constituído de declarações *não negociais* que têm por objeto atribuir certo valor e significado ao conteúdo das declarações das partes, que constituem o negócio simulado, de modo que este, numa espécie de neutralização jurídica do seu conteúdo, por virtude daquele entendimento entre as partes, não deva produzir quaisquer efeitos, nem entre elas próprias – os simuladores – nem em relação a quaisquer terceiros. Saber se esses efeitos, desse modo pretendidos, são ou não efetivamente alcançados pelas partes, nos termos da lei, coisa que desde já se pode intuir, é outra questão que não interfere com a natureza do acordo simulatório.

Poderia parecer que, se o conteúdo do negócio simulado, como qualquer outro conteúdo negocial, é formulado pelas partes, o pacto seria eficaz pelo próprio fato de que elas poderiam modificar livremente o conteúdo do negócio, antes de ser disseminado para o público, enquanto ainda na esfera deles, os simuladores. E esta é, na verdade, a valoração que as partes fazem do negócio simulado: ele deve "valer", apenas na sua *forma* exterior, sem o *conteúdo* correspondente, já que com isso alcançam o objetivo de criar a aparência negocial para a ilusão de terceiros (simulação absoluta), ou, então, com um *conteúdo* oculto, não correspondente à *forma* exterior, que serve apenas de invólucro para encobrir o real conteúdo, correspondente a um outro tipo negocial (simulação relativa).

Esse pacto tem, sim, uma função, mas que *não é meramente declarativa ou interpretativa*, no entendimento dos simuladores, como pode parecer. Será

---

150. Ver item IV, 17, do Capítulo I. supra,
151. Ver, item IV, 19 do Capítulo I. supra.
152. Ver, item 24 A, supra.
153. Ver, item V, 23 A (primeiro parágrafo) do Capítulo I. supra.
154. No que, aliás, estamos bem acompanhados por Messina (embora discordemos de algumas de suas afirmações) para quem não haveria muito a dizer sobre o acordo simulatório, pois que ele é intuitivo,

Sendo um *pacto* constituído de duas declarações *que se anulam ou neutralizam*, uma de contratar e a outra, de fazê-lo aparentemente. A neutralização das duas declarações por essa via evidencia o seu resultado: a intenção das partes, de não constituírem um vínculo jurídico, o que não merece a tutela do ordenamento jurídico (Giuseppe Messina, *La Simulazione Assoluta*, II, op. cit., p. 507).

interpretativo na medida em que, quer se queira, quer não, acaba por fixar o real sentido e alcance do conteúdo das declarações emitidas no negócio simulado, sendo essa mesma a função da interpretação, e, neste caso, de uma "interpretação autêntica", da autoria dos próprios sujeitos do acordo simulatório e do negócio simulado, enfim, os simuladores.[155]

Só que, no entendimento dos sujeitos desse pacto ou acordo simulatório, ele tem também, e fundamentalmente, como se anteviu, uma espécie de função "constitutiva negativa", na medida em que se destina a privar dos seus efeitos

---

155. A este respeito, escreve Betti:

"Pode, finalmente, acontecer, que uma ambiguidade, obscuridade ou indeterminação do conteúdo preceptivo do negócio, gerando dúvidas, incertezas e perplexidades no regulamento de interesses em causa, faça nascer nas partes o desejo e o interesse de esclarecer, por meio de uma *interpretação autêntica*, a inteligência do preceito por elas estabelecido. Embora sem perder de vista o nexo genético que liga a relação jurídica (entre as partes), ou a sua vicissitude, no acto de autonomia privada em que tem origem, deve ter-se por seguro que só é propriamente objeto de interpretação autêntica o conteúdo do negócio como preceito de autonomia privada: em particular, as disposições ou cláusulas de significado incerto ou controvertível" (*Teoria geral*, ciada, volume II, p. 88), Estas observações referem-se à interpretação dos negócios jurídicos em geral.

A propósito da simulação, prossegue o autor:

"Já fizemos notar até que ponto a contradeclaração tem, nas relações internas, entre as partes, o valor do acertamento do negócio, de uma interpretação autêntica (§ 31 e) (do qual foi extraído o parágrafo anterior), por meio da qual as partes determinam o significado que, para elas, deve ter a declaração simulada. Ora essa interpretação autêntica pode levar a paralisar, pura e simplesmente, os efeitos do negócio simulado; mas pode, também, conduzir a corrigi-lo, segundo os critérios que disciplinam a conversão dos negócios inválidos (§ 61), isto é, a operar uma conversão do negócio simulado no dissimulado, ao qual se dirigia a comum intenção prática das partes" (op. cit., vol. 2, p. 388).

O próprio autor adverte algures nesta obra que as soluções, em matéria de simulação, podem variar nos ordenamentos, de acordo com os respectivos padrões éticos e, no mesmo ordenamento, em diferentes épocas históricas. Nesse contexto, um exemplo frisante é o próprio ordenamento nacional, que numa época – na do Código de 1916 – consagrava o regime de simples anulabilidade e isso mesmo nas chamadas simulações fraudulentas, mas já no domínio do Código atual, o regime é mais severo, eticamente mais exigente, na medida em que estabelece o regime de nulidade até mesmo para as simulações conhecidas como inocentes. Por outro lado, em nossa opinião, não há na simulação um caso de conversão do negócio simulado nulo, no negócio dissimulado; a conversão do negócio jurídico ocorre quando um negócio nulo é convertido com os elementos que deste se possam aproveitar em um outro que as partes teriam querido se tivessem previsto a possibilidade de o negócio vir a ser declarado nulo. Na simulação relativa, pelo contrário, a intenção das partes dirige-se ao conteúdo do negócio que dissimulam, não só previsto, mas querido *ab initio*, só que encoberto pelo negócio simulado. Já escrevemos a este respeito em outra sede; ali se disse, concluindo a distinção entre os dois institutos: Há dois negócios em cada uma dessas situações: na simulação querem o segundo (o negócio dissimulado), não o primeiro (o negócio simulado). Numa hipótese de conversão querem o primeiro, não o segundo, a não ser como sucedâneo do primeiro, em caso de nulidade deste (Custodio da Piedade Ubaldino Miranda, *Teoria Geral*, citada, pp. 173-174).

(ou a paralisá-los, como se tem dito) o conteúdo do negócio simulado (simulação absoluta),[156] ou, em outra situação, a encobrir um conteúdo negocial distinto, próprio de um outro tipo negocial (simulação relativa). Mas note-se, e nunca é demais insistir, que uma coisa é a pretensão da *função constitutiva negativa* do pacto, na intenção das partes, outra a de saber se essa pretensão acaba por vingar, se o acordo simulatório tem de fato esse efeito, no plano do direito legislado.

Mais: o negócio simulado só servirá a esses fins, que os simuladores se propõem no acordo simulatório, enquanto a simulação *não seja descoberta*, alegada por qualquer dos simuladores, ou por um terceiro. É nisso, em que a simulação não seja descoberta, que o simulador confia, daí o completo sigilo em que se processa e se mantém o acordo simulatório.

Essa é, pois, a valoração do negócio simulado que as partes fazem, enquanto a de terceiros de boa-fé é totalmente oposta, já que ignoram a existência do acordo simulatório e tomam o negócio simulado por um negócio jurídico normal, pois que ele o é em tudo, na aparência, com uma forma e um conteúdo típicos, próprios de um negócio jurídico a que a lei dispensa a sua tutela, mas diverso da realidade que prevalece na esfera das relações entre as partes.

É evidente que perante duas valorações contrastantes de um mesmo negócio, feitas, de um lado, pelas partes desse negócio e, de outro, por terceiros de boa- fé, a lei é chamada a tomar uma posição nesse eventual conflito de interesses que pode ocorrer entre uns e outros, e o faz com a disciplina estabelecida no art. 167, nestas palavras: "o negócio jurídico simulado é nulo, mas ressalvam-se os direitos de terceiros de boa fé".

Qual é o sentido e o alcance desse tratamento do negócio simulado, dessa dupla valoração feita pela lei, uma em relação às partes do negócio, outra, em relação a terceiros de boa-fé, que nele, ou a partir dele, fundam seus eventuais direitos, é o que se verá adiante, com detalhe, no capítulo IV, quando se tratar dos efeitos da simulação.

Essa análise terá de se estender também à resolução, pela lei, dos conflitos de interesses de terceiros entre si, que eventualmente fundem seus direitos, nos direitos ou nos bens do simulado alienante, ou do simulado adquirente, relativos ao negócio simulado, resolução para a qual aquela dupla valoração da lei será decisiva.

Interessa agora determinar qual a natureza das próprias declarações que constituem o acordo simulatório, não bastando dizer que tal acordo tem a natureza

---

156. Nisto estamos de inteiro acordo com a construção de Pugliatti, mas sem que o acordo simulatório seja um negócio jurídico com causa típica – a *causa simulandi* – que a nossa lei não reconhece. Note-se que autores há, no direito italiano, entre os quais o próprio Pugliatti, para os quais o negócio simulado é um negócio válido, embora ineficaz entre as partes.

de um pacto. Diremos agora, mais, que é um pacto *com efeitos ou consequências jurídicas,* enfim, com relevância jurídica, ainda que negativa, entre as partes.

O acordo, firmado conjuntamente com a celebração do negócio simulado, ou, antes dele,[157] destina-se a constatar a realidade que subsistirá entre os simuladores e este último, o negócio simulado, assinalará a terceiros em geral, integrantes de um mundo exterior ao dos simuladores, uma aparência negocial, que, na intenção dos seus sujeitos, deve ser exteriorizada, para que terceiros tomem o negócio simulado por um negócio jurídico normal, embora este não deva produzir quaisquer efeitos em relação a esses terceiros, e, mais, em relação aos próprios simuladores, já que não haverá entre eles qualquer troca de atribuições patrimoniais. Essa exteriorização de uma aparência negocial, ou de um negócio jurídico aparente, se se quiser, é tudo quanto importa ao simulador para a prossecução de seus interesses.

Não se pode, pois, atribuir a um *acordo* dessa natureza, para a celebração de um *negócio simulado*, a mesma natureza de um *consenso*, necessário à celebração de todo e qualquer negócio jurídico, normal, não simulado, como pretende Auricchio e, muito menos, a natureza de um negócio jurídico, com ou sem autonomia, isto é, integrado ou não, ao próprio negócio simulado. Naquele, no negócio normal, o consenso se dirige exatamente à celebração de um negócio jurídico *de uma só fronte*, que tanto vale entre os simuladores quanto em relação a terceiros, isto é, como apto a produzir os efeitos que normalmente brotam do seu conteúdo, nos termos da lei, ou seja:

Uma compra e venda normal será sempre uma compra venda, tanto entre as partes como em relação a terceiros. Já no negócio simulado, uma compra e venda é *bifronte*, aparece com uma fronte nas relações entre as partes, os simuladores, isto é, ele não terá qualquer conteúdo de atribuições patrimoniais, mas, aos olhos de terceiros em geral, aparecerá com uma outra fronte, como uma compra e venda normal, com um conteúdo de atribuições patrimoniais (simulação absoluta); ou, então, com uma forma e conteúdo negociais, aparentemente normais, isto é, com um conteúdo de atribuições patrimoniais recíprocas (por exemplo, numa compra e venda, com a transmissão da coisa vendida e do preço de uma parte à outra), ocultando, porém, sob a forma negocial externada (compra e venda), uma operação de outra natureza, correspondente, em regra, a um outro tipo negocial (uma doação, por exemplo), na simulação relativa, ou vice-versa.

157. Pode ainda o acordo ser reduzido a escrito, numa contra – declaração ou ressalva, antes, em conjunto com ou após a celebração do negócio simulado, mas, neste último caso, sempre terá havido um *entendimento prévio* entre as partes, que resultará numa deliberação da realização do procedimento simulatório.

Retomando o fio da indagação, as declarações que constituem o acordo simulatório não são declarações *negociais*, embora haja quem assim o entenda[158] e, subjetivamente, os simuladores assim o almejem, na medida em que procuram atribuir, à sua maneira, um "efeito próprio" ao negócio simulado – o de que não produza efeitos, uma vez que as declarações respectivas, que se propõem alcançar tal efeito, não são tuteladas pelo ordenamento jurídico em vigor.

Um efeito, portanto, que não só não é *típico* do negócio escolhido (nem isso seria admissível), de acordo com os limites da autonomia privada,[159] mas também não o é de um negócio *socialmente* típico ou *puramente atípico*; enquanto as declarações *negociais*, isto é, as que se constituam em um autêntico negócio jurídico, serão emitidas, como já atrás se disse, para que as partes possam alcançar, com o negócio celebrado, determinados efeitos, práticos ou empíricos que, com a sanção e a tutela da lei, acabam por ser jurídicos, de modo que o negócio se constitua em um instrumento válido da auto- regência de seus interesses, um ato de autonomia privada, enfim.

Numa palavra, as declarações negociais, numa relação causal, produzem efeitos (jurídicos) que as partes *quiseram*, embora sem o conhecimento completo deles, mas com a clara consciência de que, com o negócio celebrado, adquirem direitos e assumem obrigações, com vista à satisfação de seus interesses, que terão a garantia e a sanção do direito.

Já as declarações que constituem o acordo simulatório são emitidas, sem qualquer ideia de auto- vinculação a direitos e obrigações, ou *com o ânimo de que haja a tutela do ordenamento jurídico*, não passando o acerto firmado entre os simuladores de um simples *gentleman's agreement*, mas que nem por isso deverá deixar de ser respeitado pelas partes, tal como se comprometeram no acordo simulatório;[160] não lhe estabelecendo a lei qualquer valor vinculativo, perante terceiros de boa- fé; dir-se-ia que as partes, ou seja, os simuladores, num ato de rebelião contra a ordem jurídica, e se lhe sobrepondo nitidamente, decidem que o negócio que celebram, para a exclusiva finalidade de enganar ou iludir terceiros,[161]

---

158. Assim, Pugliatti, supra, item 17 (Capítulo IV), Auricchio, item IV, 19 do Capítulo I supra e, entre nós, Itamar Gaino e Heleno Taveira Torres, infra, item V, n. 25 (Capítulo I).

159. Eis porque não se pode admitir, como já se tem pretendido, que haja uma *causa simulandi* no negócio simulado, prevista na própria lei.

160. Oportunas a este respeito as palavras de Emílio Betti: "Nas relações entre as partes, a boa-fé refere-se ao estilo oral da pessoa , que não a deixa esquecer a palavra dada e se torna fiel aos compromissos assumidos, e consiste naquele espírito de coerente lealdade e de activo respeito pelo interesse alheio , que é costume observar e que é legítimo esperar-se nas relações entre os homens honestos... Esta eficácia negativa, ou "contra-operante", é própria do acordo simulatório expresso numa contradeclaração, qualquer que seja o caráter da simulação, quer esta seja absoluta, ou relativa" (op. cit., volume II, p. 398).

161. E acrescente-se: aparentando uma realidade inexistente entre elas, realidade essa que deveria corresponder ao negócio tal como aparece perante terceiros, como ocorre em

aparentando algo diverso da realidade, terá efeitos contrários aos programados pela lei, ao contrário do que ocorre em qualquer negócio jurídico normal (não simulado), devendo produzir os seus efeitos, precisamente na direção do que as partes se propuseram alcançar e que são, como se disse, aqueles mesmos efeitos (não negociais), mas aparentando os efeitos atribuídos pela lei ao conteúdo *ostensivo* do negócio jurídico celebrado.

Na medida em que, nesse contexto, as declarações, suportes do acordo simulatório, não são declarações *negociais*, mais do que simples contra- declarações são elas, contudo, *fatos jurídicos voluntários*, na modalidade de *comportamentos ou atuações de vontade*, porque não traduzem a intenção de seus autores, de exteriorizar certo conteúdo de pensamento, *para conhecimento e/ou adesão de outrem*, pelo contrário eles as mantêm em completo sigilo, *os efeitos que resultam de um comportamento dessa natureza são*, no plano dos simuladores, os efeitos por eles queridos (a ilusão ou o engano de terceiros), mas os que se produzem, na realidade são os efeitos *predispostos na lei, independentemente da vontade, e até contra a vontade, de seus autores,* isto é, tais efeitos se produzem, quer estes os queiram, quer não. E, na simulação serão: nenhuns efeitos do negócio jurídico simulado em relação a eles e os efeitos próprios do tipo negocial em causa, em relação a terceiros de boa-fé.

Tais comportamentos ou atuações de vontade, consubstanciadas em declarações de vontade não negociais, poderão, como se disse, surtir efeitos de autovinculação, num grau menor à vinculação *jurídica*, entre as partes,[162] mas não os produzirão, porque não têm essa virtualidade, em relação a terceiros de boa-fé. O acordo simulatório é irrelevante, do ponto de vista da lei, não exerce qualquer influência sobre o negócio simulado, *quando se trate de terceiros de boa-fé.*[163]

Na simulação relativa, as partes não celebram, como pode parecer, dois negócios distintos – o simulado e o dissimulado – mas um só – o simulado na forma[164]

qualquer negócio jurídico normal.

162. É essa a natureza do *gentleman's agreement*. em que haverá uma vinculação moral, apenas entre os simuladores, mas não jurídica.

163. Diria-se que a lei isola o acordo simulatório, não obstante umbilicalmente ligado ao negócio simulado, no procedimento simulatório, quando terceiros de boa fé travam relações jurídicas com qualquer dos simuladores, ou fundam seus direitos a partir do negócio simulado. Isolando o acordo simulatório, tornando-o irrelevante, restaura a validade do negócio simulado, perdida com o acordo simulatório, aproveitando o *conteúdo objetivo e ostensivo* do negócio simulado. Nesta medida, o próprio negócio simulado *deixa de ser um ato de autonomia privada*, pois não se destina a auto- regular os interesses das partes, mas de regular, *por exclusiva obra da lei*, interesses de terceiros de boa-fé.

164. A forma do negócio é o modo pelo qual o conteúdo negocial se expressa e se torna conhecido. Conteúdo e forma integram, como dois elementos incindíveis, a declaração de vontade. O título e a parte preambular do negócio já indiciam a sua forma e até mesmo o

–, por exemplo, uma compra e venda que, mediante expedientes enganatórios,[165] terá um conteúdo distinto, próprio de um outro tipo negocial, por exemplo, o de uma doação.

Nesta medida, não procede, em nosso entender, nunca é demais repetir, a tese de Pugliese,[166] segundo a qual basta o conhecimento, por parte do declaratário, do significado anormal atribuído pelo declarante a uma manifestação de vontade receptícia; de que basta que as partes estejam de acordo sobre o valor dos respectivos atos exteriores, sem que haja acordado previamente a respeito; de que é suficiente, enfim e, em suma, a ciência da simulação.[167]

Mais do que simples ciência do significado anormal atribuído pelo declarante à sua manifestação de vontade, é necessário que ocorra, dissemos já, "uma cooperação psíquica dos simuladores", um concerto entre as partes, o qual na maliciosa pré-ordenação de uma aparência diversa da realidade pode dizer-se um "dado da vida", confirmado pela experiência.[168]

No entanto, há que advertir que a simulação nem sempre revela os mesmos artifícios ou o mesmo procedimento. Pode haver situações em que não haja um acordo expresso entre os simuladores, especialmente quando há um grupo deles, que uns assumam a liderança da trama negocial e outros apenas sigam passiva, mas conscientemente, os trâmites do procedimento, sem ignorar o resultado final.

Enfim, não é necessário que todos tenham o mesmo grau de participação no procedimento simulatório, não é necessário que haja entre todos eles um acordo expresso, bastando, para isso, um acordo tácito, que se infira de fatos concludentes, mas que conduzam, com um alto grau de probabilidade, à conclusão de que todos conspiraram, direta ou indiretamente, de forma concertada, para a produção do único resultado final visado: a criação de uma aparência negocial enganadora.[169]

conteúdo que nela se contém. Sobre a forma e conteúdo do negócio jurídico, Custodio da Piedade U. Miranda, São Paulo, Atlas, 2009, pp. 51 e ss.

Pais de Vasconcelos define a forma como "o modo como o acto e o negócio se manifestam ou exteriorizam...". Distingue, com razão, a forma das formalidades, que se costuma confundir. "As formalidades são actos acessórios, que estão funcionalmente ligados ao negócio mas que dele não fazem parte. Acompanham-no mas não se identificam com ele nem são por ele englobados" (op. cit., p. 704).

165. Declaração do recebimento anterior do preço, numa compra e venda aparente, quando nada se recebeu, ou, se recebeu e posteriormente se devolveu.

166. Ver supra, item IV, 21 deste Capítulo I.

167. V. supra, item IV, 21 do Capítulo I. É por esta razão que não se pode também permitir a arguição da simulação a um só dos simuladores, ao comparsa passivo, por não ter tido o intuito de simular, ou seja, por não ter partido dele a iniciativa para tal, permitindo a este o que é vedado ao outro- arguição da simulação.

168. Distaso, op. cit., p. 70.

169. É precisamente o que ocorreu no julgamento do chamado mensalão, em que os "empréstimos" concedidos pelo Banco Rural às empresas de Marcos Valério nada mais eram do que a simulação do trânsito de vultosas somas em dinheiro, por intermédio dessas

**23.** Certo é que a letra da lei, já *no domínio do CC de 1916*, não aludia a este elemento que, na simulação, resulta da própria natureza das coisas; mas a necessidade do acordo, para a efetivação da simulação, podia inferir-se das disposições que regulavam os efeitos da simulação, resultavam, em uma palavra, do espírito da lei.[170]

Assim, o art. 104 daquele Código, disciplinando a simulação fraudulenta, proibia a alegação da simulação em juízo, em litígio de um contra o outro, ou contra terceiros, por qualquer dos simuladores. Não distinguia, expressa ou implicitamente, entre o simulador e o outro contraente; não permitia, em hipótese alguma, a alegação da simulação por este último.

Se a proibição da alegação da simulação se fundava, como a doutrina pacificamente o reconhecia, na máxima *nemo auditur propriam turpitudinem allegans*, não se compreenderia que a lei estendesse tal proibição à parte que não tivesse agido com intuito simulatório.

Por outras palavras: se a lei concebesse a possibilidade da simulação sem o acordo simulatório, isto é, sem que as duas partes tivessem o intuito de simular, certamente teria excetuado da proibição a parte que não tivesse tido esse intuito, já que esta nenhuma torpeza teria cometido para que fosse punida com a sanção da proibição.

Por outro lado, referindo-se o art. 104 daquele citado Código aos *contraentes* na simulação, pelo menos acentuava a ideia da bilateralidade do procedimento simulatório: um acordo, expresso ou tácito para simular, o que é possível não só nos contratos, mas também nos negócios unilaterais receptícios.[171]

Se isso era assim, no âmbito do Código revogado, *já no atual*, estabelecendo o art. 167 a nulidade do negócio simulado, isto é, uma sanção de invalidade oponível às duas partes que simulam, não faz qualquer distinção entre elas pela simples razão de que parte do princípio de que agiram com base num acordo ilícito, isso é, para fins proibidos por lei.

empresas, desse Banco para terceiros, parlamentares ou não, naquele caso, para que o Governo da época conseguisse o necessário apoio desses parlamentares para suas decisões. O artificioso procedimento simulatório, para dizer o mínimo, foi conhecido também como "valerioduto", na medida em que tais empresas do Marcos Valério eram o canal ou o duto de irrigação dessas quantias ao seu destino.

170. Só assim se entende que, em um negócio jurídico nulo, os terceiros possam fazer valer os seus direitos como se ele fosse válido. Se não houvesse uma cisão no complexo negócio, operada pelas próprias partes, de modo que uma de suas faces regule a relação entre elas e a outra a relação com terceiros, mal se compreenderia a ressalva dos direitos destes, estabelecidos pela lei, contra a projeção normal dos efeitos de um negócio jurídico, tal como, aliás, é querido pelas partes.

171. Em sentido contrário, Pontes de Miranda, op. cit., p. 381.

Chegados a este ponto, e na linha de pensamento do que já ficou dito, é mister repisar esta distinção. Quando se fala em acordo tácito e, na possibilidade da simulação nos negócios unilaterais receptícios, é necessário diferenciar aquelas situações em que ocorre um acordo ou um conluio das partes que simulam, e que se verificam em regra nos contratos, daquelas outras situações em que, embora não haja um autêntico conluio, uma cooperação ativa da outra parte, que nenhum interesse direto tem na simulação, todavia há uma sua aquiescência, uma cooperação passiva, mera conivência, fato que pode ocorrer, com mais frequência nos contratos unilaterais ou plurilaterais. Nesta última hipótese também se fala em acordo simulatório e era neste último sentido, mais amplo, que o concebia Ferrara, na preparação de uma nova edição da sua notável obra, após a promulgação do Código Civil italiano de 1942, e que a morte do insigne civilista interrompeu.[172] Em qualquer dessas hipóteses haverá sempre uma *cooperação psíquica dos simuladores.*

A essencialidade do acordo na atividade simulatória já era também acolhida, no domínio do CC de 1916, na jurisprudência. Em um acórdão, o Egrégio Tribunal de Justiça de São Paulo admitira a possibilidade de ser anulado, pelo mandante, negócio simulado realizado pelo seu mandatário, com o fundamento de que aquele não fora partícipe na simulação; o mandante foi considerado terceiro para os efeitos do art. 105. A notável decisão que reformou a sentença em que se julgava a ação improcedente, porque o mandante em nome de quem o mandatário atuava, estaria abrangido, como parte, na regra proibitiva do art. 104, afirmando que o mandante não fora partícipe na simulação e considerando-o terceiro para os efeitos do art. 105, acentua bem a ideia da necessidade do acordo para a verificação da simulação; exclui a ideia da simulação em relação àqueles que não participaram, direta ou indiretamente, do acordo.[173]

Resulta assim, de tudo quanto ficou exposto, que, pelo acordo simulatório, as partes decidem celebrar um negócio jurídico com a aparência de um negócio normal, que terá entre elas efeitos diversos dos ostensivos, que serão os efeitos próprios do respectivo tipo ou categoria negocial. A afirmação é válida tanto para a simulação absoluta, como para a relativa. Na simulação absoluta, as partes não têm em vista, com a celebração do negócio simulado, os efeitos próprios do tipo negocial ostensivo, nem quaisquer outros (efeitos negociais). É nesta medida que se afirma que, na simulação absoluta, também, o negócio é celebrado para ter, entre as partes, efeitos diversos dos ostensivos. Na simulação relativa, os efeitos que as partes visam são, não próprios do negócio ostensivo, mas de um outro tipo negocial, encoberto sob a forma do negócio simulado.

---

172. Cf. Romano, op. cit., p. 19 (nota 55) e 44 (nota 155).

173. Ac. de 4 abr. 1978 da 4.3 Câm. Cív. do TJSP, rel. Des. Sidney Sanches, *v.* publicado no *Boletim da AASP* n. 1.023, de 24 jul. 1978, p. 136. São recorrentes as decisões desta natureza na jurisprudência, também no domínio do Código em vigor.

**24.** No domínio do Código atual, têm sido publicadas obras de autores nacionais que atribuem a natureza de *negócio jurídico* autônomo ao *acordo simulatório*, fato que nos leva a refletir sobre tais posicionamentos.[174]

Itamar Gaino[175] atribui ao acordo simulatório a qualificação de negócio jurídico autônomo de natureza *constitutiva*; não seria *declarativo* por ser anterior ao negócio simulado, como "negócio-premissa" ou "negócio preparatório", embora reconheça que o acordo simulatório tenha por conteúdo "o estabelecimento do alcance jurídico efetivo que devem ter as declarações emitidas simultânea ou sucessivamente pelas mesmas partes para a formação do negócio jurídico simulado", acrescentando que, por isso mesmo, "não há dúvida quanto à sua índole constitutiva". "Em virtude do acordo simulatório, as partes ficam obrigadas a exteriorizar o negócio simulado e a se vincular ao negócio dissimulado".[176]

No domínio do Código em vigor não vemos argumento, com a vênia devida, para alterar o entendimento de que o acordo pelo qual as partes ajustam a celebração de um negócio simulado, com ou sem o correspondente e encoberto negócio dissimulado, não tem a natureza de um negócio jurídico autônomo, *tutelado pelo ordenamento jurídico*.

Hoje, com maior razão ainda, ante a nulidade do negócio simulado, estabelecida em lei (art. 167, primeira parte), até mesmo para as chamadas simulações inocentes, que não são determinadas pelo fim de prejudicar direitos de terceiros ou de encobrir a violação da lei, temos dificuldade em admitir que o ordenamento admita um negócio jurídico (o acordo simulatório) para a celebração expressa de um negócio (o negócio simulado), nulo na sua origem e que, por isso mesmo, aquele acordo possa ter alguma função econômico-social útil, ou seja, uma causa, jurídica e socialmente relevante, para que possa ter o *status* de negócio jurídico.

Ainda que *não* se admita a causa como elemento do negócio jurídico, também no ordenamento atual, o que, aliás, seria discutível, pelo menos, quanto à causa subjetiva, ao "intento prático" das partes, a que se refere Betti, em vista do disposto no inciso III do art. 166 do Código Civil em vigor,[177] o certo é que

---

174. Embora nenhum desses autores se estenda sobre os argumentos que os levariam a aceitar tal posicionamento.

175. *A simulação dos negócios jurídicos*, São Paulo, Saraiva, 2008, 1ª ed., 2ª tir., pp. 38 e ss. O autor é desembargador do Tribunal de Justiça do Estado de São Paulo.

176. Essa obrigação, ao que parece, seria uma obrigação jurídica, derivada do acordo simulatório: logo este seria um negócio jurídico. Por outro lado, tal "negócio jurídico" teria, ao que tudo indica, uma natureza dúplice, constitutiva e declarativa, simultaneamente.

177. *Art. 166.* "É nulo o negócio jurídico quando: III – o motivo determinante, comum a ambas as partes, for ilícito".

Que outra coisa é o motivo determinante, comum a ambas as partes, senão a sua causa, a função econômico-social a que, no intuito das partes, e por determinação da lei, o negócio está destinado? Por outro lado, é também nulo o negócio jurídico, nos termos do mesmo artigo, quando II – for ilícito, impossível ou indeterminável o seu objeto. A cominação de

a função econômico-social de cada negócio jurídico abstrato desponta do *objeto* (imediato) próprio dele, traçado nas diversas normas dispositivas que o disciplinam e que as partes se propuseram regulamentar, no *conteúdo* concreto de cada negócio jurídico em particular.[178] O ordenamento jurídico só admite negócios que tenham uma função econômico-social útil e por isso mesmo juridicamente relevante. E não vemos, nunca é demais insistir, em que medida o acordo simulatório, na sua celebração, tal como o próprio negócio simulado, possa ter qualquer função econômico-social útil.

Esta afirmação é tanto mais de refletir quanto é certo que o ordenamento civil em vigor contém o art. 421 segundo o qual "a liberdade de contratar será exercida em razão e nos limites da função social do contrato". Comentando este dispositivo, já tivemos a oportunidade de escrever a respeito dos contratos, o que vale também para os negócios jurídicos em geral:[179]

Quando a lei prescreve que a liberdade de contratar deve ser exercida *em razão* da função social do contrato, quer se referir, em primeiro lugar, à iniciativa de contratar ou não, e desde logo rejeita aqueles "contratos" que não tenham, na sua expressão mínima, função social. Qualquer contrato, até mesmo o que regula uma simples relação intersubjetiva, tem socialmente essa expressão, na medida em que regula uma relação jurídica, relevante para a disciplina da vida em sociedade. Contratos que não tenham tal relevância mínima não serão admitidos pela ordem jurídica. A liberdade de contratar estará limitada *em razão* da função social do contrato.[180]

Nesse sentido, já escrevia Emilio Betti:

nulidade do negócio simulado só pode decorrer do fato de a lei considerar ilícito o seu objeto, e não por considerá-lo indeterminável ou impossível.

178. Sobre a diferença entre conteúdo e objeto do negócio jurídico, ver Custodio da Piedade Ubaldino Miranda, *Teoria Geral do Negócio Jurídico*, São Paulo, Atlas, 2ª ed., 2009, pp; 51 a 55. Ali também se lê: "Assim sendo, o objeto e a causa serão dois aspectos de uma mesma realidade (o negócio jurídico), dois modos ou duas perspectivas diferentes de encará-la; dizendo de outro modo, o negócio jurídico tanto pode ser olhado de modo *estático* (o objeto e a sua causa objetiva), referido à sua *função,* como de modo *dinâmico* (o conteúdo e a causa subjetiva), quando referido à sua *estrutura* como meio de verificação da adequação do negócio concreto àquela função. Retifica-se, deste modo, o que se disse a respeito na *Teoria Geral*, cit. p. 111: o negócio jurídico tanto pode ser olhado de modo estático (o objeto), quando referido à sua estrutura, como de modo dinâmico à causa, quando referido à sua estrutura.

179. Comentários ao Código Civil, sob a coordenação de António Junqueira de Azevedo, São Paulo, Saraiva, 2013. 5º volume, comentários ao art. 421 no subtítulo VI: O contrato como instrumento da disciplina da vida em sociedade e elemento propulsor do desenvolvimento econômico e social, pp. 31 e ss.

180. Essas considerações procedem tanto em relação ao acordo simulatório como ao próprio negócio simulado.

"Se os particulares, nas relações entre eles, são senhores de procurar atingir, graças à sua autonomia, os escopos que melhor correspondam aos seus interesses, a ordem jurídica continua, porém, a ser o árbitro para valorar tais escopos, segundo os seus tipos, de acordo com a relevância social, tal como ela a compreende, de harmonia com a socialidade da sua função ordenadora. Efetivamente, é óbvio que o direito não pode dar o seu apoio à autonomia privada para a consecução de qualquer escopo que ela se proponha a atingir."[181]

Se assim é, que expressão mínima na vida social teria o acordo simulatório, para que não fosse vedado em razão da função social do contrato? De que modo poderia assim tal acordo qualificar-se como negócio jurídico autônomo, produtor de efeitos jurídicos?

Logo, pelo menos no ordenamento jurídico brasileiro atual, não faria sentido, em nosso entender, por tudo isso, e com o devido respeito pelas posições em contrário, atribuir-se ao acordo simulatório a natureza de negócio jurídico.[182]

Uma coisa é, porém, não reconhecer a natureza de negócio jurídico ao acordo simulatório e outra não lhe reconhecer a necessária autonomia. Cremos que nossa posição ficou clara quanto a negarmos ao acordo simulatório a natureza de negócio jurídico, mas reconhecer-lhe, no entanto, a autonomia.[183] É mister, não obstante, insistir neste ponto.

Dissemos, acompanhando Distaso, que há duas fases distintas no procedimento simulatório, realizado pelas partes: o da *preordenação* e o da *atuação* da aparência negocial. Na primeira, as partes *deliberam* a simulação e o fazem por meio do acordo simulatório. Sem esse entendimento prévio, estabelecido no acordo simulatório, fica difícil conceber a simulação. Já na segunda, decidem *executar* o procedimento concebido e fazem isso por meio do negócio simulado. Não realizam o acordo para simular por meio de um negócio jurídico; ele se iden-

---

181. *Teoria Geral do Negócio Jurídico*, Coimbra, Coimbra Editora, 1969, tradução de Fernando de Miranda, Tomo I, pp. 104-105. Lê-se mais na nota 14 nessas páginas: "Que este critério de *relevância social* seja sempre, em definitivo, o critério final de harmonia com o qual o direito – qualquer direito – é necessariamente (ainda que inconscientemente) levado a valorar as manifestações da autonomia privada, antes de reconhecê-las e sancioná-las, deriva do próprio destino do direito e do nexo incindível entre sociedade e direito.

182. Na lapidar definição de Manuel de Andrade "os negócios jurídicos são ações humanas (actos voluntários; mais precisamente – declarações de vontade) lícitas a que a ordem jurídica atribui efeitos de um modo geral concordantes com a vontade dos seus autores". Poderá dizer-se que o acordo simulatório preenche esses requisitos? Será que a ordem jurídica reconhece os efeitos queridos pelas partes no acordo simulatório?

183. Procuramos explicitar o nosso pensamento sobre a autonomia do acordo simulatório no seguinte artigo:

Autonomia e Natureza do Acordo Simulatório na Simulação nos Negócios Jurídicos. *Revista do Instituto dos Advogados de São Paulo*, v. 23, p. 2009. Não procedem, assim, de modo algum, as considerações de Auriccho, em vista do que dispõe a lei brasileira.

tifica, antes, com um *pacto*,[184] um entendimento de fato, que pode ou não ser reduzido a um documento escrito, neste último caso se houver uma contra- declaração, que os escritores nacionais antigos apelidavam, com razão, de ressalva, pois que se limita a ressalvar a vontade real, o efetivo querer das partes.

Por outro lado, a *preordenação* da aparência é fruto de uma intenção: a intenção simulatória. Esta precede, assim, o acordo simulatório, mas não se esgota com ele, persiste, como é natural, com a *atuação* do que se deliberou, e eventualmente documentou, com o acordo simulatório. A contra-declaração é que pode ser posterior ao próprio negócio simulado, mas ela resulta de um acordo firmado anteriormente ao negócio simulado.[185]

Sendo essa a estrutura, externa e interna, do acordo simulatório, que negócio será esse, sem forma nem conteúdo suficientes, ou, pelo menos, juridicamente relevantes, para que tenha a natureza de um negócio jurídico autônomo?

Suponhamos que se trate de um negócio de compra e venda de um imóvel. Para que a transferência da propriedade se opere efetivamente, é necessário que as declarações negociais tenham um conteúdo próprio, isto é, que se orientem nesse preciso sentido, que sejam, enfim, *declarações negociais*. Ora, na simulação, o acordo simulatório destina-se, ao contrário, a dissociar a forma do negócio que as partes realizam, do seu conteúdo, ou seja, por essa dissociação as partes *não desejam* que tal transferência de propriedade (conteúdo) opere entre elas, nem em face de terceiros, mas que a forma e o conteúdo do negócio jurídico (simulado) *apareçam* aos olhos de terceiros como em uma compra e venda efetiva e real. E mais: é indispensável, na simulação, por essa mesma razão, que tal intento simulatório se mantenha secreto, o que, aliás, ocorrerá naturalmente na medida em que fica confinado à esfera do conhecimento das partes e de seus eventuais comparsas.

Finalmente, como já se disse, a lei ignora o acordo simulatório, isola-o do negócio simulado, não lhe atribui quaisquer efeitos, a não ser, se assim se pode

---

184. Sobre a autonomia do acordo simulatório, não obstante não ser um negócio jurídico, ver supra, item 22 do n. V do Capítulo I, onde a carta altura se disse: "Embora não constitua negócio jurídico autônomo não se pode deixar de reconhecer ao acordo simulatório a necessária autonomia, a qual ficará ressaltada e melhor apercebida com as considerações formuladas sobre a sua natureza. Incorporar o acordo pura e simplesmente ao negócio simulado, como pretende Auricchio, seria negar-lhe toda e qualquer relevância, torná-lo inoperante e destituído de qualquer valor".

185. Não nos parece que haja qualquer obstáculo à aceitação do argumento de Betti, de que o acordo simulatório teria também uma função interpretativa, de uma interpretação autêntica, feita pelos próprios simuladores, pelo fato de se afirmar que ele é anterior à celebração do negócio simulado. Podem os simuladores celebrar o negócio simulado tão logo acordem no pacto simulatório e este ser reduzido a escrito posteriormente à celebração daquele negócio. Nem por isso a "ressalva" deixará de ter a função de constatar o real sentido e alcance do conteúdo negocial, na intenção dos simuladores. E será esta a interpretação autêntica do negócio simulado.

dizer, o de fazer incorrer este último em nulidade, precisamente para as partes que o celebram. Um negócio jurídico para ser chamado à existência tem de ter, por parte de seus sujeitos, um fim de autonomia privada, o fim de produzir os efeitos a que por lei se destina.[186] Ora, se ela nem sequer o reconhece como tal, já que não é por ela tutelado, como qualificar o acordo simulatório como negócio jurídico?

Nesse contexto é também, como já se disse atrás em nota, inaceitável a tese de Auricchio, de que o acordo simulatório nada mais é do que uma atividade preparatória que acaba por se integrar ao próprio negócio simulado, assim como as negociações preliminares, as tratativas, em um negócio normal, que perdem qualquer eventual autonomia, assim que se celebre o negócio visado, nele se integrando.[187]

No direito italiano, embora possa sustentar-se que o negócio simulado seja válido, já que a lei (art. 1.414 do seu CC) limita-se a declarar que ele não produz efeitos entre as partes,[188] tal conclusão tem sido, senão isolada, pouco acolhida na corrente doutrinária majoritária, até mesmo na Itália. Assim como pela jurisprudência recente daquele país, que, filiada à doutrina tradicional (tese voluntarista), o considera nulo, embora sem falar na nulidade, mas falando na ineficácia[189] (talvez até *lato sensu*).

E com razão. Se o negócio simulado tem, no plano dos efeitos, uma natureza bifronte, por assim dizer, uma voltada para as partes (nenhuns efeitos) e outra para terceiros (eficácia aparente do negócio simulado), como pode dizer-se que o acordo simulatório, ato em que precisamente se preordena aquela dupla direção de efeitos, perde ou deixa de ter autonomia, acabando por se integrar ao negócio simulado? Se assim fosse nada restaria dele para a produção de quaisquer efeitos, os "efeitos" diversos de um negócio normal, ou seja, próprios do negócio simulado. No direito brasileiro, a declaração de nulidade do negócio simulado vai, *até certo ponto*, na direção apontada pelas partes: nenhuns efeitos do negócio entre elas.[190]

---

186. Não obsta ao que se diz no texto o fato de a lei qualificar o negócio simulado como nulo, embora existente. Estamos a falar do acordo simulatório e este, pelas razões apontadas, nem sequer é reconhecido pela lei como negócio jurídico. Logo, o acordo simulatório, para a lei, é inexistente como negócio jurídico.

187. Alberto Auricchio, op. cit., pp. 41 e ss., especialmente 61 e ss.

188. Plano de eficácia, subsequente ao da validade, no aspecto conceitual. No pensamento de Auricchio, as categorias eficácia e validade não se seguem uma à outra, como é a *comunnis opinio*. O negócio simulado, diz ele, é só ineficaz entre os simuladores (art. 1.414 do *Codice Civile*), mas não é nulo, é um negócio válido.

189. É o que informa Aurelio Gentile, op. cit., p. 45, nota 10.

190. Ao contrário de nenhuns efeitos do negócio simulado, de acordo com as partes, também em relação a terceiros; a lei, porém, na sua valoração bifronte, parece ter por válida e eficaz a relação jurídica dele decorrente, na medida em que ressalva os direitos de terceiros de boa fé em face dos contraentes do negócio simulado (§ 2º do art. 167).

Dizendo de outro modo: se as partes A e B celebram uma compra e venda simulada de um imóvel, embora a propriedade não se transfira de A para B, já que assim não o quiseram, se B, sem ser proprietário do imóvel, o vende a C (venda *a non domino*), esta última venda é eficaz para todos os efeitos de direito. No *acordo simulatório*, A e B convencionaram que a transferência da propriedade não se efetivaria, nem entre elas nem em relação a terceiros. Que negócio jurídico é esse, em que os efeitos jurídicos que se produzem são precisamente contrários aos que as partes desejam? Como pode tal acordo simulatório ser um negócio jurídico, autônomo, ou não, e constitutivo (de efeitos *jurídicos*)?

Se, por outro lado, o negócio simulado é suscetível de produzir efeitos em relação a terceiros não é porque as partes do negócio simulado o quiseram, vinculando-se ao acordo simulatório que celebram. É que não foram as partes que quiseram o negócio simulado, como produtor de efeitos, seja em relação a si próprias, seja em relação a terceiros, mas a lei, *contra a vontade das partes*, em relação às quais o negócio simulado não produz efeitos, reconhece-lhe certos efeitos, o de produzir a eficácia de qualquer alienação posterior, feita pelo simulado adquirente, na medida em que o investe numa legitimação que, de outro modo, não teria. É o que melhor se verá, oportunamente, quando se tratar dos efeitos da simulação.

A nulidade, como se sabe, é um problema de qualificação legal, por isso nada obsta a que a lei considere *nulo* o negócio simulado, até se o for, por natureza, inexistente.

Mais recentemente, Heleno Taveira Tôrres,[191] também adepto da tese de que o acordo simulatório constitui-se em um negócio jurídico autônomo, afirmando que nenhuma das teorias, de vontade ou declaração, subjetiva ou objetiva, foi capaz de resolver o problema da simulação na sua amplitude, tendo no máximo conseguido “uma descrição procedimental para a qualificação dos seus efeitos”, entende que “faz-se necessário promover uma revisão dessas opiniões precedentes, compreendendo-as à luz do seu momento histórico da evolução doutrinária e nos limites das próprias teorias adotadas”.

---

191. Simulação de Atos e Negócios Jurídicos – Pacto Simulatório e Causa do Negócio Jurídico, *in* Princípios do Novo Código Civil e Outros Temas, Homenagem a Tullio Ascarelli, Coordenação de Antonio Junqueira de Azevedo, São Paulo, Quartier Latin, 2010, 2. ed., pp. 284 e ss.

O autor escreve textualmente: “Neste sentido faz-se mister compreender a simulação como o efeito da combinação de dois negócios jurídicos, o acordo simulatório e o negócio simulado, visando a alcançar o êxito da aparência enganosa contra terceiros de boa-fé. E por se tratarem de negócios jurídicos, temos normas jurídicas criadas por legítimo exercício da autonomia privada, às quais devemos atribuir eficácia e compreender o modo como elas se relacionam com o ordenamento” (p. 286). Cremos não serem necessários mais argumentos no texto para rebater este ponto de vista para o qual valem os argumentos já alinhados a respeito.

Decidido a estabelecer, em vista de tudo isso, "novos parâmetros para um estudo do conceito de simulação no Direito", conjuga, com a teoria normativa de Ferri, na concepção do negócio jurídico, a teoria dos enunciados performativos de John Austin, elaborada no sistema da *common law* e retomada, na nossa língua, no sistema da *civil Law*, pelo jurista português Carlos Ferreira de Almeida, na sua *dissertação* de doutoramento na Universidade de Coimbra, em dois volumes, "Texto e Enunciado na Teoria do Negócio Jurídico".

No entanto, não conseguimos descortinar, em todas as considerações feitas pelo ilustre autor,[192] de que modo, original, por assim dizer, a simulação, se insere na citada teoria dos atos performativos, ou numa "teoria comunicacional do Direito"; mais precisamente, de que maneira essas teorias explicariam a simulação, e especialmente o seu regime jurídico, de um modo mais profícuo ou logicamente aceitável, do que as teorias tradicionais.

Temos para nós que a tradição desempenha no direito um papel fundamental e a evolução das teorias, que se seguem, umas às outras, revelam precisamente isso: sem ignorar tudo o que se elaborou anteriormente, elas vão aperfeiçoando a compreensão dos institutos existentes com novos aportes doutrinários de forma a se construir um sólido e rico arcabouço da ciência do direito.[193]

As teorias do negócio jurídico, em cujo universo se insere o problema da simulação, não fazem exceção a essa regra. As teorias clássicas, com sucessivas inovações, procuraram analisar o negócio jurídico na sua estrutura e na sua função,[194] enquanto a concepção do negócio jurídico à luz das teorias da linguagem, sem desconhecer essa *análise*, oferece uma alternativa para a *abordagem metodológica* do negócio jurídico, uma sua *visão unitária e sintética*. Mas a *síntese*, em qualquer domínio do conhecimento, não prescinde da *análise*, que lhe é logicamente anterior. E é essa análise que mereceu a atenção das doutrinas que sucessivamente estudaram o negócio jurídico, pelo que a síntese que se lhe segue não só não a dispensa, como até mesmo a pressupõe. Sem aquela não existiria esta. Daí a importância atual das teorias tradicionais.

Por outro lado, uma concepção linguística do negócio jurídico não oferece solução para todos os problemas que dele decorrem ou lhe concernem. É por isso

---

192. A quem, aliás, nos prendem os melhores laços de amizade, fato que nos leva a contragosto a dele divergir.

193. Nesse contexto, leia-se ainda, Humberto Theodoro Junior que escreve com o seu brilho habitual: "A experiência histórica demonstra, aliás, que as grandes conquistas da humanidade, em geral, quase nunca acontecem para destruir o acervo cultural sedimentado no passado, mas para enriquecê-lo (*O contrato e sua função social*, Rio de Janeiro, Forense, 2008, p. 4). Como disse recentemente o Prof. Doutor João Alberto Del Nero, ao candidato, numa tese de doutorado sobre o nosso tema, "o conhecimento é cumulativo".

194. Daí as teorias voluntarista e declarativista, por um lado, e causalista, por outro lado, respectivamente;

que não conseguimos vislumbrar quais as implicações diretas que tal concepção dos atos performativos teria no problema da simulação, isto é, como e em que medida as teorias e as soluções tradicionais, em matéria da simulação, seriam incompatíveis com tal concepção.

Poderia, talvez, ver-se, uma implicação dessas novas concepções, no conceito do próprio negócio jurídico. Na medida em que, para os seus adeptos, a interpretação negocial colocando-se "lógica e cronologicamente antes das questões de validade e eficácia" e, portanto, como elemento do próprio conceito do negócio jurídico,[195] a simulação acabaria por ser uma questão de interpretação negocial. De qualquer modo, o acordo simulatório, estando, por assim dizer, fora do negócio jurídico simulado (não aderimos, como se vê, à tese de Auricchio para quem ele estaria integrado neste), é um elemento extrínseco em relação ao seu texto e enunciado, à volta dos quais se elabora, na doutrina que vem de se mencionar, da linguagem e dos atos performativos, toda uma teoria do negócio jurídico.[196]

Nessa medida, por ser o acordo simulatório um elemento fulcral da simulação, seria necessário discorrer-se sobre as implicações dessa teoria, tal como no conceito do negócio jurídico, no conceito mesmo da simulação e em especial do próprio acordo simulatório, de modo a exigir uma completa revisão do que até aqui se tem escrito sobre este tema. E isso não foi feito, salvo melhor juízo, pelos autores, adeptos dessa teoria, dos quais, aliás, pelo menos um, parece seguir francamente a teoria da declaração– a simulação como a conjugação de duas declarações que se contradizem ou se neutralizam ou em que uma anula a outra – com a diferença de que a declaração seria um "enunciado com vocação negocial",[197]

---

195. Op. cit., vol. I, pp. 140-141.

196. Esta observação seria prontamente rebatida pelo autor, com a afirmação de que a observação não se aplica ao seu pensamento, uma vez que este considera o acordo simulatório um autêntico negócio jurídico. Ao que responderíamos que, ainda assim, seria necessário demonstrar que, *nos termos daquela teoria* (comunicacional ou de linguagem), o acordo simulatório é inquestionavelmente um negócio jurídico.

197. Com efeito, Carlos Ferreira de Almeida, referindo-se às construções sobre a simulação, na doutrina portuguesa, que a conceituam unanimemente como um caso de divergência entre a vontade e a declaração, escreve que "a melhor opinião a tal respeito parece ser a que defende que existe na simulação um paralelismo de declarações incompatíveis: declaração ou declarações externas e declaração ou declarações internas também chamadas contra -declarações. Estas podem integrar tão somente o acordo simulatório que contradiz – e por isso anula- as declarações externas ou incluir também um outro acordo (negócio jurídico dissimulado, que pode ser válido se, para tanto, se verificarem os requisitos gerais)". Declaração, na tese defendida pelo autor, seria um "enunciado com vocação negocial" (op. cit., v. I, pp. 100-101, *Texto e Enunciado na Teoria do Negócio Jurídico*, Coimbra, Almedina, vol. I, pp. 100-101). Este discurso se insere nas teorias da declaração, uma das teorias tradicionais, portanto.

mais uma razão para se negar, à luz da teoria da linguagem, a natureza de negócio jurídico ao acordo simulatório.

**25.** Importante questão doutrinária, conexa com o que vem de se dizer, é a relativa à simulação nos *negócios jurídicos unilaterais.*

Sendo a simulação um procedimento que cria o negócio simulado por via de um acordo prévio e específico para isso, pode à primeira vista supor-se que a simulação só é possível nos contratos, isto é, nos negócios jurídicos bilaterais. E o entendimento tradicional faz uma concessão a esse ponto de partida, estendendo a possibilidade de simulação aos negócios jurídicos unilaterais *receptícios*, aqueles em que a declaração de vontade se dirige a um destinatário *determinado*, isto porque susceptíveis de um acordo, ainda que tácito.[198]

---

198. "Nos negócios unilaterais – escreve Manuel de Andrade – há uma só declaração de vontade ou há várias declarações de vontade, mas concorrentes ou paralelas. Estas declarações (quando existam), assim como os respectivos declarantes, formam um só *grupo*. E, de qualquer maneira, olhando só ao ponto de partida da declaração ou declarações negociais, há nestes negócios um só *lado,* uma única *parte*. Esta fisionomia *estrutural* dos negócios jurídicos unilaterais, provém de que não há neles – sob o aspecto funcional – tendo-se em vista apenas o declarante ou declarantes, interesses contrapostos, mas um *único* interesse ou interesses *análogos* – uma *comunidade de interesses* como talvez se possa dizer. Exemplos típicos de negócios jurídicos unilaterais: o testamento, o repúdio de uma herança, a revogação ou renúncia a um mandato (procuração)" (*Teoria Geral*, citada, II, pp. 37-38). Exemplos de declarações de vontade receptícias, as que têm de ser levadas ao conhecimento do destinatário, para que valham ou produzam efeitos, são: a denúncia de um contrato de arrendamento, de prestação de serviços, da revogação ou renúncia de uma procuração etc. Nas declarações não receptícias "a declaração vale logo que é emitida, sem necessidade de comunicação a pessoa determinada (embora possa ser preciso o concurso de algum outro facto ou circunstância). Estes negócios são, de longe, mais raros que os outros. O exemplo mais típico é o testamento; mas costumam-se citar outros, como o negócio de fundação" (*Teoria Geral*, citada, II, cit. p. 42).

No domínio do CC de 1916, escrevíamos: o entendimento que resulta do exposto, ser possível a simulação apenas nos negócios bilaterais e nos unilaterais receptícios, postula a seguinte indagação: como conciliar esta doutrina com o fato de o art. 102 dispor que "haverá simulação nos atos em geral...", parecendo assim poder abranger também os negócios unilaterais não receptícios? Abstraindo do que acima já dissemos, de que a simulação não é possível nesta última categoria de negócios, até mesmo por uma exigência lógica, temos que o recurso ao elemento histórico também não conduz a conclusões diferentes. Inicialmente, o *Esboço* de Teixeira de Freitas distinguia a simulação nos atos jurídicos em geral (no art. 521, inc. 1.º e 2.º, que continham regras idênticas às do art. 102, incs. I e II, do CC atual) da simulação nos atos entre vivos (art. 522, inc. 1.º e 2.º, em que se definiam respectivamente a simulação absoluta e a relativa, e o inc. 3.º, que continha regra idêntica à do art. 102, inc. III, do Código – a simulação da data). Os Projetos de Coelho Rodrigues e o (primitivo) de Clóvis Beviláqua não se referiam à simulação nos atos jurídicos em geral, aludindo apenas à simulação nos atos entre vivos, esta última nos mesmos termos em que o fazia o *Esboço,* isto é, definindo respectivamente (no art. 335, §§ 1.º, 2.º e 3.º, do Projeto Coelho Rodrigues, e no art. 102, inc. I a III. (do Projeto primitivo de Clóvis) a simulação absoluta, a relativa e a da

Já nas declarações negociais *não receptícias*, as que produzem efeitos por si sós, sem necessidade de qualquer comunicação de ciência aos destinatários por elas visados, tal como no testamento, por exemplo, não haveria possibilidade de simulação, pela própria impossibilidade da efetivação de um acordo simulatório.

A resistência ao entendimento de que a simulação se confina, em princípio, ao campo dos contratos, o qual teve em Ferrara um de seus mais destacados defensores, provinha do fato deste autor entender que nos negócios jurídicos

data. Ocorre que na seção denominada "Da simulação e reserva mental" o Projeto de Clóvis distinguia os dois institutos, dispondo, quanto à reserva mental, no art. 105: "A declaração de vontade subsiste válida ainda que o declarante haja feito a reserva mental de não querer o que declara, salvo se a pessoa, a quem for dirigida, tiver conhecimento da reserva". A comissão, apodando a seção de omissa, por tratar apenas de simulação *inter vivos* e não cogitar da simulação lícita (efetivamente o Projeto não distinguia, quanto aos efeitos, a simulação lícita da ilícita), opinou pela substituição dos artigos do Projeto pelos do Esboço. A Comissão especial do Senado, porém, propôs as seguintes emendas ao Projeto revisto: Ao art. 104 do mesmo Projeto mandou acrescentar o inc. III do art. 105. Este, que definia, nos incs. I e II, a simulação absoluta e a relativa, e os arts. 107 e 108 que disciplinavam respectivamente cada uma dessas formas de simulação (na simulação absoluta, desde que qualquer das partes assim o alegasse e provasse, se considerava o ato inexistente e, na simulação relativa, valeria apenas o ato verdadeiro, se pudesse prevalecer), foram considerados supérfluos e determinada sua supressão, passando-se assim para os dispositivos do Código, na redação atual.

Seria procedente o reparo de que o Projeto de Clóvis era omisso na parte em que provia só para a simulação *inter vivos?* Cremos que não. Basta comparar os dispositivos do citado Projeto com os de Coelho Rodrigues para se concluir que era infundada a crítica. Efetivamente neste último, por um lado, apenas se alude à simulação nos atos entre vivos e, por outro, nenhuma referência se faz à reserva mental. É que a simulação *stricto sensu,* exigindo como elemento do seu conceito o acordo entre as partes que simulam, como a doutrina pacificamente o reconhece, só nos atos *inter vivos* pode ocorrer. Nos restantes atos, como por exemplo, no testamento, destinado a surtir os efeitos por morte do declarante (testador), pode ocorrer apenas uma reserva mental do mesmo, quer por conter o respectivo ato uma declaração ou cláusula não verdadeira, quer por existir, numa interposição real de pessoa, um entendimento entre o interponente e o interposto, redundando, nos dois casos, a atitude do testador numa reserva mental em relação ao contemplado, que pode ou não ignorar tal reserva ou o entendimento a que se referiu. É evidente que em uma outra hipótese, de testamento em que ocorra um conluio entre o testador e o beneficiado, em vida daquele, haverá simulação entre vivos. Com a supressão da figura da reserva mental, deu-se uma dimensão mais abrangente, incluindo-se aí os casos de reserva conhecida. A expressão "atos em geral" abrange, assim, em nosso entender, os atos *inter vivos* e *mortis causa,* ficando de fora os negócios unilaterais não receptícios, salvo na medida em que sejam passíveis de reserva conhecida. Parece-nos, por todas essas razões, que a referida expressão "haverá simulação nos atos em geral" não é inconciliável com o entendimento de que a simulação é possível apenas nos negócios bilaterais e nos unilaterais receptícios. A diversidade da formulação do atual art. 167 (antigo art. 102) tornou irrelevante todo esse esforço de interpretação, razão pela qual a matéria saiu do texto e entrou para esta nota.

unilaterais, com suporte em uma só declaração de vontade, o que poderia haver era apenas uma *reserva mental*, conceitualmente distinta da simulação.[199]

Entretanto, esse entendimento foi logo objeto de larga discussão, no direito italiano.[200]

Barassi entendia que o destinatário de uma declaração receptícia *coopera* na formação da própria declaração, na medida em que ela tem de ser levada ao seu conhecimento; ainda que não haja aqui "um comportamento adesivo" do destinatário, como na simulação nos contratos, se este, ao tomar conhecimento do conteúdo da declaração, tem razões para *intuir* que ela não corresponde à vontade real do declarante, não haveria, também neste caso, pergunta ele, "aquela participação fictícia ao cumprimento do ato que Ferrara considera constituir conceitualmente a simulação?" E concluía: pelo menos na declaração receptícia, notificada ao destinatário, aderente ao acordo simulatório, a simulação de um ato unilateral é possível.[201]

A colocação do problema nesses termos não resolvia a questão, segundo Pugliatti, na medida em que, de uma declaração levada ao conhecimento do destinatário por uma notificação, não surge nenhum acordo em sentido técnico; este teria de preexistir-lhe e tudo se resolveria em saber que efeitos um acordo simulatório prévio entre o declarante e o destinatário produziria em relação a uma declaração unilateral receptícia.

Daí que para Messina haveria possibilidade de simulação em todos os negócios, em que houvesse uma cooperação dos simuladores, ou seja, tanto nos contratos como nos negócios unilaterais receptícios, porque também nestes é possível um acordo simulatório entre o declarante e o destinatário a quem a declaração se dirige, podendo este assumir a posição de parte nesse acordo; já nos negócios unilaterais não receptícios, não havendo um destinatário predeterminado, poderia, em princípio, haver, por parte do declarante, uma reserva mental, quando muito, conhecida de terceiros, sem que, nesses casos, tivesse de se excluir

---

199. "A reserva mental – escreve Manuel de Andrade – consiste em o declarante emitir conscientemente uma declaração discordante da sua vontade real, com a intenção de enganar o próprio declaratário. Difere, portanto, da simulação, porque: 1) na reserva mental, a intenção é de enganar o próprio declaratário; 2) por consequência não há acordo simulatório. É uma espécie de *simulação unilateral*, sendo também a simulação, de certo modo, uma espécie de *reserva mental bilateral* (*Teoria Geral*, cit., p. 215-216).

200. Uma notícia dessa discussão é relatada por Distaso, op. cit., n. 61, pp. 238 e ss.

201. Esta orientação, como se sabe, foi admitida no art. 1.414, III, do CC italiano, nestes termos: "Le precedenti disposizioni si applicano anche agli atti unilaterali destinati a una persona determinata, che siano simulati per accordo tra il dichiarante e il destinatario" (as precedentes disposições se aplicam também aos atos unilaterais destinados a uma pessoa determinada, que sejam simulados por acordo entre declarante e destinatário).Entretanto, este dispositivo exige o acordo expresso, por assim dizer, enquanto Barassi se contenta com um acordo tácito.

*a priori* a possibilidade de simulação que passaria a existir se houvesse acordo com todos os interessados, do mesmo modo como ocorre nos negócios unilaterais receptícios.

Alberto Auricchio, sempre em ordem a demonstrar a consistência da sua tese, de que o acordo simulatório é uma mera atividade preparatória para a realização do negócio simulado, uma preliminar de fato à semelhança de uma atividade preparatória para a celebração de qualquer contrato normal, resumiu as incertezas em que se debatia a doutrina italiana, antes do seu CC de 1942, em vigor, cujo art. 1.414 limitou expressamente a simulação aos contratos e aos negócios unilaterais receptícios, com os argumentos seguintes:

A conclusão a que este autor chega, do exame das diversas teorias a respeito, é a de que uns entendem que há uma *impossibilidade material* de simular nos atos unilaterais e outros que a questão da simulação nos atos unilaterais é *juridicamente irrelevante*, isto porque os efeitos nestes últimos atos, ao contrário dos contratos, estariam subtraídos à autonomia privada, resultando sempre daquilo que fosse determinado na lei. E parece aderir a esta última corrente quando afirma que, no plano da relevância, "a posição formal do sujeito torna-se, necessariamente, um elemento decisivo para a solução de problema idêntico".

Se assim fosse –prossegue no seu raciocínio- se houvesse uma impossibilidade material de simular nos negócios unilaterais não receptícios, "a solução legislativa do problema perderia todo o carácter vinculativo, em face da verificação de que existem casos em que dois sujeitos se põem de acordo para paralisar os efeitos de um ato não receptício". E conclui:

> "Só resta, portanto, perguntar porque terá sido estabelecida esta diversidade de tratamento, e a explicação, a única possível, é que, no contrato, o acordo consegue inserir-se na formação do acto, ao passo que no acto unilateral não receptício, o acordo estará, efectivamente, presente, e até será também eficaz, mas quando muito agirá a partir do exterior, sobrepondo os seus efeitos aos do acto a que o acordo se refere."[202]

Abstraindo da conclusão a que chega Salvatore Pugliatti,[203] o autor que exerceu uma notável influência, na doutrina italiana, não tanto pelas adesões conseguidas, mas pelo valioso contributo dado na elaboração do tema e pela originalidade da sua construção, de que o acordo simulatório é um *negócio jurídico com causa absolutamente típica*: a de anular (simulação absoluta) ou modificar (simulação relativa) a causa de um outro negócio, aquele que as partes celebram, conclusão da qual nos permitimos discordar, à luz do direito positivo brasileiro, por razões já referidas e adiante alinhadas, é importante realçar, com o devido

---

202. Auricchio op. cit., pp. 66 e 67 Note-se que a tradução da obra é do Desembargador português Fernando Miranda, daí a ortografia e até a linguagem diferente.

203. La simulazione negli atti uninilaterali, Pádua, Cedam, 1971, ns. 15 a 18, pp. 565 a 572.

destaque, muitas das asserções desse notável autor, que contribuem para o bom entendimento da questão da simulação nos *negócios jurídicos unilaterais.*

Depois de advertir que a doutrina deixou-se influenciar muito pela fórmula legislativa, a do art. 1414 do *Codice Civile,*[204] esclarece que é necessário isolar os dois termos: "declarante" e "destinatário" e determinar a *relação específica* que existe entre eles a fim de se precisar o qualificativo "determinado", usado no texto legislativo. E a distinção que propõe, para limitar o campo da indagação, é antes entre "*destinatário da declaração*" e "*beneficiário de seus efeitos*", podendo ou não haver coincidência entre os dois tipos de sujeitos.

Enquanto a declaração unilateral *não receptícia* se confina à esfera jurídica do emitente, onde se aperfeiçoa, diz o mesmo autor, a *receptícia* tem necessidade, para o seu aperfeiçoamento, de penetrar na esfera jurídica do destinatário. O escopo da declaração receptícia é o de influenciar a posição jurídica de uma determinada pessoa. Dirigindo-se a um destinatário, propicia não só a determinação da contraparte, mas também dá origem a uma declaração vinculante diante dela, com o que o declarante efetiva a participação de um outro sujeito nas próprias relações jurídicas. Contudo, essa relação, entre o emitente e o destinatário da declaração receptícia, é um tanto atenuada, sem a natureza estável e definitiva da relação decorrente, por exemplo, de um contrato. É elemento constitutivo da *fattispecie* da declaração receptícia a *notificação* ao destinatário.

O que tudo isso legitima, segundo o mesmo autor, é apenas esta pergunta: que efeito teria produzido, em relação a uma declaração unilateral receptícia, o prévio acordo simulatório entre declarante e destinatário?

Afirma mais, que as ideias desenvolvidas na doutrina italiana (da possibilidade da simulação nos negócios unilaterais somente receptícios), resultam da fórmula legislativa, mais precisamente, do terceiro e último inciso do citado art. 1.414,[205] que manda aplicar as regras da simulação nos contratos "aos atos unilaterais destinados a uma pessoa determinada, que sejam simulados por acordo entre o declarante e o destinatário".

---

204. *Art. 1.414.* Il contratto simulato non produce effetto tra le parti. (O contrato simulado não produz efeito entre as partes).

Se le parti hanno voluto concludere un contratto diverso da quello apparente, ha effetto tra esse il contratto dissimulato, purché ne sussistano i requisiti di sostanza e di forma. (Se as partes quiseram concluir um contrato diverso do aparente, tem efeito entre eles o contrato dissimulado, desde que subsistam nele os requisitos de substância e de forma.)

Le precedenti disposizioni si applicano anche agli atti unilaterali destinati a una persona determinata, che siano simulati per accordo tra il dichiarante e il destinatario (As disposições precedentes se aplicam também aos atos unilaterais destinados a uma pessoa determinada, desde que sejam simulados por acordo entre o declarante e o destinatário).

205. Ver o último inciso do art. 1.414, citado na nota precedente.

Acentuando a distinção entre atos receptícios e não receptícios com base em que aqueles pressupõem a individuação de um destinatário, enquanto " estes se destinam a só ter efeito em face de uma esfera larga de interessados" (Messina), entende que, nos atos receptícios é concebível um acordo simulatório entre o emitente de uma declaração negocial e o destinatário, enquanto que nos não receptícios, embora não se possa excluir *a priori* a hipótese de um acordo entre o autor de uma declaração negocial com todos os possíveis destinatários, ainda que não seja fácil, na prática, o fato de estes serem terceiros no negócio e não partes, a sua colaboração para a simulação não pode ter o mesmo valor que nos negócios receptícios.

Donde a conclusão: "trata-se de um acordo que tem sempre uma estrutura bilateral, quer se destine a preparar a simulação de um negócio bilateral, quer a predispor a simulação de um negócio unilateral (fundado numa só declaração receptícia)".[206]

Finalmente, outro notável escritor italiano, Francesco Marani, em monografia específica sobre o tema, não obstante reconhecer que tudo leva a crer (a *formação* dos atos unilaterais receptícios a que alude o art. 1.334 do CC italiano,[207] os trabalhos preparatórios...) que a formulação do art. 1.414 desse Código dá a entender que são declarações ou atos receptícios *só aqueles* que se dirigem a uma pessoa determinada, donde limitar-se a simulação aos atos receptícios; há, no entanto, diz ainda, declarações ou atos que *não se dirigem* a uma pessoa determinada e, no entanto, são *receptícios*. E exemplifica-os, à luz do direito italiano, com três categorias negociais: a concessão unilateral da hipoteca, a reabilitação do indigno à sucessão e a dispensa da colação.[208]

Para isso, e assumindo que a simulação pressupõe um acordo com a *participação ativa* dos seus agentes, paralelismo que poderia ver-se nos contratos, mas não nas declarações unilaterais receptícias (a mera "recepticiedade" não teria esse *sentido ativo*), embora a tendência tenha sido *identificar* o destinatário da declaração com o partícipe do acordo, elabora, a partir dessas premissas, *outra distinção*, mais adequada, em seu entender (do que aquela entre atos receptícios e não receptícios), para a resolução do problema posto e que é: entre o *vínculo*

---

206. *La simulazione negli atti uninilaterali*, Pádua, Cedam, 1971, ns. 15 a 18, pp. 565 a 572.

207. Que dispõe sobre a eficácia dos negócios jurídicos unilaterais, nestes termos: "Gli atti unilateral producono effetto dal momento in cui pervengono a conoscenza della persona alla quale sono destinati" (os atos unilaterais produzem efeitos a partir do momento em que chegam ao conhecimento da pessoa aos quais se dirigem).

208. O autor chega à conclusão, analisando cada um desses atos, que não são suscetíveis da simulação (pp. 180 a 198).

*negocial* que se forma com a emissão da declaração (ou a realização do ato) e os seus *efeitos finais.*[209]

Estes não exprimiriam a medida da relação entre o sujeito e o negócio, mas o *vínculo negocial* que, na medida em que se estabelece em relação a outro sujeito, liga-os entre si como partes substanciais do negócio, ou o declarante ao seu destinatário. As partes em relação às quais se forma o vínculo é que podem excluí-lo, criando uma aparência que repercuta, não tanto na esfera do *destinatário da declaração* em sentido formal, mas na do *destinatário de seus efeitos.*

Dizendo de outro modo: uma coisa é a relação substancial, autêntica, nascida do *vínculo negocial*, que liga as partes, ao ensejo da emissão da declaração, outra a *produção dos efeitos* que nascem dessa declaração ou ato, *que podem existir ou não*, conforme a *direção* que vier a ser-lhes imprimida por aqueles que contraíram o vínculo, ou seja, os autores dessas mesmas declarações ou atos. A expressa exigência do acordo retiraria assim, toda a importância ao requisito *recepticiedade* dos negócios unilaterais para que haja simulação.[210]

O que quer dizer que, no pensamento deste autor, a simulação poderá, em princípio, ocorrer também fora do âmbito das declarações ou atos receptícios. Só uma análise, caso a caso, desses atos é que poderia dizer, em dado caso, não obstante o ato ser *não receptício*, se houve, ou não, simulação.

No direito português, existe disposição expressa admitindo a possibilidade da simulação no testamento, negócio jurídico unilateral e em que a declaração respectiva é não receptícia (ou não recipienda como a designa o autor que se vai citar). É o art. 2.200 do Código Civil, que assim dispõe: "É anulável a disposição feita aparentemente a favor da pessoa designada no testamento, mas que, na realidade, e por acordo com essa pessoa, vise a beneficiar outra".

---

209. Sobre o "efeito negocial" e os "efeitos finais", Custodio da Piedade Ubaldino Miranda, *Interpretação e Integração dos Negócios Jurídicos*, São Paulo, Revista dos Tribunais, 1989, Capítulo I, 11.3, pp. 72-76. Ali se lê (pp. 74 e 75): O efeito negocial consiste, fundamentalmente, na vinculatividade que resulta, no plano do direito, da mera existência do negócio, vínculo esse que sujeita as partes à observância de uma conduta de que não podem desviar-se, na vigência do negócio, sob pena de sanções. Os efeitos finais, (tem-se em vista aqui os efeitos jurídicos essenciais que caracterizam o tipo negocial), na medida em que se consubstanciam numa relação jurídica entre as partes, mediante a atribuição de direitos e a imposição de deveres recíprocos, destinam-se, como é bem de ver, a proporcionar-lhes a realização efetiva (do fim do negócio, acrescentaremos agora) da função econômico-social a que o negócio se destina.

A efetiva aplicação dessa distinção foi feita pelo autor em *Comentários ao Código Civil*, sob a coordenação de Antonio Junqueira de Azevedo, São Paulo, Saraiva, 2013, vol. V, pp. 339 -342, nos comentários ao art. 462.

210. Francesco Marani, op. cit., pp. 177 a 184. Acrescenta o mesmo autor: "o motivo pelo qual a simulação é restrita ao acordo existente entre as partes é porque alcança na sua origem a posição substancial entre elas, indo além da natureza formal da declaração e o modo do seu aperfeiçoamento".

Galvão Teles esclarece que esse artigo, inserto no Livro "Direito das Sucessões", teve por fonte o art. 206 do Anteprojeto desse Livro, de sua autoria, acrescentando que se trata de preceito inovador, inspirado num caso concreto de sua vida profissional.[211]

Na formulação legal citada, o que se prevê é uma hipótese de simulação por interposição fictícia de pessoa, tratada adiante, no capítulo sobre as espécies de simulação; ocorre quando há interesse em se ocultar a pessoa, destinatária dos efeitos do negócio, no caso do testamento, o verdadeiro beneficiário, senão também por acordo com este, expresso ou tácito.

Sobre a possibilidade de simulação nos testamentos, manifestou-se Distaso,[212] de modo enfático, pela negativa, com o argumento de que, sendo o testamento um negócio jurídico destinado a produzir os seus efeitos após a morte

---

211. O autor foi um brilhante advogado e professor catedrático da Faculdade de Direito da Universidade de Lisboa, além de ter exercido funções em importantes cargos no Governo português da época. Foi advogado de Portugal no chamado "caso de Goa", no processo movido por Portugal contra a União Indiana, no Tribunal Internacional de Haia, quando aquele pequeno território, junto com Damão e Diu, partes integrantes da então Índia Portuguesa, fora invadido pelas tropas do exército deste último país.

No caso mencionado no texto, tratava-se do seguinte: "*A*, senhora solteira muito piedosa, que desejava ardentemente a reconstituição de determinada Arquidiocese, entretanto extinta, foi induzida por *B*, dotado de grande influência sobre ela, a deixar-lhe todos os seus avultados bens, com o pretexto de que isso facilitaria a consecução do objectivo desejado. A verdade, porém, é que *B* nada fez e antes se locupletou largamente à custa da herança. Haveria aqui uma *simulação relativa*, segundo o autor citado, consistente em *instituir-se aparentemente* B *herdeiro*, quando na verdade se queria fazê-lo apenas *testamenteiro*. Levada, a certa altura, a questão ao Tribunal, este declarou *nula, por simulação, a instituição de herdeiro*" (*Manual dos Contratos*, cit., pp. 170-171 e nota 182).

Antes que simulação, uma vez que não houve um acordo simulatório entre *A* e *B* para enganar quem quer que seja, pelo menos nada se diz em contrário a respeito, em vista do intuito de *A*, de beneficiar determinada instituição, parece antes haver aqui, em nosso entender e salvo o devido respeito, um *dolo de aproveitamento* exercido por *B* sobre *A*, na medida em que aquele induzira esta, com alegações enganosas, extorquindo-lhe o consentimento para o fim de fazer testamento em seu favor, locupletando-se com a herança recebida, após a sua morte, ao invés de cumprir a promessa de utilizar o produto da herança na reconstituição da Arquidiocese, que *A* desejava muito fazer. Nesse caso, os herdeiros de *A* poderiam pedir a anulação do testamento, por dolo, e a devolução dos haveres que *B* recebera por herança, dando-lhe o destino desejado pela testadora, se nos limites de sua quota disponível. Mas, sempre poderia haver o risco de nada receberem, por insolvência de *B*, caso tivesse dilapidado os bens recebidos, sem outros, no seu patrimônio, que respondessem pelo cumprimento dessa obrigação.

212. Distaso, op. cit., p. 301 e ss. As citações de Barassi, referidas pelo autor, estão contidas em: *A notificação necessária nas declarações extrajudiciais*.

do testador, dependendo unicamente de sua vontade e não a criar uma situação jurídica *inter-vivos*, é um ato essencialmente não receptício.[213]

> "A menção das pessoas às quais se referem as disposições não é senão um elemento puramente interno, incapaz de integrar "aquela direção material que constitui o núcleo da notificação" (Barassi): e isto porque "é a natureza deveras íntima, supremamente delicada deste ato que exige a máxima autonomia do testador e faz com que a declaração da última vontade seja também a expressão máxima dessa autonomia. Quem dita sua última vontade tem de estar diante da própria consciência e do passado, tem de ponderar com absoluta independência de juízo a conveniência das disposições" (Barassi).

Essa fundamentação situa-se melhor no contexto de uma política legislativa, de que terá provindo o inciso III do art. 1.414, citado em nota.

No direito brasileiro não haveria esse obstáculo porque não há nenhuma exigência, explicita ou implícita, de qualquer requisito para o acordo simulatório.

Não é teoricamente inconcebível a possibilidade de um acordo simulatório entre o testador e o beneficiário aparente contemplado no testamento para que, com esta intermediação, se oculte a pessoa do verdadeiro beneficiário. O que ocorre é saber de que modo tal beneficiário deixaria os bens, a que se refere o testamento, ao beneficiário real, sem que desse publicidade ao ato, já que a transmissão dos bens a este último, se se tratasse de uma interposição de pessoa, exigiria um ato translativo ulterior, sujeito a uma forma solene, em se tratando de imóveis. Isto sem falar no longo tempo que poderia decorrer entre a feitura do testamento e a morte do testador, sobrevindo vicissitudes que poderiam tornar impossível a deixa ao verdadeiro beneficiário.[214]

Por outro lado, essa transmissão ulterior dos bens a ser feita pelo contemplado no testamento ao verdadeiro beneficiário só poderia fazer-se, ao que tudo indica, por uma interposição real de pessoa,[215] deixando assim de lado a interposição simulada. E também na interposição real a pessoa do verdadeiro beneficiário ficará oculta até à morte do testador. O que tudo leva a crer que nos testamentos não será possível a simulação por interposição (fictícia) de pessoa.

Para os negócios unilaterais não receptícios, subscrevemos em toda a extensão o entendimento de Marani, concluindo que é possível a simulação em tais negócios.

---

213. O autor certamente se funda num obstáculo legal no direito italiano, o art. 1.414, III, do CC, *verbis*: "Le precedenti disposizioni si applicano anche agli atti unilaterali destinati a una persona determinata, che siano simulati per accordo tra il dichiarante e il destinatario" (as disposições precedentes aplicam-se também aos atos unilaterais destinados a uma pessoa determinada, que sejam simulados por acordo entre o declarante e do destinatário).

214. O suposto testador teria preferido fazer uma doação simulada.

215. Sobre os conceitos de interposição fictícia (simulação) e interposição real, ver infra, número 5 do capítulo III.

# VI

26. Elementos constitutivos da simulação: o acordo simulatório e o negócio simulado. Visão unitária do fenômeno simulatório. 27. O perfil funcional do negócio simulado. 28 Considerações gerais sobre o conceito de simulação.

**26.** De tudo quanto ficou até aqui exposto, conclui-se que só aderimos à conceituação da simulação da doutrina tradicional, na medida em que nesse ponto temos importantes ressalvas, uma vez que, por razões que já foram alinhadas a esse respeito, a conceituação de um instituto tem de acompanhar a evolução da lei, da jurisprudência e da doutrina.

E, analisando o tema à luz da nova disciplina legal da simulação, chegamos à conclusão de que a simulação é essencialmente uma anomalia *funcional* do negócio jurídico, como se verá de modo fundamentado quando se tratar dos efeitos da simulação, enquanto a doutrina tradicional a vê como um vício meramente *estrutural.*

A concepção da simulação como forma de divergência entre a vontade e a declaração, como já o afirmava Betti,[216] pode considerar-se superada na ciência jurídica. O que não quer dizer que deve deixar de se reconhecer todas as grandes conquistas da doutrina tradicional sobre o nosso tema e de deixar de prestar nossa adesão a conceitos e soluções da referida doutrina que, não obstante, possam ser aceitos à luz das novas concepções.

Viu-se que, dos elementos com que a doutrina tradicional conceitua a simulação, se sustem apenas o acordo simulatório, já que a intenção de enganar integra esse acordo, não tem autonomia.

Quer isso dizer que, para que se verifique o fenômeno simulatório, são necessários dois elementos: um negócio jurídico aparentemente comum, normalmente típico, na sua forma externa, solene ou não, e o acordo para simular,[217]

---

216. Betti, op. cit., t. 2, p. 382 e nota 12.

217. É extremamente importante remontar aqui à seguinte observação de Auricchio: "Maior rigor científico, pelo contrário, apresenta a teoria da declaração: segundo esta parte da doutrina, os dois tipos de eficácia – entre as partes e em relação aos terceiros – reconduzem-se, um ao acordo simulatório e o outro ao negócio simulado", embora critique também esta formulação na medida em que não reconhece qualquer autonomia ao acordo simulatório, assemelhando-o a qualquer atividade preparatória (tratativas, negociações) que precedem à celebração de um contrato normal (op. cit., p. 127). Esta tese, porém, foi por nós devidamente rebatida no item 18 do capítulo IV supra.

constituindo este a pré-ordenação e aquele a atuação desse acordo, com vista à efetivação da intenção simulatória.[218]

Referiu-se à intenção simulatória como o nexo teleológico que preside aos dois momentos da simulação: o da *pré-ordenação* e o da *atuação* da aparência negocial. Vê-se assim a importância decisiva que tem, nesta perspectiva, o intento, "o resultado específico visado no negócio jurídico concreto".[219]

A intenção comum dos contraentes não se confunde com os motivos psicológicos e puramente individuais que a precedem e a determinam; ao contrário daqueles, que permanecem fora do conteúdo negocial, a intenção, comum às duas partes, na medida em que é dirigida à produção de um resultado, adquire sua relevância jurídica, se não positiva, pelo menos negativa. "O escopo, comum aos contraentes, está a indicar alguma coisa de objetivo, isto é, a volição intencional de um resultado".[220]

Considerado instrumento indispensável na sistemática do negócio jurídico, a doutrina, principalmente após as indagações de Oppo,[221] firmou algumas conclusões a este respeito: a de que "o intento se transfunde ao conteúdo do negócio e à regulamentação dos interesses a que se sujeitaram as partes e que só uma avaliação do negócio que tenha em conta essa intenção pode julgar-se conforme ao princípio da boa fé";[222] e de que tal intento ou intenção não se confunde "nem com os motivos ou escopos individuais, estranhos ao conteúdo negocial, nem com a causa, escopo típico abstratamente contido numa hipótese de fato (*fattispecie*) e em função do qual o negócio é tutelado pela lei.[223]

Temos por assente, nesta altura destas indagações, que a simulação é um procedimento complexo orientado para a criação de um negócio jurídico aparentemente normal, cuja validade, nos termos da lei, é afetada pela celebração do concomitante acordo simulatório que pretende tirar-lhe toda e qualquer eficácia. O negócio jurídico, na sua aparência, normal, é um instrumento de que as partes lançam mão para alcançarem umas vezes *efeitos não negociais*, no caso, o engano ou a ilusão generalizada de terceiros (simulação absoluta)[224] e outras vezes efeitos

---

218. Assim, Distaso que se refere a relações recíprocas de causa e efeito, op. cit., p. 149 e ss.

219. Distaso, op. cit., p. 152-3.

220. Distaso, op. cit., p. 153.

221. Como esclarece Distaso, op. cit., p. 152 e 155 e ss.

222. Distaso, op. cit., p. 153.

223. Distaso, op. cit., p. 154. A frase é "scopo típico astrattamente ipotizzato". A palavra hipotizado não a encontramos nos dicionários da língua portuguesa, por isso traduzimos por "escopo típico abstratamente contido numa hipótese de fato (fattispecie)".

224. Marani, op. cit., p. 30, 36, 144, 145 e 148.

negociais, mas diferentes dos efeitos normais do negócio, projetado ao mundo exterior (simulação relativa).[225]

Mas a aparência do negócio é querida petas partes como instrumento da realização desses fins. Daí que não nos pareça correto dizer-se que as partes não querem o negócio. Pode-se querer o negócio (no plano das relações entre os simuladores) na sua aparência, na sua forma, na sua exterioridade, sem se querer o conteúdo correspondente àquela forma e consequentemente os efeitos, a relação jurídica que dele deriva. A vontade psicológica só tem sentido quando serve de suporte à "vontade normativa"; quando o direito se abstrai da vontade psicológica, ou quando imputa a uma determinada vontade efeitos não visados por ela, ou até, por vezes, efeitos que se lhe contrapõem, é infundada a construção jurídica do instituto a partir dessa vontade psicológica.

**27.** Até aqui examinamos, numa análise *estrutural,* os elementos constitutivos da simulação (o acordo simulatório e o negócio simulado) e procuramos enfocar a perspectiva unitária em que, sob o ponto de vista conceitual, se deve encarar o fenômeno simulatório.

É mister agora dar mais um passo e, sem perder de vista os textos legais, empreender uma análise *funcional* do negócio simulado.

Para se chegar a uma conclusão a este respeito seria conveniente, antes de tudo, discorrer sobre o conceito de causa, que além de controvertido, no aspecto de sua utilidade como elemento do negócio jurídico (é conhecida a polêmica travada entre os causalistas e os anticausalistas), não logrou sequer alcançar unanimidade de pontos de vista na sua mesma noção.[226] Tal discurso exorbitaria, porém, de longe, do âmbito deste estudo.

Cremos, todavia, que para o fim em vista, poderemos nos ater ao conceito corrente e, modernamente, mais em voga, do elemento causa dos negócios jurídicos. E esse conceito é o que nos dão as concepções objetivistas.

Causa, para essa corrente, é a "função econômico-social" de cada tipo negocial; é a "síntese dos seus efeitos jurídicos essenciais" ou o "resultado jurídico objetivo" que se visa com a celebração de determinado negócio jurídico.

> "É aquele elemento que contradistingue cada tipo negocial, marcando-lhe a sua fisionomia específica. Mais precisamente, trata-se da função econômico-social própria de cada figura negocial; ou, por outras palavras, da finalidade intrínseca de cada negócio, do escopo a que é dirigido o negócio,

---

225. Esse engano ou ilusão nos terceiros não é provocado pelas partes por mero diletantismo, mas com uma finalidade: a de defender interesses próprios, os mais variados, lícitos (simulação inocente) ou ilícitos (simulação fraudulenta).

226. Gino Gorla, *Il contratto,* Milão, Giuffrè, 1955, v. 1, p. 199 e s.; Orlando Gomes, op. cit., p. 416 e s.; Manuel de Andrade, op. cit., p. 343 e s.; Emílio Betti, op. cit., p. 329 e s.

objetivamente considerado, do fundamento objetivo que justifica a atribuição ou atribuições patrimoniais que o negócio tende a produzir."[227]

O conceito de causa se reconduz assim ao conceito de tipicidade dos negócios jurídicos, não só no sentido de tipos ou modelos apenas expressamente previstos pelo legislador, mas também no da chamada "tipicidade social", de tipos merecedores de tutela jurídica pela sua relevância social, pela sua capacidade de promover e atingir os fins de solidariedade social visados pelo ordenamento jurídico. Neste sentido, não só seriam juridicamente relevantes os negócios típicos, expressamente previstos e regulados pela lei, mas também os que constituem tipos de negócios praticados na vida social (tipos sociais), assim como os próprios negócios atípicos, que não tenham qualquer precedente na prática jurídica, mas desde que estes últimos, tais como os tipos básicos, observem as normas gerais contratuais do ordenamento jurídico, só assim sendo merecedores de tutela jurídica, com base na sua relevância social.[228]

Consequência do dirigismo jurídico (autonomia privada relativa), o conceito de causa, neste sentido, confunde-se com o da função econômico-social de cada negócio jurídico em particular, devendo considerar-se válidos não apenas os negócios que não tenham uma causa *ilícita,* mas também os que, segundo a consciência social, as concepções dominantes em dado lugar e momento históricos, tenham uma causa *relevante,* uma função econômico-social digna de proteção jurídica.[229]

O conceito a que nos estamos referindo é, como se vê, um conceito unitário que envolve a totalidade do negócio jurídico e brota, em última análise, das razões justificativas do reconhecimento do negócio por parte do ordenamento jurídico; definir-se-ia, assim, num sentido amplo, como o (motivo do) reconhecimento *in genere* do negócio por parte da lei...[230]

---

227. Manuel de Andrade, op. cit., p. 345.

228. Sobre o tema, Custodio da Piedade Ubaldino Miranda, *Comentários ao Código Civil,* vol. V, Dos Contratos em Geral, São Paulo, Saraiva, 2013, comentários ao art. 425, pp. 107 e ss.

229. Betti, op. cit.., p. 170 e s. (n. 23). Em sentido contrário, Gino Gorla, op. cit., pp. 199 e ss. O autor aponta várias outras funções do contrato, que não se confundiriam a rigor com a função social e econômica do contrato, mas que, em nosso entender, não invalidam nem diminuem de longe a função econômico-social; pode até dizer-se que aquelas outras funções secundárias (interpretação integrativa por meio de aplicação de normas dispositivas em caso de falta de previsão no contrato, problemas de dissenso entre as partes acerca do conteúdo típico do contrato, problemas da realizabilidade do escopo do contrato...) têm por fim, precisamente, o de realizá-la. Mas, não obstante, o autor insiste, ampliando esse posicionamento: todos estes problemas não têm nada a ver com o requisito de uma utilidade social do contrato ou de uma função social típica ou tipicidade (...) afim de que possa merecer o reconhecimento jurídico. Reconhece, no entanto, que é esse o entendimento da quase unanimidade da doutrina italiana, como também de autores franceses e alemães.

230. Marani, op. cit., p. 25.

> "Com estas e outras funções – escreve. Orlando Gomes – a causa é um requisito útil, particularmente como meio de se recusar a proteção jurídica a negócios sem significação ou ilícitos."
>
> "Se não se leva em consideração o propósito negocial definido no ordenamento jurídico – a causa final dos negócios jurídicos – o exercício da autonomia privada não pode, como deve, ser fiscalizado e limitado."[231]
>
> "A noção da causa é indispensável para a averiguação da validade e correspondente eficácia dos negócios jurídicos. Nega-se proteção jurídica aos que não têm causa e aos que a têm ilícita ou viciada."[232]

Ainda que a causa não constituísse elemento do negócio jurídico, no direito brasileiro, no sistema do CC de 1916, o que já é discutível, no domínio do Código atual – os anticausalistas tinham-na por inútil por, segundo diziam, se confundir com o objeto do negócio, asserção que, aliás, se pode refutar em virtude do próprio conceito de causa na sua acepção moderna – afirmação, outrossim, como se disse, hoje discutível no ordenamento em vigor, parece-nos de fundamental importância operar com este elemento para se situar conceitualmente o negócio simulado.

Normalmente, quando as partes celebram um negócio jurídico, têm em vista determinados efeitos (práticos ou jurídicos), aqueles mesmos efeitos que o negócio é apto a produzir. Há, assim, em regra, perfeita correspondência entre a causa do negócio, sua função econômico-social, e a intenção prática das partes, os efeitos que elas visam com a realização desse negócio. Fala-se também aqui em causa objetiva ou abstrata, no primeiro sentido e causa subjetiva ou concreta, no segundo sentido, mas nos dois casos, referida ao negócio jurídico como um todo.

Mas nem sempre assim acontece. Por vezes, as partes lançam mão de um negócio para um escopo que não é típico do negócio escolhido, mas para o fim de alcançarem efeitos diversos dos seus efeitos normais. Quando assim ocorre, temos as figuras dos negócios indiretos, fiduciários e simulados.[233]

Também na simulação, os interesses visados pelas partes, com a realização do negócio simulado, divergem fundamentalmente dos escopos que as partes atingiriam com a celebração de uma idêntica forma negocial (não-simulada). Na simulação absoluta, as partes servem-se de um negócio para fins não-negociais:[234] para a criação de um negócio, sem fins negociais. Na simulação relativa, as partes servem-se da aparência de um determinado tipo negocial quando o objetivo é alcançar os efeitos próprios de um outro tipo negocial.

Mediante o pacto simulatório, as partes resolvem subtrair a um determinado negócio jurídico os seus efeitos normais, destinando-o a uma função anômala,

---

231. Orlando Gomes, op. cit., p. 418. A afirmação do texto do eminente autor, é extremamente importante para a compreensão da realidade fenomênica da simulação.

232. Orlando Gomes, op. cit., p. 422.

233. Betti, op. cit., p. 375.

234. Cf. Marani, op. cit., pp. 177 a 184.

não coincidente com os atos normais da autonomia privada. A forma, como se sabe, é um comportamento (oral, escrito, em forma de mímica, pelo silêncio) puro e simples ou com o valor de declaração, que constitui um veículo de reconhecimento ou de identificação do objeto do negócio.[235] A causa é o elemento que identifica o negócio: é a sua função econômico-social, a "síntese dos seus efeitos jurídicos essenciais". Quando as partes, no acordo simulatório, deliberam ou estabelecem a simulação, desvirtuam a causa, desviam o negócio de sua destinação própria e dos seus efeitos normais. Já se tem falado até na *causa simulandi*, no negócio simulado.

Quer isso dizer que existe, na simulação, mais precisamente, no negócio simulado, um *desvio* da causa, utilizando-se as partes, no instrumento do negócio simulado, de uma forma negocial a ser projetada para o conhecimento do público, distinta do seu conteúdo oculto, não correspondente ao seu conteúdo ostensivo, este último, próprio daquela forma negocial.

Aquele conteúdo oculto é "atípico",[236] na medida em que se destina a enganar ou iludir a coletividade, tal o objeto do acordo simulatório, tendo, portanto, fins não negociais (*simulação absoluta*); já o conteúdo ostensivo do negócio simulado corresponde, ponto por ponto, à forma externada (assim, por exemplo a declaração de transferência da propriedade em troca de um preço de uma parte à outra, na compra e venda).

Outras vezes, na *simulação relativa*, o conteúdo oculto corresponde a um determinado tipo negocial, (negócio dissimulado), encoberto por uma *forma* que não é a sua, mas que corresponde ao *conteúdo* de um tipo negocial distinto (o do negócio simulado) (por exemplo, doação, embora a forma exterior, seja a da compra e venda). É por isso que dissemos que, nesta espécie de simulação, há uma divergência entre a forma e o conteúdo ou que, sob a aparência de um negócio, existe uma relação jurídica dissimulada, de outra natureza.

No direito anterior, isto é, no domínio do CC de 1916, só na simulação fraudulenta, havia um desvio *ilícito* da causa, juridicamente relevante, sendo que a ilicitude da causa, assim desvirtuada, tornava o negócio simulado fraudulento, anulável, por iniciativa de certos interessados, em benefício de quem a lei estabelecia a mesma anulabilidade.[237]

---

235. Betti, op. cit., p. 247 e s. (n. 11); Junqueira de Azevedo: "é o tipo de manifestação que veste a declaração" (op. cit., p. 41).

236. Poderia falar-se aqui em *causa simulandi.*

237. Não desconhecemos a posição de Junqueira de Azevedo a este respeito, para quem "quando se fala em *causa ilícita,* trata-se de causa no sentido *subjetivo,* isto é, trata-se de causa como "motivo determinante ilícito" (op. cit., p. 119), por razões que ali desenvolve; pelo que a invalidade estabelecida pela lei para a simulação fraudulenta resultaria de "motivos determinantes ilícitos" (op. cit., p. 123). Cremos, porém, *data venia* que àquela formulação pode-se opor a seguinte concepção de Betti: "O que importa – escreve este

Também no domínio do CC de 1916, o mero desvio da causa, ainda que redundasse na criação de uma aparência negocial (com fins de engano) e transformasse o negócio em simulado, não era de molde a determinar a nulidade do negócio, nos termos da lei. Era necessário, como bem frisava Pontes de Miranda,[238] que a essa criação da aparência, diversa da realidade, que à simulação, acrescesse a ilicitude, consubstanciada na ocultação da violação da lei ou de prejuízo de terceiros.

Na mesma ordem de ideias, discorrendo sobre a simulação relativa inocente, afirmava Silvio Rodrigues:

> "Determina o legislador que tal simulação não constitui defeito do ato jurídico. E tal asserção se baseia na noção de liberdade do contrato. Se o negócio é lícito nada impede que as partes alcancem os efeitos almejados através de um meio indireto, quando permitido lhes era recorrer ao meio direto".
>
> "Se a lei não veda ao homem solteiro a doação de bens à sua concubina, não pode-tornar sem efeito a venda simulada que ele lhe faz (*RT,* 155:181)."[239]

No ordenamento atual já não é assim: o negócio simulado, em qualquer dos casos, haja ou não prejuízo de terceiros ou violação da lei, é nulo (art. 167 do CC).

A diferença do regime jurídico estabelecido para a simulação, ou seja, a declaração de nulidade do negócio simulado (art. 167), com a ressalva dos direitos de terceiros de boa-fé, revela desde logo toda uma gama de soluções diferentes das do regime anterior, que era, à partida, o de simples anulabilidade do negócio simulado, portanto, uma validade muitas vezes provisória, mas só do negócio simulado denominado fraudulento ou ilícito, assim considerado o que envolvia o prejuízo de terceiros ou a violação da lei, validade essa que se tornava definitiva, se a nulidade não fosse alegada pelo prazo de prescrição, que era só de 4 (quatro)

jurista – é que o 'motivo' não tenha ficado no foro íntimo da consciência individual (caso em que ele, embora ilícito, seria irrelevante em relação à outra parte contratante), mas se tenha tornado reconhecível pela contraparte e tenha sido compartilhado por ela, de modo a tornar-se *imputável* também a ela. A posição das partes é, sob este aspecto, análoga a que se verifica no caso de erro comum, que incida sobre a situação de fato, que determina e justifica, no interesse de ambas, a celebração do negócio, e que, portanto, constitui, para ambas, o pressuposto concordemente aceite (§ 20) da causa típica do negócio, na sua realização concreta (§ 55, sub C)..." (p. 356 e s. do t. 2). E mais adiante: "A ilicitude jurídica da causa é representada propriamente pelo fato, bem possível de se verificar, de a determinação causal de quem realiza o negócio – em especial a comum intenção prática dos contratantes, quando o negócio seja um contrato – ser dirigida a um resultado prático objetivamente contrário a normas imperativas de leis, ou à ordem pública (CC italiano, art. 1.343). A ilicitude do escopo prático imediato, isto é, do interesse concreto subjacente à causa, comunica-se a esta, quer dizer, reflete-se sobre ela e transforma o negócio num instrumento de fins anti-sociais, cuja realização é reprovada e combatida pela ordem jurídica" (op. cit., p. 360).

238. Pontes de Miranda, *Tratado*, cit., t. 4, p. 394-395.

239. Silvio Rodrigues, op. cit., p. 213.

anos, a contar da data da realização do ato ou do contrato, segundo a lei anterior (art. 177, § 9º, V, b) do CC de 1916), ou a contar do conhecimento do ato pelo interessado, dispensando-se assim uma proteção maior ao terceiro prejudicado, segundo a jurisprudência.[240]

Como se vê, a sanção, se assim nos podemos expressar, é agora, no direito atual, muito mais grave: com efeito, há uma nulidade cominada para o negócio simulado, que qualquer interessado, até mesmo os simuladores, em certas circunstâncias, podem alegar, sempre que ela não implique em prejuízo dos direitos de terceiros de boa -fé. Esta valoração bifronte do negócio simulado, nulidade para uns e validade para outros, vem a acarretar as maiores dificuldades na construção jurídica do instituto, que é necessário enfrentar.

Antes de mais, é preciso determinar a natureza dessa nulidade. A nulidade, ensina-nos a doutrina, é oponível *erga omnes*, a todos, mas não é o que ocorre com o negócio simulado, já que a lei preserva os direitos de terceiros de boa-fé que se fundaram no negócio simulado, pois que o tomaram por um negócio normal. Logo, a nulidade do negócio simulado não lhes é oponível. Se A vende simuladamente um imóvel a B e este, traindo a confiança de A, o vende a C, não pode A, alegando que o negócio é simulado e, portanto, nulo, reivindicar de C a restituição do imóvel, por falta de um direito anterior nele fundado.

E não pode, porque o art. 167, no seu § 2º, ressalva "os direitos de terceiros de boa fé em face dos contraentes do negócio jurídico simulado". Quer isso dizer, por outras palavras, que a lei, em vista da aparência do negócio simulado, de um negócio normal, considera B como legítimo proprietário aos olhos de terceiros de boa- fé, por isso, válida e eficaz a aquisição de C, o que fica difícil explicar em face da nulidade do negócio simulado; não se pode dizer, tal como o entende certa doutrina italiana, em face do art. 1.414 do seu Código Civil, que declara ineficaz o negócio simulado em relação às partes, que há uma legitimação de B para vender, com base na aparência criada, não obstante aquela ineficácia, (note-se que, no direito italiano, o negócio simulado só é ineficaz, considerando parte da doutrina italiana que ele é válido), raciocínio que não se pode consequentemente, transpor, para o caso do negócio simulado, entre nós,[241] uma vez que um negócio nulo não pode de modo algum ser eficaz.

---

240. Custodio da Piedade Ubaldino Miranda, *A Simulação*, cit., p. 153.

241. Assim, Auricchio que escreve textualmente: "Em primeiro lugar, o art. 1.414 estabelece a ineficácia do negócio simulado só entre os contraentes. Esta observação constitui, só por si, argumento decisivo para estabelecer a validade do negócio simulado, dado que a invalidade tem um valor objectivo ao passo que só para a ineficácia se pode falar de uma atitude sua diferente em relação aos diversos sujeitos a quem se dirige: disse-se, com toda a razão, que, na medida em que o negócio jurídico subsiste ou não subsiste *erga omnes*, o feixe de efeitos pode ser dissociado". E em nota: "Que esta 'relatividade' possa encontrar explicação na própria noção da nulidade é coisa vivamente contestada" (op. cit. pp.

Para melhor elucidação do que vem de se dizer, é mister abrir um parêntese aqui para discorrer sobre o conceito de legitimação, instituto transposto para o direito civil do processo civil, no âmbito do qual se fala em legitimidade, tendo sido Carnelutti o seu principal formulador, na Itália. Segundo este autor, enquanto a capacidade "depende de uma *qualidade*, isto é, de um modo de ser do sujeito em si, (...) a legitimação resulta de uma *posição*, isto é, de um modo de ser do sujeito para com os outros".[242] Trata-se de um pressuposto do negócio jurídico, porque não é, como um elemento, algo *intrínseco* ao negócio, componente de sua estrutura, mas um pressuposto, extrínseco ao negócio, tal como os próprios sujeitos do negócio.[243]

Quem tem legitimação para a realização de um negócio jurídico?

Será o próprio titular de uma relação jurídica anterior, derivada de um negócio jurídico, apto a constituir, modificar ou extinguir uma nova relação jurídica. Assim, quem não tem o direito de propriedade de um bem, em virtude de uma válida relação jurídica anterior, não pode transferir a propriedade desse bem a outrem. Falta-lhe a necessária legitimação.[244]

Voltando ao exemplo citado, se o negócio celebrado entre A e B é simulado, por ser nulo, dele não poderia, em princípio, decorrer uma relação jurídica válida e eficaz. O que quer dizer que B não teria a necessária legitimação para vender o imóvel a C; se o fizesse, esta última venda seria nula. Mas, ressalvando a lei o direito de C, que é terceiro de boa-fé, em face dos contraentes do negócio simulado, não obstante a primeira venda de A para B ser nula, já a segunda, de B para C parece ser válida. Como explicar esta solução da lei, se B não deveria ter legitimação para vender porque não era proprietário do imóvel e como negar o direito de A de reivindicar o seu imóvel de C já que o negócio simulado é nulo?

Por ora, basta dizer que certamente a lei não poderia, em princípio, atribuir a B qualquer legitimação pela simples razão de que o negócio simulado é nulo. Por outro lado, à partida, nem sequer poderia argumentar-se com uma legitimação

93-94). Mas a questão não é pacífica: Betti, por exemplo, prefere falar em nulidade relativa, acrescenta o autor.

242. Manuel de Andrade, *Teoria Geral*, citada,, l, II, cit. p. 118; Custodio da Piedade U. Miranda, *Teoria Geral,* citada,. p. 62.

243. Cf. a propósito Scognamiglio que considera o objeto do negócio como um seu pressuposto, por ser-lhe extrínseco (*esterno*) ao mesmo (op. cit., p. 108). Sobre elementos e pressupostos do negócio jurídico, Custodio, Miranda, *Teoria Geral*, cit., p. 45 e ss.

244. "O princípio fundamental é que os sujeitos do negócio jurídico devem ser os próprios sujeitos da relação que com ele se pretende constituir, modificar ou extinguir (...). Em razão disto, carecem de legitimação, por via da regra, os contratantes que intentem fazer derivar do contrato quaisquer efeitos jurídicos para outras pessoas, que não eles próprios. Será o caso dos negócios de disposição de bens ou direitos alheios, e ainda os negócios de aquisição de bens ou direitos ou de assunção de obrigações para outrem" (Manuel de Andrade, op. cit., II, pp. 118-119).

extraordinária atribuída pela lei ao simulado adquirente, uma vez que ela não trata o negócio simulado, à semelhança do que ocorre no direito italiano (art. 1.414 do Código Civil daquele país), como simplesmente ineficaz entre os simuladores, ressalvando, *com aquela ineficácia restrita aos simuladores*, os direitos de terceiros de boa-fé, no subsequente art. 1.415.

Na doutrina italiana, considera-se eficaz o negócio simulado, com exceção dos simuladores, em relação aos quais é ineficaz. Dessa eficácia resultaria tal legitimação do simulado adquirente; diferente é o entendimento de Auricchio que, acompanhando o pensamento de Mengoni, diz que o direito de terceiro, que a norma ressalva, é só o do terceiro que adquire do simulado alienante e que a relação jurídica tutelada pelo citado dispositivo "não é expressão da eficácia do negócio simulado, mas do ato de aquisição que o seguiu".[245] Mas não é o que ocorre no direito brasileiro, em que o negócio é simplesmente nulo, ficando, pois, por explicar em que se funda a validade e a eficácia da aquisição de um direito, derivado de um negócio nulo. Por outro lado, a única ressalva, para tal efeito, é que o terceiro esteja de boa-fé.

No que pode assentar-se por ora é que, em relação aos simuladores e a terceiros que não estejam de boa-fé, o negócio simulado é e continua sendo nulo, mesmo descoberta a simulação, o que quer também dizer que a lei não reconheceria, em princípio, qualquer legitimação de B para vender, podendo-se concluir que, se A não pode reivindicar o seu imóvel de C, poderá, pelo menos, acionar B, por enriquecimento sem causa, nos precisos termos do art. 884, obtendo o valor do seu imóvel, mais a diferença de um preço maior ou menor pelo qual o imóvel foi vendido, em relação ao seu justo preço, o preço pelo qual o simulado alienante o venderia, em condições normais? É o que também terá de se enfrentar oportunamente.

O abuso da função instrumental do negócio jurídico, o desvio de sua causa, de uma das funções econômico-sociais reconhecidas pelo ordenamento jurídico, não é tolerado pela ordem jurídica. Nada mais certo, uma vez que o Direito deve assentar, antes de tudo, numa ordem ética que não se compadece com a mentira, o engano, o embuste...

**28.** Das considerações desenvolvidas neste capítulo, resulta que a simulação é um procedimento complexo, que se realiza por graus ou em momentos distintos, ainda que haja entre eles uma "simultaneidade ideológica ou intelectual":[246] no primeiro momento, as partes deliberam a celebração do negócio simulado; e tal deliberação não é idêntica à que ocorre em qualquer atividade contratual normal,

---

245. Auriccho, op. cit., pp. 128-129. A rigor, tal construção nem era necessária, quando se considera o negócio simulado, válido, tal como o faz o próprio Auricchio. A obra de Mengoni é *L'acquisto a non domino*.

246. Mosset Iturraspe, op. cit., p. 22.

porque é nesse momento do procedimento que elas operam a dissociação entre a aparência e a realidade,[247] ou seja, do que deve considerar-se real (negócio simulado sem efeitos) e aparente (negócio simulado com aparentes efeitos jurídicos).

No segundo momento, as partes executam a deliberação: celebram o negócio, formalmente idêntico a um negócio normal, mas que não é para elas mais do que um negócio aparente, porque assim o decidiram quando do acordo para simular. Com a celebração do negócio não visam as partes, na simulação absoluta, efeitos jurídicos negociais, nem visam, na simulação relativa, os efeitos práticos ou jurídicos próprios do negócio ostensivo, mas do tipo negocial oculto.

A simulação é toda uma atividade das partes destinada à criação de uma aparência negocial: iniciando-se com o acordo, que representa a face oculta dessa atividade, culmina na realização do negócio simulado, que constitui a face ostensiva da mesma. Àquela situação real, que permanece oculta, corresponde uma situação aparente, contrária à realidade. Ambas as declarações (ou comportamentos) são queridas pelas partes não havendo qualquer divergência entre a vontade e a declaração.

Esse contraste entre a aparência e a realidade dá origem a uma dupla relação: a relação interna e a relação externa, correspondente à dicotomia "partes" e "terceiros", sendo diferente o tratamento da simulação consoante se encare o fenômeno à luz de uma ou outra dessas relações.[248] Fala-se também da valoração ou significado *subjetivo* da simulação, representada pelo *acordo simulatório*, cuja finalidade é, como se disse acima, não só fixar o sentido e o alcance jurídico exato das declarações contidas no negócio simulado, mas também fazê-lo com o ânimo de que ela não produza quaisquer efeitos, quer em relação às partes, quer em relação a terceiros.; e da valoração ou significado *objetivo* da simulação, representada pelo *negócio simulado* cujo "valor" é decisivo nas relações externas, frente a terceiros que confiaram na aparência.[249]

---

247. Distaso, op. cit., p. 61.
248. Mosset Iturraspe, op. cit., p. 15-7.
249. Mosset Iturraspe, op. cit., p. 17.

# CAPÍTULO II

## SIMULAÇÃO E FIGURAS PRÓXIMAS

1. Simulação e fraude à lei. 2. O posicionamento de Umberto Morello na doutrina da fraude à lei. 3. Simulação e fraude contra credores. 4. Simulação e falsidade.

**1.** Escreve Ferrara que se deve a Bähr haver estabelecido e defendido com vigor a antítese teórica existente entre o negócio simulado e o negócio fraudulento, iniciando uma nova era na doutrina que, até então, não distinguia os dois conceitos. Segundo Bähr, a natureza desses dois tipos de negócios é diferente. O negócio fraudulento não é um negócio aparente; é perfeitamente sério: se quer realmente. E mais: "quer-se tal como se realizou, com todas as consequências que correspondem à forma jurídica escolhida".[1]

Ferrara não só acolhe esta distinção, mas vai mais longe do que Bähr e do que a doutrina dominante do seu tempo (Regelsberger, Hellwig, Pfaff, Witte), no desenvolvimento dessa teoria. Estes, ao contrário daquele autor, não obstante reconhecerem que as duas figuras jurídicas não se confundem, admitem, no entanto, que a simulação pode servir de meio para defraudar a lei e que o negócio simulado pode ser fraudulento.[2]

A fraude – escreve aquele autor – não viola a letra da lei, mas o seu espírito. Aquele que defrauda não contradiz o teor verbal da lei, antes "atém-se respeitosamente à sua letra, mas, na realidade, infringe o sentido da disposição, vem a frustrar o fim a que tendia o princípio jurídico".[3] "É, pois, elemento da conduta

1. Ferrara, op. cit., p. 95.
2. Ferrara, op. cit., p. 95.
3. Ferrara, op. cit., p. 95 e 96.

fraudulenta a intenção das partes de se subtraírem à força coativa do direito, mas não é essencial a consciência de que se persegue um fim proibido."[4]

Ferrara, que explica magistralmente o conceito de fraude, diz que ela "muda o estado de fato" regulado pela lei, de tal modo que esta se toma inaplicável.[5] E resume em três tipos os métodos usados para fraudar a lei:

*a)* emprego de um negócio distinto ou de uma combinação de atos jurídicos, ilustrando com exemplos do direito romano. Assim para defraudar o S. C. Macedoniano, que proibia o mútuo aos filhos-família, fazia-se uma venda a crédito, seguida imediatamente da revenda dos objetos ao credor mediante dinheiro a contado. A *Lex Furia Testamentaria,* que proibia legados além de uma certa importância para evitar que se dissipasse o patrimônio por via das liberalidades, era defraudada dividindo-se o patrimônio em um grande número de legados a favor da mesma pessoa;

*b)* modificação das condições de fato, que exemplifica com o caso referido nas Fontes, de cônjuges que, para burlar a proibição de doações entre si, dissolvem o matrimônio e, durante a separação, efetuam a liberalidade, voltando a se casar;

*c)* interposição, sendo de notar que a pessoa interposta é um contratante real, que servia, entre outros casos, também para fraude à proibição das doações entre casados.[6]

Os negócios em fraude à lei, como se viu, nunca violam a lei frontalmente; se assim fosse, deixariam de ter essa natureza. É que a expressão fraude à lei sugere a ideia de que se infringe a lei de forma indireta, oblíqua; com um negócio em fraude à lei, contorna-se uma disposição legal de forma que a proibição dela decorrente não atinja o negócio diretamente. Procura-se esquivar à incidência da lei, deslocando-se do seu âmbito de aplicação, a hipótese da incidência legal. As partes procuram conformar o seu ato com os dispositivos legais, mas engendram formas negociais ou combinações que, por não as contemplar a lei em seu enunciado, não incorrem diretamente na sua proibição, e só nesta podem ser abrangidas, mediante um processo de interpretação da lei.

Se a fraude à lei consiste numa sua violação indireta, na simulação, segundo Ferrara, só pode existir uma violação direta, frontal, da lei, embora oculta. O negócio simulado seria um expediente para ocultar a violação da lei, mas levada

---

4. Ferrara, op. cit., p. 97.

5. "Todo o princípio jurídico – acrescenta – faz depender sua aplicação da existência de um fato determinado, o qual, por sua vez, resulta de uma série de elementos. Por isso as conseqüências jurídicas se produzem tão-só quando se apresenta o fato indicado. O que defrauda a lei não faz mais que evitar a verificação desse fato jurídico, privando-o de um dos elementos que o constituem e tornando assim inaplicável o princípio que o regula" (op. cit., p. 97).

6. Ferrara, op. cit., p. 97 e 98.

a efeito de modo direto, sem outro artifício que não seja a existência do negócio simulado para ocultar essa violação.

> "A ocultação não acrescenta nem tira coisa alguma ao negócio realizado: apartado o véu enganador, fica o negócio em sua verdadeira essência, na sua realidade nua e crua; e se este negócio está em contradição com uma lei proibitiva, haverá um *contra legem agere,* não um *in fraudem legis agere. Contra legem:* escondido, velado, oculto, circunstância que não altera a sua natureza."[7]
>
> "A simulação não é um meio para defraudar a lei, senão de ocultar a sua violação". "Por isso se fala inexatamente de simulação em fraude à lei: deveria dizer-se simulação ilícita, a não ser que se queira empregar o termo fraude no sentido mais amplo de dano que contém em si o *contra legem agere.*"[8]

É essa a doutrina absolutamente dominante desde Bähr a Ferrara sobre o negócio em fraude à lei e sua distinção da simulação.

Mas será assim tão rigorosa a distinção entre as duas figuras? Serão elas antitéticas entre si?

Beleza dos Santos entende que não. E parece ser essa também a orientação da jurisprudência, em que constantemente se fala de simulação em fraude à lei. Tudo se cifra – diz este autor – em saber se a fraude à lei terá autonomia jurídica: se será um conceito ou uma categoria jurídica autônoma com as suas regras e aplicações próprias; ou se, pelo contrário, não deverá reconduzir-se ao conceito de violação da lei, de ato contra lei e consequentemente sem qualquer autonomia dogmática.[9]

Defendendo a autonomia da fraude à lei – diz Beleza dos Santos, citando Rotondi – apareceram duas correntes: as subjetivas e as objetivas, consoante, para integrar o conceito de fraude à lei, se exija a *intenção* de iludir preceitos de lei, independentemente do *resultado* do ato, ou que o ato praticado frustre o fim prático da lei, independentemente da *intenção* dos seus autores.[10]

Depois de criticar estas correntes, por extremas e por alargarem indefinidamente o campo de aplicação das proibições legais, que não podem nem devem ir além do que resulta da interpretação extensiva da lei, assim discorre:

---

7. Ferrara, op. cit., p. 98 e 99, que ilustra as afirmações com o seguinte exemplo: "dois cônjuges querem doar-se e simulam uma venda; e porque a venda não é sincera, tendo-se realizado uma verdadeira liberalidade, temos uma transgressão direta da lei proibitiva, uma infração direta do princípio jurídico, não uma fraude."Aqui não se defrauda a lei, observando-se o seu teor e violando-se o seu espírito, senão que se ofende o teor mesmo, a letra da lei, que proíbe doações entre casados: apartada a aparência se comprova a violação pura e simples da regra proibitiva (op. cit., p. 99).
8. Ferrara, op. cit., p. 99.
9. Beleza dos Santos, op. cit., p. 95 e s.
10. Beleza dos Santos, op. cit., p. 95.

> "Usar deste expediente – de se dar autonomia à fraude à lei – para alargar abusivamente as regras das leis imperativas, cujo alcance apenas pode ser determinado pela interpretação declarativa, extensiva ou restritiva, quando, como sucede nas leis que restringem o livre exercício de direitos, não é admissível o recurso à analogia ou aos princípios gerais de direito, seria confundir a missão de quem aplica a lei com a função de quem legisla, confusão que não é evidentemente legítima, pelo menos no estado atual do nosso direito."[11]

Sendo assim, isto é, não devendo considerar-se proibidos por lei senão os atos que nela estejam compreendidos *substancialmente,* na sua letra ou no seu espírito, os atos em fraude à lei se reconduziriam a atos contra a lei, *não havendo âmbito para a autonomia dogmática da fraude à lei.*[12]

> "Desde que a *fraus legis* – acrescenta ainda Beleza dos Santos – não é senão uma modalidade da violação da lei, menos aparente, mais disfarçada, mas sempre uma infração da norma imperativa, desaparece essa diferenciação rigorosa, essa antítese que Ferrara quer encontrar entre a fraude à lei e a simulação, que oculta uma violação da norma legal."[13]

E conclui: "Não existe, por isso, motivo algum para não se lhe chamar uma simulação em fraude à lei."[14]

Sem embargo do que se acaba de expor, é mister atentar *nas* agudas observações de Pugliese, para quem a diferença estaria em que, na simulação, uma vez descoberta e afirmada, emerge um ato diretamente contrário à lei, para cuja anulação não é necessário recorrer-se a uma interpretação lógica, extensiva ou analógica, sendo suficiente a própria letra da lei.[15]

Por outro lado, a importância da distinção das duas figuras estaria no fato de que, enquanto na simulação os terceiros de boa-fé podem valer-se do negócio simulado, lícito, com a consequência de que nenhum efeito terá em relação a eles a nulidade por fraude do negócio dissimulado, na fraude à lei, pelo contrário, terão de suportar a nulidade dela decorrente.[16]

---

11. Beleza dos Santos, op. cit., p. 97.
12. Beleza dos Santos, op. cit., p. 97-98. São ainda palavras de Beleza dos Santos: "Tudo depende portanto da interpretação e nada fica como âmbito autônomo para a doutrina de fraude à lei, não podendo por isso contrapor-se os atos de fraude à lei aos atos contra a lei. Na verdade, os primeiros ofendem a letra do texto legal, os segundos o seu espírito, mas uns e outros violam a lei, porque letra e espírito são elementos essenciais e inseparáveis da norma legal. Somente num caso a violação é mais clara. No outro mais oculta, num mais grosseira e franca, no outro mais artificial e disfarçada".
13. Beleza dos Santos, op. cit., p. 101.
14. Beleza dos Santos, op. cit., p. 102.
15. Pugliese, op. cit., p. 136: "No caso em que o negócio dissimulado seja ele mesmo fraudulento, não se poderá dizer que a simulação seja um meio para fraudar a lei, enquanto ela não terá senão o propósito de esconder a fraude".
16. Pugliese, op. cit., p. 136 e 137.

Donde a conclusão de que onde a fraude à lei constitui uma figura autônoma de invalidade do negócio, e não uma forma de violação da norma fraudada, não é mais possível qualquer divergência sobre a impossibilidade da simulação constituir meio idôneo para operar a fraude. Segundo esta concepção "enquanto a simulação não chega a subtrair o negócio da aplicação da norma, por isso que permanece em definitivo um negócio *contra legem,* o negócio fraudulento é um negócio ilícito, não porque conflita com a norma iludida, mas porque cai sob a sanção daquela outra norma, que veda o comportamento fraudulento".[17]

No direito brasileiro não tínhamos, no domínio do Código Civil de 1916, qualquer norma específica, *proibitiva* da fraude à lei, pelo que ainda era possível discutir-se sobre se a simulação podia ou não constituir meio de defraudar a lei. Sendo assim, e se a fraude à lei é, como se viu, uma violação disfarçada da norma, também na simulação se podia falar, de fraude à lei. É certo que os dois conceitos não se confundiam, mas a *ocultação* de uma violação direta e frontal da lei acabava por redundar numa fraude à lei, não deixava de ser uma transgressão disfarçada do preceito legal.

Dizer-se, com Pugliese, que na simulação, uma vez descoberta, bastava apenas uma interpretação literal da lei, ao contrário da fraude à lei, em que é necessária uma interpretação extensiva, era esquecer que, precisamente num momento anterior e para que se chegasse a uma conclusão sobre a existência ou não da simulação, punha-se toda uma delicada problemática de interpretação, não só da lei como também dos fatos. Neste último aspecto poderia até afirmar-se que a celebração do negócio simulado desempenhava, sob o ponto de vista de procedimento fraudulento, que a simulação, sem dúvida pode ser, o mesmo papel que a mudança do estado de fato tem na fraude à lei propriamente dita.

Por tudo isso e uma vez que se tivesse presente a distinção conceitual entre as duas figuras jurídicas, não havia porque não se falar em simulação em fraude à lei.

Toda essa discussão se tornou supérflua, no direito atual, já que o art. 166, VI, do CC em vigor dispõe que é nulo o negócio jurídico quando "tiver por objetivo fraudar lei imperativa" pelo que é necessário reconhecer, hoje, a partir do pano do fundo das soluções legais, sem quaisquer incursões argumentativas, a autonomia dogmática da fraude à lei em relação à simulação.[18]

---

17. Distaso, op. cit., p. 137.Essa linha de argumentação é tanto mais de aceitar quanto é certo que o Código Civil em vigor acolhe a figura da fraude à lei como categoria autônoma (art. 166, VI).

18. Merece especial menção e destaque a monografia de Umberto Morello, dedicada ao tema, que, após uma minuciosa digressão histórica pelas diversas formulações das teorias tradicionais de fraude à lei, a teoria subjetiva e a objetiva, passa a enunciar, para além de "conceitos dogmáticos e lógico-formais", que seriam próprios daquelas teorias, critérios diretivos de determinação de situações de fraude à lei, no contexto do pensamento moderno

**2.** Merece especial menção e destaque a monografia de Umberto Morello, dedicada ao tema, que, após uma minuciosa digressão histórica pelas diversas formulações das teorias tradicionais de fraude à lei, a teoria subjetiva e a objetiva, passa a enunciar, para além de "conceitos dogmáticos e lógico-formais", que seriam próprios daquelas teorias, critérios diretivos de determinação de situações de fraude à lei, no contexto do pensamento moderno sobre o tema. No seu entender:

> "O problema de fraude à lei reduz-se, pois, a) à interpretação da norma (a norma dita evitada) para além do seu conteúdo literal, ou, *prima facie,* aparente, até se alcançar a sua integração; ou, b) ao controle do verdadeiro propósito visado pelas partes, ou dos pressupostos da aplicação da norma (*fattispecie, sachverhalt, fond*), avaliando a concreta situação econômica, para além da forma escolhida."
>
> "Estas valorações aparecem como problemáticas ao intérprete, seja porque ocorre tutelar determinadas exigências formais que reclamam uma interpretação rígida e fiel da lei, ou por um respeito pela forma do direito civil, escolhida pela parte (contratos típicos, sociais, institutos de direito de família); seja porque, por vezes, está-se em presença de uma certa 'viscosidade'[19] do sistema, justificada por um dado modo de construir o texto da lei ou de um determinado grau de evolução das técnicas jurídicas."
>
> "Cria-se assim, aquele contraste entre, por um lado, a zona de clareza da lei (*core*) e sua zona da incerteza (*penumbra*) e, por outro, aquela tensão entre a forma e a substância (conteúdo) do negócio, que constituem as condições necessárias para se pôr o problema de fraude à lei".[20]
>
> "Atribui-se, pois, às partes a intenção de evitar (a incidência da) lei, quando se constata a existência de uma fraude, nesse sentido."
>
> "O centro de gravidade não estará nos estados subjetivos das partes, mas, antes de mais, nas operações que o juiz deve realizar em concreto para individuar e evitar a violação (da norma). Em outras palavras, o problema consiste

sobre o tema. Para uma ideia geral sobre o seu posicionamento e as críticas que lhe têm sido movidas, veja-se Luiz Carlos de Andrade Júnior, A simulação no Código Civil, Tese de doutorado apresentada à faculdade de Direito da Universidade de São Paulo, São Paulo, 2014, pp. 132-135.

19. Cremos que a palavra "viscosidade" está empregada aqui no sentido de apego- à forma .de construir o texto da lei ou às técnicas jurídicas que vão surgindo; e palavra substância, no parágrafo seguinte do texto, no sentido de *conteúdo* do negócio.

20. Morello, op. cit., p. 259. E acrescenta o mesmo autor:

"As partes podem de fato especular sobre a interpretação rígida da para escapar do seu âmbito de aplicação. Ou, podem realizar com argumentos diversos, para lá de um negócio só formalmente legítimo, uma situação econômica real tal de modo a porem-se em contraste com as disposições que pretendem evitar, fiando-se, pois, no fato de que o intérprete se limite às formas legalmente aparentes".

"A noção de fraude à lei resulta, pois, verificada e explicada sobre a base de um amplo exame de operações realmente executadas pelo Juiz" ( p. 260).

em descrever o que o Juiz faz ou deveria fazer para verificar se há ou não uma violação e se não é, pois, possível desatender à forma declarada."[21]

"É necessário, por isso, proceder a um exame que prescinda do dado legislativo e tenha, ao invés disso, o escopo de precisar, a partir de regras concretas, aquelas diretivas gerais que, avaliadas na prática anteriormente, tenham permitido constatar."[22]

"Um dos critérios que parece claramente seguido pelos juízes, em numerosas decisões, é certamente o da *subrogabilidade, em sentido econômico*, do procedimento executado pelas partes e, com isso, expressamente vedado pela norma."

"O exame deve ser aqui prevalentemente de caráter econômico , pois não é tanto a questão de valorar com critérios lógico-formais o maior ou menor grau de semelhança com a *fattispecie* de que aqui se cuida, quanto a de estabelecer se os resultados conseguidos pelas partes, na concreta persecução dos interesses em jogo, sejam de molde a colocar os contraentes em uma situação substancialmente diferente da tomada em consideração pela norma evitada."

"O aspecto jurídico-formal do procedimento empregado não deve ser desprezado, pois que a afinidade do resultado deve ser avaliada com base em todas as circunstâncias que a situação apresenta. É necessário, em uma palavra, averiguar se o meio escolhido para evitar a (incidência da) lei não é de se considerar como um simples *expediente*, ou, se se presta, no lugar disso, a ignorar e privar de conteúdo a norma evitada."[23]

"Dois elementos se revelam particularmente úteis para ancorar em bases objetivas esta difícil avaliação e é, pois, sobre este ponto que deverá firmar-se em particular a atenção do intérprete."[24]

"Por um lado, deve se avaliar se a consecução de um resultado afim ao proibido se funda numa certa situação de fidúcia, pela qual as partes devem suportar notáveis riscos (custo, realização falha dos escopos realmente queridos) que estão implícitos na via escolhida."

"Por outro lado, deverá também considerar-se a valoração que se costuma fazer, na prática civil, do procedimento em questão, segundo os *usos do tráfico* e a apreciação de um *homem médio de negócios*; será preciso, pois, verificar se aquele determinado sistema foi consistentemente empregado, precisamente para escapar à (incidência da) lei, ou, se não se explica antes como tentativa das partes, de se aproveitarem de uma interpretação rígida, ou da tensão entre a forma e a substância do negócio realizado; ou se os operadores a ele recorrem com escassa frequência, se é por não o considerarem geralmente idôneo a alcançar resultados satisfatórios."[25]

---

21. Morello, op. cit., pp. 263-264.
22. Morello, op. cit., p. 304.
23. Morello, op. cit., p. 304. Parênteses nossos nesse parágrafo do texto.
24. Morello, op. cit., p. 304, "Idem".
25. Morello, op. cit., p. 305.

"Outro critério que emerge com clareza de numerosos julgados é o da falta de um apreciável interesse das partes, de um legítimo escopo de negócios ou de interesse social que origine um dado procedimento."

"O intérprete deve avaliar aqui se existe uma conveniente base econômica que legitime o contrato ou a operação formalmente declarada pelas partes, ou, se ao invés, considerada a situação dos interesses em jogo, o procedimento aparece privado de qualquer justificação objetiva, não encontrando explicação senão no intento das partes de se subtraírem a uma certa disposição de lei."[26]

"A avaliação do âmbito da aplicação da lei da norma evitada é uma outra operação que o juiz é chamado a realizar para estabelecer se existe um comportamento das partes em fraude à lei. Também aqui é necessário determinar que diretivas devam se assinalar ao juiz, tendo conta dos princípios

---

26. Morello, op. cit., p. 308. "Na realização de tais valorações deverá também nestes casos ter-se em conta as práticas normais adotadas pelos homens de negócios em relação ao custo e aos riscos implícitos no procedimento escolhido: isto, na medida em que aquele sistema da fraude a lei se mostre largamente recomendado pelos operadores pela facilidade de sua realização, se deverá normalmente excluir-se outros interesses das partes a criarem-no, senão o de fazer verificar a lei".

"Nesta perspectiva, uma sociedade por ações não poderá geralmente dizer-se constituída com o escopo de fraudar o imposto do registro sobre transferências imobiliárias ou o imposto sobre riqueza móvel pela realização do desenho dos negócios. De fato a operação comporta riscos, por vezes notáveis, como, por exemplo, a existência de itens do passivo não contabilizados no balanço, pelos quais devem responder os adquirentes do pacote acionário, e estes não indiferentes, pois que ali são devidos impostos sobre a sociedade e, se e na medida em que se prove a existência de um intento especulativo, a mais valia eventualmente realizada pela venda das ações".

"Isto recomenda o recurso frequente a esse instrumento efusivo da parte dos homens de negócios e faz, pois, propender pela existência de legítimos interesses a justificar a constituição da sociedade, salvo se se puder deduzir de outros elementos, com extrema clareza, o intento das partes de se evadirem (da incidência da) lei".

"Ao contrário, naquela hipótese de convenções nas quais certos sócios de uma sociedade por ações garantem ao outro sócio torná-lo indemne por todas as perdas de gestão, existe talvez um legítimo interesse das partes de dar vida a um negócio de participação nos lucros sem participar das perdas se, por exemplo, um sócio "garantido" não participar de fato da administração e da vida da sociedade, mas se limitar a efetuar um financiamento na única expectativa de realizar lucros. O intento de fraudar a lei poderá, pois, afirmar-se só se se provar a inexistência deste ou de outro interesse apreciável das partes, de modo que a convenção parassocial não possa valorar-se senão com um desses sistemas, bastante difundidos no mundo do tráfico, criado com o escopo de ignorar o dever do assim chamado "pacto leonino".

"Às vezes a situação será ainda mais clara: assim, a aquisição de uma sociedade que tenha por objeto o comércio de luvas e a 'sucessiva' transformação com o objetivo de exercer o comércio de relógios, não encontrará sua justificação em nenhum interesse empresarial, mas só o intuito dos adquirentes de obter determinadas vantagens pela importância dos bens e de deduzir o passivo da sociedade precedente."

"Em um campo de fato diverso, uma adoção entre pessoas, agora em razão da idade, não seguida da inserção efetiva do adotado na família do adotante, poderá claramente

gerais do sistema sobre a interpretação das leis e considerando o seu diferente posicionamento desde que se trate particularmente de desvendar uma fraude.

Uma condição para se pôr de todo a questão, é como se cuidou de demonstrar anteriormente, a existência de regras ou princípios que imponham uma fidelidade acentuada ao texto da lei, tornando assim problemática a extensão ou a integração da norma evitada."

Aqui o autor menciona o art. 14 das Disposições Preliminares do Código de Processo Civil italiano que prescreve, antes de mais, uma interpretação rígida para todas as disposições de caráter excepcional, insusceptíveis, segundo a doutrina tradicional, de uma interpretação extensiva,[27] acrescentando que essa disposição foi praticamente esvaziada do seu conteúdo pela jurisprudência, embora não seja assim em quase todos os sistemas.[28]

"O problema se cifra, em primeiro lugar, em determinar quando uma ampliação da norma deva considerar-se ainda interpretação (interpretação extensiva) e quando, em vez disso, assume o caráter de integração (tradi-

considerar-se privada de toda a legítima justificação e realizada apenas para fraudar o dever dos pactos sucessórios."

"E é sobretudo destes últimos exemplos que emerge com clareza um outro importante elemento para avaliar a carência de um legítimo interesse das partes para adotar um dado procedimento."

"Trata-se, pois, da ausência de toda a efetiva operação, de todo o negócio concreto, de qualquer atividade empresarial ou contratual eu corresponda àqueles negócios típicos que apenas formalmente podem dizer-se existentes, mas se revelam privados de qualquer conteúdo."

"Assim, cremos que um consignatário ou um agente geral possam ser legitimamente qualificados, como já observamos anteriormente, como representantes de uma empresa nacional autônoma, quando se prove que as sociedades consignantes sejam fictícias, isto é, se reduzam a simples caixas do correio de outros nos escritórios de profissionais estrangeiros, nem subsistam efetivas remessas ao exterior, ou reais relações econômicas, mas só manobras contábeis de dinheiro ou trocas de cartas de proveniência duvidosa".

"Na hipótese do assim chamado *Drittfinanzierung* para fraudar a disposição sobre venda parceladas, a existência de uma fraude poderá igualmente deduzir-se da falta de um efetivo desembolso da parte da sociedade 'mutuante' e do caráter fictício desta, quando se prove que ela foi pré-constituída pelo vendedor, não por um legítimo escopo de negócios, mas só para dar vida a contratos inexistentes de mútuo".

27. O raciocínio é o seguinte: se determinada norma é de caráter excepcional, significa que só é aplicável para o caso expressamente previsto, não havendo como ampliar-se para outros casos que possam ser abrangidas na norma por uma interpretação extensiva; aqueles só comportam uma interpretação literal, pois o caso estará abrangido tanto na letra como no espirito dessa norma, ao contrário desta, em que o caso está previsto na letra da norma, sim, mas sendo o seu espírito mais amplo, outros casos haverá que possam ser por ela regulados, porque contemplados no seu espírito, por uma interpretação extensiva da mesma norma.

28. Morello, op. cit., que, aliás, está em consonância com a doutrina mais moderna que reconhece que nada impede que uma norma excepcional seja até susceptível de uma extensão analógica, e assim com muito mais razão, de uma interpretação extensiva.

cionalmente analogia). E a solução desse quesito supõe uma atenta consideração da evolução das técnicas interpretativas e do modo como está redigido (foi pensado) o texto da lei. Por exemplo: diremos que constitua integração estender a obrigação de autorização, prevista também a certos contratos de locação, porque também o ambiente jus-político continental para a alienação de fundos rústicos reluta em considerar esta operação uma mera interpretação da norma; nem há aí a possibilidade de compreender as locações no termo 'alienação' que aparece no texto da norma."

"Em segundo lugar, é necessário estabelecer se a disposição de lei em exame realiza uma *diretiva* do sistema, isto é, faz parte, de um complexo de outras disposições dotadas de um certo grau de completude e de racionalidade, de modo a exprimir uma tendência suscetível de ampliação; ou, se isto não ocorre (norma excepcional), tendo conta não só de valorações mais estritamente técnico-jurídicas, mas sobretudo valorando a evolução histórica do sistema, a política concreta de que a norma pareça a atuação e que ainda assim a sustenham e as exigências econômicas e sociais a que serve."

"Normas ligadas a concepções históricas e sociais superadas ou baseadas em situações econômicas muito distantes da atual evolução do tráfico, poderão assim ser limitadas no seu âmbito de aplicação ou definitivamente afastadas, considerando-se excepcionais; ao contrário, normas em harmonia com as novas exigências sociais e as linhas de evolução do sistema poderão receber aplicação muito ampla até atingir a verdadeira e própria integração. Recordamos a este propósito o "esvaziamento" da lei de 12 de janeiro de 1933 n. 141, operado pelos juízes, que, sob a aparência de adequar a aparelhagem industrial da nação às condições econômicas gerais, acabavam por proteger ou legitimar um verdadeiro e próprio cartel monopolístico, em favor dos implantadores cinematográficos romanos."

"No direito tributário poderá dar-se o exemplo da lei da lei sobre os incrementos dos valores das áreas úteis para as fábricas, que, por sua escassa precisão técnica, determinaram um contencioso tão elevado de modo a reduzir a proporções mínimas as receitas fiscais e não é de resto alinhada a outras normas do sistema de modo a alcançar os rendimentos de mera posição ou especulação, aparecendo, pois, como setorial e injusta."

"Deste modo, pode parecer, no interesse público e privado, um certo rigor na interpretação, excluindo-se do âmbito da aplicação da lei todos aqueles casos que não estejam diretamente previstos e adotando-se muita cautela no punir a fraude."

"Outras vezes, ao contrário, a norma evitada poderá legitimamente ser interpretada de modo assaz amplo: assim no discutir se a cláusula *si sine liberis decesserit* ou outra análoga, ao intérprete determinar se constituem um meio para contornar o dever de fideicomisso, será lícito, a nosso ver, considerar o dever do art. 692 do Código Civil[29] como a expressão de uma

---

29. *Art. 692.* Sostituzione fedecommissaria. "Ciascuno dei genitori o degli altri ascendenti in linea retta o il coniuge dell'interdetto possono istituire rispettivamente il figlio, il discendente, o il coniuge con l'obbligo di conservare e restituire alla sua morte i beni anche costituenti la

*diretiva* do sistema e estendê-la, por isso, a todas aquelas hipóteses que se apresentem, em sentido econômico, como substitutivos das disposições testamentárias diretamente proibidas."

"É, necessário, ao invés, proceder a um exame mais acurado, quando se verifique a existência de duas diretivas contrastantes do sistema, de modo que a área da extensão da norma se apresente como o resultado de um difícil equilíbrio que cabe ao intérprete determinar."

"Tal é o caso do art. 2.744 do Código Civil que proíbe o pacto comissório.[30] Estabelecer se a norma se estende às alienações com o fim de garantia resulta particularmente problemático, pois ela está coordenada com outras

egittima, a favore della persona o degli enti che, sotto la vigilanza del tutore, hanno avuto cura dell'interdetto medesimo" (cada um dos genitores ou de outros ascendentes em linha reta, ou o cônjuge do interdito podem instituir, respectivamente, o filho, o descendente, ou o cônjuge com a obrigação de conservar e restituir, à sua morte, os bens que também constituam a legítima, a favor da pessoa ou dos entes que, sob a vigilância do tutor, tenham estado aos seus cuidados). "La stessa disposizione si applica nel caso del minore di età, se trovasi nelle condizioni di abituale infermità di mente tali da far presumere che nel termine indicato dall'articolo 416 interverrà la pronuncia di interdizione".

"Nel caso di pluralità di persone o enti di cui al primo comma i beni sono attribuiti proporzionalmente al tempo durante il quale gli stessi hanno avuto cura dell'interdetto" (A mesma disposição se aplica no caso do menor, se se encontrar na condição de portador de uma enfermidade mental habitual a ponto de fazer presumir que no termo indicado no art. 416 sobrevirá a pronúncia da interdição. No caso da pluralidade de pessoas ou entes a que se refere a segunda parte do artigo os bens serão atribuídos proporcionalmente ao tempo durante o qual os mesmos estiveram (anteriormente) aos cuidados do interdito.

*Art. 416.* "Il minore non emancipato può essere interdetto o inabilitato nell'ultimo anno della sua minore età. L'interdizione o l'inabilitazione ha effetto dal giorno in cui il minore raggiunge l'età maggiore". (O menor não emancipado pode ser interditado ou inabilitado no último ano de sua menoridade. A interdição ou inabilitação produz efeitos a partir do dia em que o menor atinge a maioridade.) La sostituzione è priva di effetto nel caso in cui l'interdizione sia negata o il relativo procedimento non sia iniziato entro due anni dal raggiungimento della maggiore età del minore. abitualmente infermo di mente. E' anche priva di effetto nel caso di revoca dell'interdizione o rispetto alle persone o agli enti che abbiano violato gli obblighi di assistenza. (A substituição não produz efeitos no caso de a interdição ser negada ou o procedimento respectivo não ser iniciado dentro de dois anos do atingimento da maioridade do menor e mentalmente enfermo, em caráter habitual. Fica também sem efeito no caso da revogação da interdição ou com respeito às pessoas ou entes que tenham violado a obrigação de assistência.)

In ogni altro caso la sostituzione è nulla. (Em qualquer outro caso a substituição é nula.)

30. E' nullo il patto col quale si conviene che, in mancanza del pagamento del credito nel termine fissato, la proprietà della cosa ipotecata o data in pegno passi al creditore. Il patto è nullo anche se posteriore alla costituzione dell'ipoteca o del pegno. (É nulo o pacto pelo qual se convenciona que, na falta do pagamento ao credor no termo fixado, a propriedade da coisa hipotecada ou dada em penhor passe ao credor. O pacto é nulo ainda que posterior à constituição da hipoteca ou do penhor.)

disposições que admitem, de modo mais ou menos explícito, negócios desse tipo; assim, diga-se para o art. 1.851 do Código Civil."[31]

De tudo quanto fica exposto, chega-se à conclusão de que Morello segue a teoria objetiva, explicitando com considerável detalhe os critérios de que se deve lançar mão para se saber se com o procedimento das partes estas conseguiram evitar a incidência da lei numa situação que lhes pareceu desfavorável, chamando, porém, a atenção para o especial cuidado que se deve ter ao se determinar se as partes recorreram a uma interpretação extensiva, ou a uma extensão analógica da norma, porque só assim ela ou elas poderiam ter dado um tratamento adequado à situação em causa, ou se o foi para escapar à incidência da norma aplicável em questão.

**3.** A simulação distingue-se também da fraude contra credores. Esta pressupõe, ao contrário daquela, que os atos praticados pelo devedor e que atingem a consistência do seu patrimônio, que é a garantia geral dos credores, sejam-no, ou estando ele insolvente, ou resultando de tais atos a insolvência.

Mas a diferença mais importante é que o negócio realizado em fraude contra credores é um negócio normal, não é uma aparência negocial com um conteúdo divergente dessa aparência, como ocorre na simulação.

São dois os elementos da fraude contra credores: um elemento objetivo, o *eventus damni,* isto é, atos de alienação ou oneração de bens, susceptíveis de prejudicar o credor e praticados pelo devedor já insolvente, ou que se torne insolvente com a prática deles, e um elemento subjetivo, o *consilium fraudis,* "caracterizado pela má fé, pelo intuito malicioso de iludir os efeitos da cobrança".[32] Sob este aspecto a fraude contra credores assemelha-se à simulação fraudulenta, subsistindo, porém, aquelas diferenças.

Por outro lado, a ação destinada a anular atos realizados em fraude contra credores é a ação revocatória ou pauliana, diferente da ação destinada a anular atos simulados, variando também os requisitos de uma e outra.[33]

---

31. Se, a garanzia di uno o più crediti, sono vincolati depositi di denaro, merci o titoli che non siano stati individuati o per i quali sia stata conferita alla banca la facoltà di disporre, la banca deve restituire solo la somma o la parte delle merci o dei titoli che eccedono l'ammontare dei crediti garantiti. L'eccedenza e determinata in relazione al valore delle merci o dei titoli al tempo della scadenza dei crediti. (Se para a garantia de um ou mais créditos forem vinculados depósitos em dinheiro, bens ou títulos que não tenham sido identificados, ou pelos quais foi conferida ao Banco a faculdade de dispor, o Banco deve restituir só a soma ou a parte dos bens ou dos títulos que excedam o montante dos créditos garantidos. O excesso será determinado em relação ao valor dos bens ou dos títulos ao tempo do pagamento dos créditos.)

32. Silvio Rodrigues, op. cit., I, p. 226.

33. V., *infra,* p. 153 e s.

**4.** Dada a grande proximidade entre estas duas figuras jurídicas, impõe-se traçar as linhas gerais da distinção entre a simulação e a falsidade.

A jurisprudência portuguesa, como informa Beleza dos Santos, chegou mesmo a considerar a simulação "uma espécie de falsidade", talvez em virtude do disposto no art. 1.031 e parágrafo único do Código Civil português de 1867 que na definição do ato simulado empregava a palavra *falsamente.*

O art. 167 do CC, por sua vez (como já o fazia o art. 102, II, do CC de 1916), no seu § 1º e inciso II, dispõe que: "haverá simulação nos negócios jurídicos quando contiverem declaração, confissão, condição ou cláusula não verdadeira".

Não obstante, simulação e falsidade não se confundem.

Foi Carnelutti quem deu uma notável contribuição para a exata delimitação dos dois conceitos. Distingue este autor a "declaração de verdade" da "declaração de vontade", e os documentos que as contêm em "documentos narrativos" e "documentos dispositivos", respectivamente.[34]

A declaração de verdade ou de ciência, como ensina Manuel de Andrade, destina-se a representar um estado de coisas, enquanto a "declaração de vontade (constitutiva, dispositiva ou negocial) destina-se a modificar uma situação jurídica preexistente".[35]

Ora – diz Carnelutti – se o documento narrativo é susceptível de falsidade ideológica, o documento dispositivo só pode ser objeto de contrafação, uma falsidade que consiste em a declaração de vontade representada não ter sido emitida pela pessoa, no lugar ou no tempo que se indicam no documento, sendo essas mesmas as três hipóteses de contrafação.

"A falsidade ideológica respeita ao conteúdo do documento"; apenas o documento narrativo pode conter falsas declarações ou alegações de verdade, enquanto o documento dispositivo, que seja genuíno, não pode ser falso no seu conteúdo; pode conter uma falsidade material.[36]

A falsidade material, na formulação de Ferrara, consiste em se forjar um documento, isto é, em formar um documento não verdadeiro, ou então numa "alteração gráfica" do documento, mediante a supressão, modificação, ou acrescentamento de palavras, letras ou números. Seria uma desfiguração *física* do documento, ao contrário da falsidade ideológica, uma alteração *intelectual* no conteúdo do documento.[37]

---

34. Apud Distaso, op. cit., p. 218.
35. Manuel de Andrade, *Noções elementares do processo civil,* Coimbra, 1956, p. 208.
36. Apud Distaso, op. cit., p. 208.
37. Ferrara, op. cit., p. 118.

Feitas estas distinções, é fácil destrinçar os dois conceitos: a simulação só se concebe nas *declarações de vontade*, enquanto a falsidade ideológica só existe nas *declarações de verdade ou de ciência.*[38]

Não existe possibilidade de confusão entre simulação e falsidade material, que sendo uma alteração "física ou gráfica" do documento, distingue-se fundamentalmente da simulação, que se restringe ao campo intelectual.

A falsidade – ensina Beleza dos Santos – diz respeito à prova do ato ou negócio jurídico; é uma divergência entre o que aparece constatado e o que na realidade se passou. A simulação, sendo contemporânea da formação do negócio jurídico, preexiste e precede à falsidade, que ocorre ou pode ocorrer quando da lavratura do documento de que aquele há de constar.[39]

A simulação nada tem a ver com a prova do ato; ela diz respeito ao próprio ato.

Não se pense do quanto ficou exposto – e da formulação de Carnelutti – que, por exemplo, numa escritura pública que atesta uma declaração de vontade, sendo por isso um documento constitutivo, dispositivo ou negocial, não possa haver falsidade. Pode atestar-se nela algo que na realidade se não passou quanto a pessoas que nela intervieram, lugar ou tempo em que foi lavrado ou em que ocorreram os fatos nela certificados.

Sendo o oficial público, que a lavra, dotado de fé pública, a inverdade das declarações dos simuladores, que aquele não tem meio de detectar, não contamina o documento, tornando-o simulado. Inversamente, na lavratura de uma escritura em que se celebra um negócio jurídico perfeito, pode haver falsidade se o oficial público, ao redigir a escritura, com ou sem a conivência das partes, certifica algo que na realidade se não passou quanto aos três elementos a que se aludiu.

É por isso que, como afirma Pontes de Miranda, a antedata ou pós-data numa escritura não constitui simulação, mas falsidade, porque é o oficial público, que goza de fé pública, quem data o ato. Consequentemente, não é nulo (ou, anulável, nos termos do direito anterior), por simulação, um instrumento público nessas condições, mas passível de ação ordinária para a prova de falsidade ou incidente de falsidade.[40]

Sendo assim, como justificar então aquela afirmação, acima feita, de que a falsidade só é possível nos documentos narrativos?

Embora esta afirmação seja em princípio verdadeira parece-nos que, nos documentos dispositivos que contêm uma declaração de vontade deve-se fazer uma distinção. Embora o documento em si seja constitutivo ou dispositivo, como

---

38. Apud Distaso, op. cit., p. 140.
39. Beleza dos Santos, op. cit., p. 88.
40. Pontes de Miranda, *Tratado*, citado, tomo 4, p. 391.

ocorre com a escritura pública, ele é ao mesmo tempo narrativo, contendo uma declaração de verdade, ou de ciência, pelo menos na parte em que o tabelião atesta a realidade de certos fatos: as pessoas que no ato intervieram, o lugar ou o tempo em que ocorreram os fatos ou em que o documento foi lavrado. Se quanto a esses elementos o oficial certifica algo que na realidade se não passou, haverá falsidade – e não simulação – ainda que com a conivência das partes.

Nos instrumentos particulares, a antedata ou pós-data constituem simulação por expressa disposição da lei: o inciso II do art. 167 do CC em vigor, equivalente ao art. 102, inc. III do Código revogado.

A simulação da data é matéria controvertida. Para a doutrina tradicional, a alteração da data em confronto com a verdadeira, por se constatar uma data mais remota (antedata) ou uma data futura (pós-data), em relação à data real, constitui um caso de simulação sempre que, como diz Ferrara, a declaração a ela atinente, faz parte da declaração negocial privada e, como esta, pode substancialmente destinar-se a um escopo de engano".[41]

Diferente é o ponto de vista de Redenti: "A data aposta num instrumento – diz este autor – não é senão um breve relato feito em forma elíptica e abreviada. É o relato do fato de que o instrumento foi emitido em certo lugar e em certo dia. Tem portanto caráter essencialmente enunciativo". Trata-se da narração de um fato – as partes "narram falsas circunstâncias para fazer crer (e neste sentido provar) com a sua narração que o instrumento foi formado em momento diverso do verdadeiro, com a antedata ou a pós-data; criam assim a substância de um documento, um meio de prova enganosa, falaz e, em sentido lato, falso".[42]

Não se poderia falar assim em simulação da data: urna parte narrativa num documento dispositivo.

---

41. Ferrara, op. cit., p. 267.

42. Redenti apud Distaso, op. cit., pp. 221 e 222. No mesmo sentido Beleza dos Santos, op. cit., p. 256, em nota.

# CAPÍTULO III

## ESPÉCIES DE SIMULAÇÃO

1. Simulação inocente e simulação fraudulenta ou ilícita. 2. Simulação absoluta. 3. Simulação relativa. 4. Modalidades de simulação relativa. 5. Interposição de pessoa.

**1.** No domínio do CC de 1916, escrevemos: a doutrina distingue três espécies de simulação, podendo cada uma delas ser fraudulenta ou inocente, segundo haja, ou não, intenção de prejudicar a terceiros ou de violar disposição de lei: a simulação absoluta, a simulação relativa e a interposição de pessoa, esta uma variante da simulação relativa.[1]

Quando se fala em intenção ou intuito de prejudicar terceiros ou de violar a lei, é claro que é necessário, em princípio, que ocorra, além da intenção, o resultado, que se verifique o elemento objetivo: efetivo prejuízo de terceiro ou violação da lei. Diz-se, em princípio, porque se tem entendido que a simples possibilidade de prejuízo, a ameaça de lesão de direitos de terceiros, é suficiente para legitimar esses terceiros, que possam vir a ser prejudicados com o negócio simulado, a uma ação de anulação por simulação. É essa a opinião de Pontes de Miranda[2] e, ao que

---

1. Silvio Rodrigues escreve: "encarada sob o aspecto da natureza do engano, a simulação se distingue em absoluta e relativa. Vista sob o ângulo da sua repercussão em referência a terceiros, ela pode-se classificar em inocente e fraudulenta" (op. cit., p. 211). A interposição de pessoa é considerada por muitos autores como modalidade da simulação relativa.

2. Pontes de Miranda, *Tratado*, citado, tomo 4, p. 407, que diz, comentando o art. 105: "lesados ou ameaçados de o serem; porque para a anulabilidade basta a possibilidade de prejudicar".

nos parece, perfeitamente escudada nos textos legais uma vez que se fala ali só em intenção ou intuito de prejudicar.[3]

Já não ocorre o mesmo quanto à simulação que as partes levem a efeito para se porem a salvo de normas legais futuras, por recear que venham a afetar o negócio dissimulado, e que terá de se qualificar de inocente;[4] nestas hipóteses não pode valer a interpretação que se deu no caso de terceiros prejudicados, em vista do princípio constitucional de que "ninguém será obrigado a fazer ou deixar de fazer alguma coisa senão em virtude da lei" consagrado agora no art. 5º, II, da Constituição Federal em vigor. A lei, de que fala a Constituição, é, no mínimo, uma lei existente, que só desponta quando, constituída regularmente, mediante o processo previsto na Constituição para a sua elaboração, é regularmente publicada. Nem a hipótese de uma lei editada para a sua aplicação retroativa, de forma a fazer abranger a situação que se procurou ocultar com o negócio simulado, poderia enquadrar tal simulação na categoria de fraudulenta, porque neste caso, parece-nos, conflitaria com um outro princípio constitucional segundo o qual "a lei não prejudicará o direito adquirido, *o ato jurídico perfeito* ou a coisa julgada".[5]

Por outro lado, os arts. 103 e 104 devem, a nosso ver, ser objeto de uma interpretação extensiva na parte em que exigem uma intenção ou intuito. Embora estas palavras sugiram apenas a ideia de uma "volição do resultado", deve também abranger-se nelas outras hipóteses de dolo direto, em que, embora o agente não *queira* o resultado, todavia o *aceita* como consequência *necessária* de sua conduta, como ainda as de dolo eventual, aquelas em que o agente aceita o resultado apenas como consequência *possível* de sua conduta e nem por isso deixa de a levar a efeito.[6] Em todas estas hipóteses poderá fazer-se incidir aquele juízo ético de censura que está na base da disciplina legal da simulação fraudulenta e que pode ser condensado na máxima *nemo auditur propriam turpitudinem allegans*. Discutíveis serão as hipóteses de mera culpa.

Cremos que, com a interpretação acima, se ampliava a proteção a terceiros, nos casos de simulação fraudulenta, mas dentro dos limites legais, já que não se

---

3. Cf., a este propósito, Manuel de Andrade, op. cit., II, p. 201. O atual Código Civil português dispõe no art. 242, inc. 2, que "a nulidade pode também ser invocada pelos herdeiros legitimários que pretendem agir em vida do autor da sucessão contra os negócios por ele simuladamente feitos com o intuito de os prejudicar.

4. Cf. Giuseppe Stolfi, *Teoria del negocio juridico*, tradução de Jaime dos Santos Briz, Madrid, Editorial Revista de Derecho Privado,1959, p. 154.

5. Art. 5.º, XXXVI, da Constituição Federal em vigor [grifamos *ato jurídico perfeito*] porque é a situação contemplada.

6. Cf. a este propósito Manuel de Andrade, *Teoria geral das obrigações,* Coimbra, Almedina, 1958, p. 336, e, em direito penal, Eduardo Correia, *Direito criminal*, reimpressão, Coimbra, Almedina, 1968, vol. 1, p. 375 e s.

poderia falar em intenção nos casos de mera culpa e, muito menos, naqueles em que o simulador nem sequer se *representara o resultado*: o prejuízo de terceiros.[7]

Não nos parece que se possa abstrair, na interpretação, do elemento gramatical, cuja importância foi ressaltada por Ferrara, nestas palavras:

> "A interpretação literal é o primeiro estádio da interpretação. Efetivamente, o texto da lei forma o substrato de que deve partir e em que deve repousar o intérprete. Uma vez que a lei está expressa em palavras, o intérprete há de começar por extrair o significado verbal que delas resulta segundo a sua natural conexão e as regras gramaticais."[8]

E mais adiante:

> "As palavras hão de entender-se na sua conexão, isto é, o pensamento da lei deve inferir-se do complexo das palavras usadas e não de fragmentos destacados, deixando-se no escuro uma parte da disposição. Deve-se partir do conceito de que todas as palavras têm no discurso uma função e um sentido próprio, de que neste não há nada supérfluo ou contraditório, e por isso o sentido literal há de surgir da compreensão harmônica de todo o contexto."[9]

Sendo assim e uma vez que, como ficou dito, toda a disciplina da simulação fraudulenta, nos termos do art. 104, se funda no princípio de que ninguém pode fazer valer em juízo um direito alegando a própria torpeza, como o reconhece a doutrina dominante,[10] parece-nos que só quando houver "intenção" ou "intuito", no sentido a que atrás aludimos, poderá incidir o juízo de reprovação, que é a razão mesma da sanção estabelecida pela lei e que é a vinculação dos simuladores à criação da sua aparência negocial.[11]

Diversos podem ser os fins com que se recorre à simulação inocente: motivos de ostentação, o desejo de não ferir susceptibilidades, a necessidade de salvaguardar a reputação pessoal, enfim razões que induzam o simulador a ocultar de terceiros em geral ou de pessoas determinadas a verdadeira natureza ou o estado dos seus negócios.[12]

---

7. Parece-nos este um argumento decisivo para a aceitação do resultado como elemento constitutivo da simulação fraudulenta: terá sido esse o espírito da lei, para além da mera letra.

8. Ferrara, *Interpretação e Aplicação das Leis*, tradução de Manuel A. Domingues de Andrade, Coimbra, Arménio Amado, 1987, 4. ed., p. 139.

9. Ferrara op. cit., p. 139-140. Será este último mais um argumento a acrescer àquele já mencionado em uma das notas anteriores.

10. Em contrário, Pontes de Miranda que afirma que a estatuição do art. 104 não é aplicação da regra: *nemo auditur propriam turpitudinem allegans* (*Tratado*, citado, tomo 4, p. 404).

11. A ideia do juízo de reprovação na simulação fraudulenta está bem evidenciada no acórdão do Egrégio Tribunal de Justiça de São Paulo (*RT* 383:99).

12. Cf. Stolfi, op. cit., p. 154; Manuel de Andrade, op. cit., II, p. 173.

Assim, nas simulações *honoris causa* ou *ad pompam*, se um pai finge doar à filha somas avultadas para fazer ver que tem grande fortuna;[13] o caso de uma pessoa que finge vender os seus bens para fugir ao assédio de seus parentes sucessíveis que, todavia, não são seus herdeiros necessários, ou o são, mas estando a alienação dentro dos limites da quota disponível;[14] o do homem solteiro que finge vender bens à sua concubina, quando na realidade lhe doa etc.

Silvio Rodrigues nos dá frisantes exemplos de casos de simulação inocente, extraídos da jurisprudência: a aquisição por interposta pessoa de cotas de sociedade, se o negócio é levado a efeito sem o intuito de prejudicar terceiros (*RT* 210:510); doação ou dação em pagamento feita sob a forma de compra e venda (*RT* 193:761); ou, ainda, entrega de imóvel para a realização do próprio capital em sociedade que se constituía, se os autores dissimularam tal entrega sob a aparência de uma compra e venda (*RT* 152:516).[15]

Também a doação de viúvo à concubina com quem estava casado eclesiasticamente, dissimulada sob a forma de venda, foi considerada válida, julgada improcedente ação anulatória proposta pelos filhos do leito anterior;[16] o caso do comodato encobrindo uma locação,[17] a constituição de um legado sob a forma de uma venda simulada, por parte de um indivíduo que não tinha herdeiros necessários[18] etc.

O Tribunal de Justiça de São Paulo decidiu que é inocente a simulação que não tenha prejudicado terceiros nem violado a lei, ainda que essa tivesse sido a *intenção* dos simuladores, podendo em tal caso, se um dos simuladores quiser prevalecer-se do negócio simulado, opor-lhe o outro a simulação do ato.[19]

A simulação fraudulenta, ilícita ou culposa como também se lhe chama, tem sempre um fim reprovado por lei: quase sempre em decorrência de se querer defender interesses próprios, até mesmo em prejuízo alheio ou com violação oculta da lei.

Também os exemplos da simulação fraudulenta são inúmeros, tanto na doutrina como na jurisprudência. Um dos casos mais frequentes na nossa vida

---

13. Manuel de Andrade, op. cit., II, p. 173.
14. Manuel de Andrade, op. cit., p. 173
15. Silvio Rodrigues, op. cit., p. 213 e 214.
16. É assim que o decidiu o STF em acórdão da lavra do Min. Aliomar Baleeiro (*RTJ* 54:201). Como se vê é solução que está em perfeita harmonia com o que dissemos anteriormente, ou seja, é uma conclusão que resulta da letra e do espírito da lei.
17. Ac. do STF, rel. Bilac Pinto (*RTJ* 55:805).
18. *RT* 217:241.
19. Ac. da 1.ª Câm. rel. Toledo Pisa (*RT* 398:157). Parece-nos clara aqui a ideia de se exigir o resultado, pois só o resultado pode (ou não) causar prejuízo a terceiro. Como se vê, é solução que está em perfeita harmonia com o que dissemos anteriormente, ou seja, é uma conclusão que resulta da letra e do espírito da lei.

judiciária é o das vendas simuladas com pacto de retrovenda, dissimulando um contrato de mútuo com juros usurários, destinando-se a simulação, precisamente, a ocultar a violação da lei de usura (*RT* 447:223).

Outros exemplos da simulação fraudulenta, extraídos da jurisprudência, podem dar-se: cessão de direitos, de compromisso de compra e venda de imóvel para garantia de empréstimo (*RT* 342:398); simulação de dívidas, mediante emissão de notas promissórias ou, de outro modo, por maridos separados para prejudicar a meação da mulher na partilha dos bens do casal (*RT* 368:364); compromisso de venda e compra simulada de imóvel para possibilitar o despejo do inquilino e a atualização do aluguel (*RT* 383:99); compromisso de compra e venda de imóvel dissimulando mútuo com usura (*RT* 19:113, *RT* 424:97); as vendas de imóveis em que se simula o valor declarando-se um preço inferior ao real (que se dissimula) com o fim de se pagar sisa inferior à devida; ou então a hipótese contrária de se declarar preço superior ao real, embora pagando-se sisa superior à devida com o fim de frustrar direitos de preferência, ocorrendo nestas circunstâncias que o preferente, em face desse valor mais alto, desista de preferir...[20]

No direito atual, o Código Civil em vigor não distingue entre a simulação inocente e a fraudulenta, isto é, não estabelece, no regime jurídico da simulação, qualquer diferenciação entre essas duas espécies de simulação; como se vê do art. 167, no ordenamento em vigor, todo o negócio jurídico simulado é nulo, quer seja ele, inocente, quer seja fraudulento, na forma conceitualmente acima exposta. Mais precisamente, não há simulação inocente, ainda que não haja o intuito de prejudicar terceiros ou de violar a lei, basta que o negócio jurídico seja simulado para que seja nulo.

**2.** Consideremos em primeiro lugar a simulação absoluta. Nesta espécie de simulação existe apenas a *aparência* de um determinado negócio jurídico, contrastando com a *realidade*, que não corresponde a essa aparência, porque as partes não celebram um negócio destinado a surtir, entre elas, os seus efeitos normais. Nessa aparência, de certa forma e conteúdo negociais, correspondentes a um tipo, legal ou social, se esgota o negócio simulado, que as partes querem, como tal: não se destinando, porém, a alterar as respectivas esferas jurídicas, que

---

20. Cf. Manuel de Andrade, op. cit., p. 172, que cita também o caso de se fingir uma doação em lugar de venda, porque o direito de preferência não compete nas doações (cf. art. 117 do CC português em vigor. quanto aos direitos de preferência nas vendas. Alguns outros exemplos são mencionados por Galgano, op. cit., p. 357-358, onde se lê: (Na simulação absoluta) "as partes concluem um contrato e, em separado e em sigilo, um acordo (dito contradeclaração) em que declaram não querer efeito algum. O seu intento é criar, em face de terceiros, a aparência da transferência de um direito de uma (pessoa) à outra ou a aparência da assunção de uma obrigação de uma outra (pessoa). É um intento que pode derivar das mais diversas razões: à simulação absoluta recorre principalmente quem quer ocultar os próprios bens aos olhos dos credores para subtrair-se à sua pretensão ou ao fisco para subtrair-se à taxação.

permanecem imutáveis, com a celebração desse negócio, com o objetivo, porém, de que aos olhos de terceiros *apareça* como um negócio jurídico normal.

A doutrina procura ilustrar esta situação com inúmeras imagens: "negócio ilusório", "não-negócio" (Bahr), "negócio vazio" (Regelsberger), "um fantasma" (Kuntze), "um corpo sem alma" (Baldo), "uma ilusão exterior", como quer Ferrara: "as partes não querem o ato, mas apenas a sua ilusão exterior".[21]

Embora se possa conceber a simulação absoluta dita inocente, quase sempre tem ela escopo fraudulento: destina-se a frustrar direitos de terceiros, sendo pacífico na doutrina que a simulação absoluta não pode constituir meio de violar a lei.[22]

Como forma de lesar direitos de terceiros, a simulação se reconduz, segundo a doutrina, à celebração de negócios jurídicos que objetivam a diminuição aparente do ativo ou o aumento fictício do passivo patrimonial do devedor. Mas nem sempre, como ensina Ferrara, a simulação reveste essas formas extremas, podendo aparecer sob formas híbridas para que melhor se possa esconder a fraude.[23]

Como escreve Galgano: (Na simulação absoluta) "as partes concluem um contrato e, em separado e em sigilo, um acordo (dito contradeclaração) em que declaram não querer efeito algum. O seu intento é criar, em face de terceiros, a aparência da transferência de um direito de uma (pessoa) à outra ou a aparência da assunção de uma obrigação de uma a outra (pessoa). É um intento que pode derivar das mais diversas razões: à simulação absoluta recorre principalmente quem quer ocultar os próprios bens aos olhos dos credores para subtrair-se à sua pretensão ou ao fisco para subtrair-se à taxação".[24]

---

21. Ferrara, op. cit., p. 191.
22. Distaso, op. cit., p.323, nota 5, citando Ferrara e Carraro.
23. Ferrara, op. cit., pp. 191 e 192.
24. Galgano, op. cit., pp. 357-358) que ali nos dá também os seguintes exemplos: 1) "Assim, por exemplo, Tício vende a Caio um ou mais bens, criando a aparente situação pela qual aqueles bens não são mais de Tício, e não podem, por isso, sujeitar-se à agressão dos seus credores ou taxados em seu nome pelo Fisco; 2) Caio é um complacente amigo ou uma complacente sociedade (por sua vez criada para esse específico escopo) que não tem débitos e consequentemente não está exposta a seus credores; será taxado, mas os impostos, como se sabe, são progressivos e Tício também sendo reembolsado por Caio pelos impostos pagos, trará grande vantagem pela aparente redução do próprio patrimônio e, pois, pela própria renda; 3) com análogas intenções pode se simular um mútuo: Tício aparecerá, deste modo, onerado com um débito em face de Caio, na realidade, inexistente; 4) também em conexão com uma venda simulada, se simula um contrato de locação: 4) Tício para justificar o fato de que os bens permanecem em suas mãos, dá-os em locação a Caio; 5) à simulação se recorre também para elidir um preceito legal ou uma obrigação contratual de não fazer: assim, não pode, por lei exercitar o comércio (como, por exemplo, um (funcionário) público (hierarquicamente) dependente ou um advogado ou jurista comercialista) ou quem seja obrigado, por contrato, a

A diminuição fictícia do patrimônio opera-se, na maior parte das vezes, por alienações a título oneroso: umas vezes, essas alienações revestirão a forma de uma venda, outras, a de uma dação em pagamento, porque "nada há mais honrado do que cumprir alguém as próprias obrigações".[25]

De qualquer maneira, embora realizados na aparência, procuram as partes cercar a celebração desses negócios de todos os pormenores circunstanciais no intuito de tornar inatacável sua credibilidade: comparecem perante o tabelião para a lavratura do instrumento público, declaram efetuar o pagamento do preço, na venda, procedem ao registro para aparentarem a veracidade do negócio, enfim, nada omitem para dar ao ato a aparência de normal. O excesso de cautela pode constituir até um indício da simulação do negócio jurídico.[26]

Efetuadas as alienações fictícias, ocorre que os credores, quando lançam mão da execução, já não encontram bens penhoráveis no patrimônio do devedor.

A doutrina tem procurado, mediante casos concretos, extraídos da jurisprudência, enumerar as variadas formas de simulação absoluta, isto é, os negócios jurídicos a que se recorre para praticá-la. Ferrara nos dá um relato minucioso desses negócios: cessão aparente de crédito a título oneroso ou em pagamento de um débito fictício; cessão de direitos hereditários a favor de uma terceira pessoa ou de um coerdeiro para subtrair a herança adquirida aos credores pessoais; constituição de direitos reais de usufruto, enfiteuse ou superfície a favor de um testa-de-ferro para que o devedor, conservando para si a parte mais rendosa de seus bens, deixe aos credores um direito (de nua propriedade) de escasso valor comercial; a constituição da sociedade fictícia, em que o devedor integra, com bens imóveis, o capital social, com sócios fictícios também, que concorrem com seu trabalho pessoal para que, na ocasião da dissolução da sociedade, os testas-de-ferro recebam, na partilha dos bens que integram o capital, os imóveis, que ficam assim subtraídos à ação dos credores.[27]

A simulação absoluta pode também realizar-se por alienações aparentes a título gratuito, mas, neste caso, sem grandes probabilidades de êxito, dado o evidente propósito fraudulento que anima essas simulações quando levadas a efeito "às vésperas de uma execução".[28]

Como forma de aumentar ficticiamente o passivo patrimonial do devedor, menciona Ferrara vários meios de que se servem os simuladores, tais como a

não fazer concorrência frauda o dever legal ou o pacto de não concorrência simulando uma empresa de aluguel que aparece exercitada pelo locatário fictício".

25. Ferrara, op. cit., p. 195; Beleza dos Santos, op. cit., p. 244 e s.

26. *RT* 468:75. A presença de advogado numa compra e venda comum de máquinas, foi considerada, neste julgado, entre outros indícios, presunção da simulação. *V.* também Distaso, op. cit., p. 324 e 325, sobre as cautelas das partes.

27. Ferrara, op. cit., p. 194-196; Beleza dos Santos, op. cit., p. 244 e s.

28. Ferrara, op. cit., p. 198.

constituição de obrigações, de vínculos contratuais, confissões de dívidas, empréstimos imaginários.[29]

Um dos expedientes mais comuns sob esse aspecto é a subscrição de títulos de crédito antedatados, uma vez que com a antedata se dificulta mais ainda a prova da simulação.[30]

A simulação a que nos estamos referindo integra, como se disse, uma classificação doutrinária. O Código Civil de 1916 não se referia a ela expressamente; apenas a contemplava, de forma indireta, a par da simulação relativa, no inciso II do art. 102,[31] sendo essa também a orientação do CC em vigor, no inc. II do seu art. 167.

Na espécie a que se refere o inc. II dos arts. 102 e 167 podiam e podem ocorrer as duas modalidades de simulação a que nos vimos referindo. Se o negócio jurídico consiste numa declaração simulada, tanto pode ele ser absolutamente simulado, porque existe apenas a aparência de um negócio jurídico, como pode ser relativamente simulado porque, sob a aparência negocial simulada, se oculta uma declaração das partes de querem alcançar um fim que tipifica uma outra categoria negocial. Nos dois casos existe uma declaração que não corresponde à realidade (não verdadeira, na expressão da lei), subsistente nas relações entre os simuladores

Quanto à primeira, pode exemplificar-se, entre outros casos acima mencionados, o da cessão de direitos hereditários a favor de uma terceira pessoa para subtrair os bens adquiridos por herança a credores pessoais.

Simplesmente, como acentua Ferrara, nestes casos, em que a figura de interposição resulta em um negócio absolutamente simulado, ela não tem caráter específico, carece de significação e entra na teoria da simulação absoluta.[32]

O citado inc. II, por sua vez, também abrange tanto a simulação absoluta como a relativa.

Já a hipótese contemplada no inc. III (os instrumentos particulares forem antedatados ou pós-datados) dos dois artigos é apenas de simulação relativa como, aliás, afirmava expressamente Pontes de Miranda[33] no domínio do CC de

---

29. Ferrara, op. cit., p. 217

30. Ferrara, op. cit., p. 217.

31. Art. 102, II: "Haverá simulação nos atos jurídicos em geral: II- quando contiverem declaração, confissão, condição ou cláusula não verdadeira". Art. 167: (...) § 1.º "Haverá simulação nos negócios jurídicos quando: II: contiverem declaração, confissão, condição ou cláusula não verdadeira".

32. Ferrara, op. cit., p. 296, que também escreve: a este grupo pertence também o testa-de-ferro *ad honorem* das sociedades comerciais, que se presta a firmar efeitos etc.

33. Pontes de Miranda, *Tratado*, citado, tomo 4, pp. 390-391.

1916, afirmação que subsiste também no universo do Código atual, parecendo não haver motivo que o desminta.

**3.** Segundo a doutrina tradicional, na simulação relativa, existem dois negócios: um real, encoberto, dissimulado, destinado a valer entre as partes, e um outro: ostensivo, aparente, simulado, destinado a operar perante terceiros; aquele representando a vontade real das partes e este aparecendo como portador da sua vontade declarada.

"*Colorem habet, substantiam vero alteram*", diziam os escritores medievais. Na imagem de Ferrara, a simulação não acrescenta nem tira coisa alguma ao negócio realizado; apartado o véu enganador, resta este, o negócio em sua verdadeira essência, na sua realidade nua e crua.[34]

Para a disciplina da simulação relativa o que interessa é o negócio real, que valerá se reunir os requisitos de substância e de forma, para esse efeito. De qualquer maneira, deve abstrair-se do negócio simulado (aparente, ostensivo) para se fixar a disciplina da simulação que, como se disse, redunda na do próprio negócio dissimulado.

De harmonia com a doutrina tradicional, o negócio dissimulado constitui assim uma categoria autônoma, um outro negócio, distinto do negócio simulado. No entendimento de Messineo, seria um terceiro elemento, além do acordo simulatório e do negócio simulado.[35]

A concepção referida, como todas as que estabelecem uma rígida separação, uma verdadeira antítese, entre os diversos momentos do procedimento simulatório, encontra graves dificuldades na solução de inúmeras questões que se propõem no tema da simulação e às quais só uma visão unitária do fenômeno simulatório é capaz de dar, sendo precisamente na sistematização dogmática da simulação relativa, como bem acentua Distaso, que tal construção unitária se submete a um teste de prova.[36]

Para a ilustração do que acaba de se afirmar basta mencionar que um dos mais notáveis autores italianos, Salvatore Romano refere-se à "existência – e suficiência – na simulação de uma só declaração negocial: a do contrato simulado. Exclusão de toda outra declaração negocial também na simulação relativa (de contrato ou parcial) e exclusão de todo o caráter negocial à contra-declaração".[37] E mais: adverte que a sua construção "vale para as hipóteses normais de simulação, absoluta ou relativa, que concernem ao tipo negocial no seu complexo unitário" e não já para a chamada simulação relativa parcial, que incide sobre os sujeitos, o

---

34. Ferrara, op. cit., p. 225; Beleza dos Santos, op. cit., p. 317 e ss.
35. Messineo citado por Distaso, op. cit., p. 336. Distaso, op. cit., p. 327 e ss.
36. Cf. Distaso, op. cit., pp. 328-9.
37. Romano, *Contributo*, cit., p. 34.

objeto ou sobre determinados elementos do conteúdo do negócio, propondo que estes fenômenos sejam estudados fora de uma teoria da simulação: uma teoria de interposição de pessoa, que abranja a interposição fictícia e a real e quanto aos elementos do conteúdo, sugere que se deve indagar se não se trata, antes, de um fenômeno de uma *documentação plúrima* de uma única declaração negocial.[38]

Numa perspectiva diferente, se coloca a concepção que insiste na visão unitária do fenômeno simulatório.

A unidade do procedimento simulatório está também bem evidenciada nas seguintes palavras de Betti:

> "Na verdade, se não existisse um nexo entre o negócio simulado e o escopo dissimulado – nexo não apenas de contemporaneidade, mas também de contextualidade psicológica e lógica, nexo não só genético, mas também funcional – as partes não teriam qualquer razão para se servirem de um como meio para atingir o outro. O nexo existe efetivamente – nexo positivo e instrumental – não puramente negativo, como se costuma acreditar, e consiste na correspondência, pelo menos parcial, do preceito do negócio simulado com o regulamento de interesses ocultamente estabelecido, não obstante a discrepância entre a intenção prática das partes e a causa típica ou qualquer um elemento seu essencial (sujeito, objeto)."[39]

Na mesma ordem de ideias, escreve Distaso, também na simulação relativa os elementos constitutivos do procedimento simulatório são o acordo simulatório e o negócio simulado. Contesta-se assim o ponto de vista da doutrina tradicional e dominante, de que o negócio dissimulado tenha qualquer autonomia, no sentido de que haja, como pretende também Messineo – dois negócios, o simulado e o dissimulado, tendo este último a função de "meio de determinação da vontade efetiva das partes, em oposição ao negócio simulado, que contém a sua vontade fictícia".[40]

O negócio dissimulado, segundo o mesmo autor, longe de constituir o terceiro elemento da simulação de que fala Messineo, constitui um todo com o acordo simulatório, na medida em que o intento dos simuladores, de criarem uma relação negocial diversa da aparente, é "único e originário" não só na sua determinação psicológica, mas também na unidade do seu momento teleológico. Não é exato também, diz ainda, que o "meio técnico" adotado pelas partes, para a efetivação da simulação relativa, deva ser necessariamente uma vontade contratual aparente (simulada) frente a uma outra vontade efetiva (dissimulada), entre as quais o acordo simulatório atribui prevalência à última, como quer Messineo.[41]

---

38. Romano, *Contributo*, cit., pp. 53-60.
39. Betti, op. cit., t. 2, p. 385.
40. Distaso, op. cit., p. 336.
41. Distaso, op. cit., p. 336-337. Nesse ponto, não se pode deixar de dar razão a Messineo, pelo menos na sua formulação básica, porque mediante uma única intenção, consubstanciada

E não é exato porque, também na simulação relativa, o intento dos simuladores, destinado a dar ao negócio (dissimulado) uma forma que não é a sua, se exaure, cabalmente, na sua determinação teleológica, única e originária, com a estipulação do negócio simulado, o qual tem o seu indispensável ponto de referência e de ligação no concomitante entendimento simulatório com que se pactua dar vida ao fingimento e, ao mesmo tempo, se declara a realidade das relações.[42]

O que caracteriza, portanto, este fenômeno, no entendimento do autor que vimos referindo, é, não uma pluralidade de declarações negociais autônomas, umas manifestas (ostensivas) e outras não, mas a combinação de duas declarações conspirando para a criação da aparência enganadora. Tais declarações não têm autonomia negocial, não constituem *atos distintos de autonomia privada*, mas têm relevância no âmbito interno do procedimento simulatório; mais precisamente, dessas declarações, uma (o negócio simulado) opera externamente, isto é, frente a terceiros, e a outra (o acordo simulatório ou, vista sob o aspecto probatório, a contra-declaração), destinada a operar nas relações dos simuladores, constata e declara a realidade de suas respectivas posições.[43]

A construção que vem de se referir, fundamenta-a o seu autor no art. 1.414, 2.º, do Código Civil italiano, segundo o qual o ato dissimulado é eficaz desde que o ato aparente contenha os requisitos de substância e de forma exigidos para o primeiro; assim por exemplo uma doação dissimulada sob a forma de uma venda terá efeito desde que esta, isto é, o negócio simulado, seja feita por ato público: é necessário, pois, que sejam observados, no negócio aparente, os requisitos (de substância e forma) do chamado negócio dissimulado.[44]

Concebida assim a construção da simulação relativa, segundo Distaso, salva-se a unidade dogmática do fenômeno simulatório. O nexo entre a declaração aparente e a relação dissimulada, constituído pelo acordo simulatório, o qual, na simulação relativa, contradiz (acrescentando, subtraindo, modificando ou até mesmo substituindo o conteúdo do negócio ou alguns dos seus elementos ou cláusulas) o ato aparente, é encarado como um nexo de reação da relação dissimulada sobre a declaração aparente.[45]

no acordo simulatório, as partes poderiam e normalmente o fazem, manifestar atuações de vontade distinta, uma orientada para a aparência (negócio simulado) e outra para a realidade oculta (negócio dissimulado), como se verá a seguir, no texto.

42. Distaso, op. cit., p. 337. Acrescentamos a palavra entre parênteses, no texto.

43. Distaso, op. cit., p. 337.

44. Distaso, op. cit., p. 337. Assim, numa doação (negócio dissimulado), encoberto por uma venda, se esta for feita por uma escritura pública, estará observado o requisito formal e o substancial deriva do fato de a transferência da propriedade se operar tanto num como noutro desses negócios. No direito brasileiro poderia desenvolver se idêntico raciocínio.

45. Distaso, citando Messineo, op. cit., p. 342.

O negócio oculto, na simulação relativa, não é uma *fattispecie* distinta do negócio simulado, mas "é um fato totalmente destinado a preencher do seu verdadeiro conteúdo, se assim se pode dizer, o negócio simulado", segundo observa Santoro-Passareli.[46]

Ocorre a figura da simulação relativa, portanto, sempre que as partes criarem uma relação negocial diversa da aparente, podendo tal discrepância ser concernente à natureza mesma do negócio, ao seu objeto, ou a certas determinações do seu conteúdo, tal como o preço na venda, o modo do cumprimento da obrigação, a condição, o termo etc.[47]

Não há, portanto, como o entendia a doutrina tradicional *dois* negócios, na simulação relativa, *mas um só, o simulado, com a sua forma ostensiva e com um duplo conteúdo, se assim se pode dizer, um aparente e outro real,* com a diferença de que agora, nesta espécie de simulação (a simulação relativa), esse conteúdo real corresponde a uma forma distinta, oculta e se amoldando a um outro tipo negocial. Há, sem dúvida, certo paralelismo entre o que ocorre na simulação absoluta e na simulação relativa.[48]

*Ou seja, enquanto, na simulação absoluta, há uma forma ostensiva do negócio que oculta um conteúdo real, isto é, a realidade subsistente entre os simuladores, orientada para fins não negociais (engano de terceiros), na simulação relativa, a forma ostensiva que também oculta um conteúdo real, é destinada a fins negociais, com a diferença de que só um desses elementos (a forma) corresponde a um determinado tipo legal.* Pense-se na compra e venda que oculta uma doação ou o contrário, uma doação encobrindo uma compra e venda.[49]

Nem outro é o pensamento de Auricchio que assim se expressa:[50]

> "O equívoco fundamental está em se ter querido encontrar o critério diferencial entre a simulação absoluta e a relativa numa noção empírica, no

---

46. Distaso, op. cit., p. 342.
47. Distaso, op. cit., p. 353-4.
48. Como se viu, e se verá, neste sentido é a linha de pensamento de juristas italianos de porte, como Betti, Distaso, Auricchio e outros.
49. No mesmo sentido, Paes de Vasconcelos, Coimbra, Almedina, 2007, p. 683, onde se lê:

"Todavia, esta dualização tem levado a pensar que na simulação absoluta há apenas um negócio – o negócio simulado – enquanto na simulação relativa há dois negócios – o negócio simulado e o negócio dissimulado. A esta concepção dualista parece ser preferível uma concepção monista que veja na simulação uma realidade apenas; na simulação existe uma aparência criada intencionalmente pelas partes (ou pelo autor do negócio unilateral), sob a qual poderá existir, ou não, um verdadeiro negócio jurídico É mais correcto dualizar entre a aparência e realidade do que entre o negócio simulado e o negócio dissimulado, porque não há dois negócios, nem na simulação relativa". É também a linha de pensamento de juristas italianos de porte, como Betti, Distaso, Auricchio e outros.

50. Auricchio, op. cit., p. 227.

'dissimular'; acabou, assim, por se reduzir a essência da simulação relativa apenas ao ato de esconder."

"Todavia, a verdade é que na simulação relativa, existe uma só previsão legislativa, e esta válida, o negócio simulado. Quando muito poderá admitir-se que o juízo de validade sobre o negócio dissimulado possa ser duplo: na verdade, nos termos do art. 1.414, II (do CC italiano)[51] o negócio simulado deve também ter os requisitos de substância e de forma do negócio dissimulado. Mas esta formulação do princípio confirma, na sua própria expressão literal, a unidade do facto jurídico."[52]

Há, por isso mesmo, uma "unidade substancial" entre o negócio simulado e a relação jurídica dissimulada.

Questão importante, que se suscita no âmbito da simulação relativa, é a de se saber se o chamado negócio dissimulado constitui um caso de conversão do negócio jurídico.

Fala-se em conversão do negócio jurídico (conversão substancial) quando, em face de um negócio jurídico nulo, é possível aproveitar-se o *conteúdo* desse negócio, o clausulado pelas partes, bem como a sua forma, para se convertê-lo em outro negócio, na medida em que tal conteúdo e forma se subsumam aos dispositivos que disciplinam outra categoria negocial que seja apta a realizar, da forma mais próxima possível, o intento original das partes.[53-54]

Poderá dizer-se assim que o chamado negócio dissimulado é algo que se reconstrói com os elementos que se podem aproveitar do negócio simulado, nulo?

A doutrina dominante é pela negativa.[55] No problema da conversão – diz-se – a intenção das partes dirige-se à realização de um negócio que, por ser nulo, se

---

51. Art. 1.414, II: "Se le parti hanno voluto concludere un contratto diverso da quello apparente, ha effetto tra esse il contratto dissimulato, purché ne sussistano i requisiti di sostanza e di forma". (Se as partes tiverem querido concluir um contrato distinto do aparente, terá efeito entre eles o contrato dissimulado, desde que nele se veriquem os requisitos de substância e de forma.)

52. Auricchio, op. cit., p. 225. Como já se disse, este é dos poucos autores que considera o negócio simulado válido, dedicando todo um capítulo, o capítulo II, da sua obra para tal demonstração (pp. 77 a 123).

53. Custodio da Piedade Ubaldino Miranda, *Teoria Geral*, citada, pp. 170-171.

54. "A conversão de um negócio jurídico é problema que surge quando um negócio ineficaz (em sentido amplo) é, por força da lei ou de decisão judicial, susceptível de ser reconstituído, isto é, convertido em um outro negócio com os elementos (de substância ou de forma) do negócio ineficaz. Cf. Junqueira de Azevedo, A conversão dos negócios jurídicos: seu interesse teórico e prático, *RT* 468:17; Manuel de Andrade, op. cit., p. 432.

55. Na doutrina brasileira tradicional, ao que se vê, o tema não foi estudado até porque o CC de 1916 não previa o instituto de conversão. Pela doutrina tradicional em Portugal, cfr. por todos Albino Anselmo Vaz, A conversão e a redução dos negócios jurídicos in *Revista da Ordem dos Advogados*, I/II, Lisboa 1945, pp. 131-173, que escreve: "A distinção entre simulação relativa e conversão é evidente: esta pressupõe um acto realmente querido que é

converte em outro que as partes teriam querido (vontade conjetural ou hipotética) se tivessem previsto a nulidade. Enquanto na simulação, o negócio dissimulado não só é previsto, mas ao qual o propósito negocial se dirige desde o início, já no acordo simulatório.

Como quer que se entenda o fenômeno da conversão, isto é, quer se adote uma posição subjetiva, como a indicada, ou a objetiva, segundo a qual *a reconstituição do negócio se faz, não de acordo com a vontade presumida das partes, mas com o "fim, que resulta do novo negócio e que não deve ser contrário ao que as partes declararam querer"*,[56] a verdade é que, *na conversão*, a intenção das partes se dirige, na simulação absoluta, ao único negócio (nulo) que celebram, enquanto que na *simulação relativa* a intenção se dirige, desde o início, ao negócio dissimulado, não só previsto, mas desejado.[57]

De fato, na simulação relativa, as partes simulam um negócio para, sob uma forma aparente (assim, por exemplo, uma compra e venda) ocultar (dissimular) um outro negócio, real (por exemplo, uma doação). O negócio simulado é nulo, enquanto o dissimulado é válido, desde que observados os requisitos legais, prescritos em lei, isto é, de forma, que deve ser a exigida em lei, nos negócios solenes e de conteúdo que deverá ser lícito, tudo por força de disposição legal (art. 167, *caput*).

o acto nulo ao passo que na simulação relativa, o acto nulo – que oculta o acto dissimulado – é, precisamente, o acto que não é querido pelos contraentes. Quere dizer: na conversão os pactuantes querem que, entre si, valha o primeiro acto (o acto nulo) não pensando, normalmente, no segundo, naquele em que o acto nulo se converte; na simulação relativa os contraentes não querem que entre si operem o primeiro acto mas somente o segundo (ato dissimulado). Manuel de Andrade, op. cit., vol. II, p. 435, onde se lê: "Na simulação relativa temos de fazer a distinção entre o negócio simulado e o dissimulado – entre o negócio que as partes declararam celebrar e aquele que na verdade pretenderam concluir. Aqui não temos de lidar, portanto, com a vontade hipotética das partes, mas com a sua vontade efectiva. As partes, realmente, fingindo concluir certo negócio, quiseram de verdade outro negócio".

56. Junqueira de Azevedo, *A conversão,* cit., p. 21. No sentido do texto, também Romano que escreve: "O conceito de conversão não é pacífico e não é o caso de se enfrentar aqui a controvérsia. Porém, entre as várias razões adotadas contra a aplicação daquele conceito, notamos que o intento das partes não visa ao negócio nulo, mas diretamente ao dissimulado. Pode-se acrescentar que a conversão opera "internamente" ao negócio; ao contrário, na simulação, é necessário operar – se "de fora", isto é, sobre o comportamento executivo de um negócio diverso e sobre o entendimento simulatório destinado a tal comportamento" (*Contributo*, cit., p. 58).

57. Nesse sentido, também Distaso, op. cit., 347-48, onde se lê: De fato, na simulação relativa o intento das partes é precisamente dirigido ao regulamento dissimulado e não ao negócio nulo; e a relação verdadeiramente querida pelas partes se instaura no momento em que eles decidiram recorrer ao procedimento simulado, nenhuma conversão se opera pelo evidente motivo de que, a conversão consiste "em uma correção da qualificação jurídica do negócio, ou de qualquer elemento seu, ou seja, normalmente em uma sua valoração como negócio de tipo diverso do que na realidade foi realizado ou em um tratamento diverso daquele *prima facie* mais óbvio".

O que as partes querem efetivamente, na simulação relativa, se diz, é o negócio dissimulado, são os efeitos deste que visam obter, é esta a sua *vontade real*, não passando o negócio simulado de um meio para ocultar o verdadeiro intento. No caso da conversão, as partes querem o negócio original, só que em razão da nulidade deste, procura-se apurar sua vontade *hipotética*, optando--se pelo negócio que *teriam querido,*[58] caso houvessem previsto a nulidade do negócio efetivamente celebrado. Digamos, como ferramenta de trabalho, que há dois negócios em cada uma dessas situações: na simulação, querem o segundo (o dissimulado), não o primeiro (o simulado). Numa hipótese de conversão, querem o primeiro, mas não o segundo, a não ser como sucedâneo do primeiro, em caso de nulidade deste.[59]

Esse modo de ver as coisas não é pacífico na doutrina italiana.[60]

Auricchio escreve textualmente: "É certo que, uma vez aceite a unidade da previsão legislativa no fenómeno da simulação relativa, a conversão constitui o único instituto de direito positivo idóneo para salvar a existência objectiva da previsão correspondente ao negócio dissimulado: *todavia, também quanto a esta formulação podem apresentar-se dúvidas bem fundadas* (Itálico nosso)".[61]

Do mesmo modo, o próprio autor, logo adiante, acrescenta:

> "Haverá, no entanto sempre uma consideração decisiva, que demonstra a heterogeneidade dos dois fenómenos: na verdade, a relação verdadeiramente querida pelas partes instaura-se, não por efeito da conversão, mas a partir do momento em que existe a vontade das partes. Sobre este ponto não se justificariam dúvidas nem reservas: é, efetivamente, a própria lei que se exprime nesse sentido."[62]

O que se verifica é que o autor não envereda por uma fundamentação racional e coerente do instituto da conversão na simulação relativa; a justificativa resume-se a uma afirmação de que só a conversão é capaz de explicar a unidade

---

58. Sobre as duas posições, subjetiva e objetiva, Custodio da Piedade Miranda, *Teoria Geral,* cit., pp. 183-184).

59. Custodio da Piedade Ubaldino Miranda, *Teoria Geral*, cit., p. 173.

60. Ela simplesmente não contempla em geral o problema, tal como a doutrina brasileira, nem quando trata da conversão, nem quando discorre sobre a simulação (cf. Bianca, op. cit., pp. 494-496; Galgano, op. cit., pp.45-48 e 357-378; Mirabelli, op. cit., pp. 506-510 e 449-475 e 656-67.

61. Auricchio, op. cit., p. 232. Com efeito, o autor parte da formulação do art. 1.414 do CC italiano, para afirmar a unidade da previsão legislativa, na simulação relativa que, no seu inciso II, dispõe: "Se le parti hanno voluto concludere un contratto diverso da quello apparente, ha effetto tra esse il contratto dissimulato, purché ne sussistano i requisiti di sostanza e di forma". (Se as partes quiseram concluir um contrato diverso do aparente, tem efeito entre elas o contrato dissimulado, desde que naquele subsistam os requisitos de substância e de forma.)

62. Auricchio, op. cit., p. 234.

da previsão legislativa na simulação relativa. No entanto, a fundamentação para se negar a conversão será, no direito brasileiro atual, além dos argumentos já alinhados, a consideração decisiva de que a lei, na dupla valoração a que sujeita toda a disciplina da simulação relativa, qualifica como válido o negócio dissimulado, desde que subsistam (no negócio simulado) os requisitos de substância e de forma.

Este, como se sabe é um negócio com um conteúdo correspondente ao tipo legal em que se subsume o negócio dissimulado, mas a sua forma própria está encoberta, ou então, absorvida pela do negócio simulado. Não há, portanto, conversão de um negócio nulo, com uma determinada forma e conteúdo, num outro de tipo negocial distinto, com outra forma e conteúdo, mas aquela simbiose resultante de duas declarações que se originaram lá atrás, no acordo simulatório.

Ora, isso e o fato de que pode se argumentar com que tais requisitos devem ser observados no próprio negócio simulado, são a única saída para se salvar a unidade dogmática da simulação relativa. E esta última explicitação é a que se dará em seguida, com uma outra questão, de não menor relevo, que diz respeito à validade dos negócios dissimulados de natureza formal.

Se o negócio dissimulado deve obedecer, nos termos da lei, a requisitos de forma, se se lhe exige uma forma solene, como resolver a questão? Bastará a forma própria do negócio simulado ou será necessário que se tenham observado neste os requisitos de forma do negócio dissimulado?

Assim, por exemplo, se os simuladores querem celebrar uma doação de um imóvel e o fazem sob a forma de uma promessa de compra e venda, terão de o fazer por escritura pública, forma exigida para a doação (arts. 1.168 e 134, 11), ou poderão fazê-lo por instrumento particular, suficiente para uma promessa de compra e venda?

A jurisprudência francesa tem decidido, em matéria de doações disfarçadas, que é preciso, mas suficiente, para a validade dessas doações, terem sido cumpridas as formalidades do ato aparente.[63] Já para a lei italiana (CC italiano, art. 1.414, II),[64] é necessário, para a validade do negócio dissimulado, que tenham sido observados, no negócio aparente, os requisitos de substância e de forma daquele.[65]

Finalmente a doutrina tradicional é no sentido de que o negócio dissimulado só valerá com a forma que lhe for própria, não bastando que tal forma tenha sido observada no ato aparente, o que quer dizer que, em princípio, só será válido se

63. Rui de Alarcão in Anteprojeto do atual Código Civil português, *Boletim do Ministério de Justiça de Portugal,* 84:309; cf. também Manuel de Andrade, op. cit., vol. 2, p. 91, nota 1.

64. Já reproduzido em uma das notas anteriores.

65. A lei e a jurisprudência italianas atuais; cf. Distaso, op. cit., p. 340. Era a solução preconizada no Anteprojeto do Código Civil português por Rui de Alarcão.

existir uma ressalva (contradeclaração) em que tenha sido observada tal forma solene.[66]

Em abono desta orientação está a ideia de que o negócio dissimulado não obedece ao formalismo que lhe é próprio, quando tais formalidades foram observadas só no negócio simulado, aparente. Assim, se se simula uma venda em lugar de uma doação mediante escritura pública, isto é, observando-se a forma solene exigida para este negócio, ainda assim não constará da venda o elemento *animus donandi,* essencial à doação e não declarado na escritura da venda; e na hipótese inversa, a de uma doação mascarando uma venda, não constará da escritura da doação o elemento preço, essencial à venda. Pelo que o negócio dissimulado teria de ser nulo uma vez que não constassem da escritura celebrada todos os elementos essenciais para a validade deste negócio.[67]

Manuel de Andrade faz uma importante restrição a esta solução na medida em que considera suficiente que as *razões* do formalismo do negócio dissimulado estejam satisfeitas com a observância das solenidades próprias do negócio simulado. O formalismo da venda e da doação obedece a duas considerações capitais: "obrigar as partes (*rectius,* o vendedor e o doador) a uma ponderada reflexão sobre as consequências do respectivo ato; estabelecer prova segura da transferência dos bens vendidos ou doados. Ora essas razões já obtêm plena satisfação quando haja escritura de venda ou da doação simulada".[68]

No direito brasileiro em vigor, a resposta a essa questão está contida no art. 167, segunda parte: subsiste o negócio dissimulado se válido for na substância e na forma. Esta afirmação, parece-nos, comporta a ideia de que, qualquer que seja o *modus operandi*, ainda que as formalidades próprias do negócio dissimulado estejam contidas apenas no negócio simulado e nada haja que represente um obstáculo à transposição daqueles elementos de forma, do complexo negócio para o que está dissimulado, estará observado o mandamento legal. Mas, queremos aqui adotar a restrição proposta acima por Manuel de Andrade: essa orientação só será aceita se *as razões* do formalismo negocial forem as mesmas tanto no

---

66. Ferrara, op. cit., p. 308 e 309; Manuel de Andrade, op. cit., vol. 2, p. 192. Ver também. Beleza dos Santos, op. cit., p. 331 e ss.

67. Cf. Manuel de Andrade, op. cit., p. 192. É esta a solução de Beleza dos Santos, op. cit., p. 331 e ss., n. 66. O argumento do texto não procede em face da nossa lei, que, aliás, não é diferente do sistema legislativo em que se baseia aquela argumentação, já que ressalva a validade do "negócio" dissimulado, desde que observados os requisitos de substância, portanto do conteúdo e de forma própria do negócio dissimulado. Além disso, às partes, que já traçam o destino negocial de toda a operação no acordo simulatório, não é estranho, não é delas desconhecido, o fato de que a lei confere validade ao negócio dissimulado em tais circunstâncias.

68. Restrição importante que quase levaria à eliminação do princípio, acrescenta (op. cit., vol. 2, p. 192-3).

negócio simulado como no negócio dissimulado.[69] Assim – acrescente-se – salva-se, ademais, a unidade do fenômeno simulatório, que deverá estar presente, também na simulação relativa.

Assim, se as partes dissimulam a doação de um imóvel sob a aparência de uma compra e venda, tendo esta sido feita por escritura pública, estará observada a forma solene exigida para a doação do imóvel, que é a mesma da compra e venda. Como já se disse, as partes celebram um só negócio, o simulado que, em vista do comportamento delas, pode gerar o negócio dissimulado. Assim, basta que declarem perante o tabelião que uma das partes recebeu já o preço dado pela outra, nada tendo recebido, ou que efetuando o pagamento na frente do tabelião, o aparente comprador devolva o "preço" recebido ao aparente vendedor.

Uma vez que as razões do formalismo negocial exigido na compra e venda e na doação são as mesmas, nada obsta, em nosso entender, em vista da formulação legal, que se declare válida a doação dissimulada, ainda que nula a compra e venda simulada, desde que só esta tenha sido feita por escritura pública. Com efeito, a nulidade do negócio simulado resultará primordialmente do conteúdo e não da forma; se houver defeito de forma no negócio simulado, é evidente que ele contaminará o negócio dissimulado. Valerá aqui o adágio: *utile per inutile non vitiatur.*

Acresce que, perante terceiros de boa-fé, a ressalva de seus direitos não fica prejudicada com a solução preconizada, porque a legitimação excepcional do simulado alienante para dispor do seu direito, só aparentemente adquirido, validamente para o terceiro, estará assegurada em qualquer hipótese, quer provenha de uma venda, quer de uma doação. Assim, se num contrato simulado, A dispõe de um seu imóvel em favor de B e este o vende a C, esta venda é dotada de eficácia, por lei, quer a primeira transmissão resulte de uma venda (simulada), quer de uma doação (dissimulada).

**4.** Parte considerável da doutrina considera a simulação dos sujeitos (pessoas ou participantes do negócio), também chamada simulação subjetiva ou interposição (fictícia) de pessoa, uma modalidade da simulação relativa.[70] Uma outra tendência, porém, é tratar a interposição fictícia de pessoa como uma terceira modalidade da simulação, ao lado da simulação absoluta e da simulação relativa,

---

69. O formalismo da venda e da doação obedece a duas considerações capitais: "obrigar as partes (*rectius,* o vendedor e o doador) a uma ponderada reflexão sobre as consequências do respectivo ato; restabelecer prova segura da transferência dos bens vendidos ou doados. Ora essas razões já obtêm plena satisfação quando haja escritura de venda ou da doação simulada" (op. cit., vol. 2, pp. 192-193).

70. Silvio Rodrigues, op. cit., p. 213 e 239; Manuel de Andrade, op. cit., p. 186; Beleza dos Santos, op. cit., p. 27 e ss.; Galvão Teles, op. cit., p. 169.

em consequência da elaboração jurídica da figura de interposição, que foi ao ponto de se lhe conferir autonomia dogmática.[71]

E, de fato, a única razão pela qual se considera a interposição fictícia de pessoa uma figura autônoma, em relação à simulação relativa, é, ao que parece, o fato de ela ser tratada, para efeitos didáticos e conceituais, ao lado da interposição real de pessoa, como duas modalidades de um instituto único: a interposição de pessoa. Mas, na verdade, a interposição fictícia de pessoa é uma modalidade da simulação relativa, parcial e subjetiva, com a diferença de que nesta, quando se fala em negócio simulado e dissimulado, a referência é em geral a uma simulação *objetiva e total*, enquanto naquela é, como já se disse, *subjetiva e parcial.*[72]

A simulação relativa pode versar sobre a natureza do negócio jurídico ou sobre o seu conteúdo ou objeto.[73]

Fala-se em simulação sobre a natureza do negócio quando ela versa sobre a causa do negócio; quando as cláusulas que integram o negócio "implicam com a própria tipicidade do mesmo negócio".[74] Assim, quando se finge uma venda em lugar de uma doação, ou uma doação em lugar de uma venda.

A ocultação de doações é um dos objetivos mais frequentes nesta forma de simulação, pela multiplicidade de negócios jurídicos a que se pode recorrer para as dissimular[75] e pela multiplicidade de propósitos fraudulentos, logo ilícitos, que

---

71. Ferrara, op. cit., p. 269 e ss.; Distaso, op. cit., p. 378. Na figura da interposição, alude-se à simulação (interposição fictícia) e à interposição real.

72. Como bem esclarece a este respeito, Galvão Teles: "Como simulação *relativa e parcial* consideramos a *interposição de terceiro*. Há quem lhe dê autonomia, distinguindo-a da simulação absoluta e da relativa, mas essa classificação tripartida não se justifica. A *interposição de terceiro* ajusta-se ao conceito de simulação *relativa*; há dois contratos, o *simulado* e o *dissimulado* que *objectivamente* coincidem, porque têm o *mesmo conteúdo*, mas *subjetivamente se distinguem*, porquanto um dos contraentes que participa no primeiro não figura no segundo, onde a sua posição é ocupada por outrem. A simulação traduz-se, aqui, na intervenção de um *estipulante de* fachada ('testa de ferro', 'cabeça de turco' ou 'homem de palha'). Pedro e Paulo celebram entre si, *efetivamente*, uma venda, mas *dissimulam-na*, fazendo figurar como comprador, em vez de Paulo, Joaquim. Desfeita a *aparente* venda a Joaquim, vem à superfície como venda *real*, a efectuada a Paulo" (op. cit., p. 169).

73. Silvio Rodrigues distingue a simulação sobre a natureza do negócio e sobre o conteúdo do negócio, ou seja, seu objeto (atenta a falta da distinção entre os dois conceitos pela doutrina tradicional). Manuel de Andrade, por sua vez, op. cit., p. 187, fala em simulação objetiva e distingue a simulação sobre o conteúdo do negócio em: simulação sobre a natureza do negócio e simulação de valor.

74. Manuel de Andrade, op. cit., vol. 2, p. 187.

75. Ferrara op. cit., p. 257, que não vacila em afirmar que "todo o negócio pode empregar-se para disfarçar uma liberalidade".

as doações comportam: prejuízo dos herdeiros necessários, liberalismo *turpem causam*, sonegação fiscal...[76]

Mas não se segue daqui que as doações dissimuladas tenham sempre natureza fraudulenta. A ocultação pode provir do fato de não se querer tornar pública uma situação imoral, como, por exemplo, no caso de uma venda simulada de um homem *solteiro* à sua concubina, com o objetivo de disfarçar uma doação, sem incorrer, no entanto, em nenhuma proibição legal, como acontece, por exemplo, no direito brasileiro.[77]

Identicamente, pode inexistir prejuízo de qualquer herdeiro necessário numa venda simulada ocultando uma doação, porque o testador ou o doador não desejam tornar públicas suas preferências ou sentimentos íntimos, em relação a determinados membros de família, ou a um estranho, ou com o receio de ferir susceptibilidades dos não contemplados.[78]

Mas, na maioria das vezes, dissimula-se a doação com o fim de prejudicar terceiros (é o caso de liberalidades em prejuízo dos herdeiros necessários) ou de ocultar a violação da lei (liberalidades que não respeitam uma proibição legal: doação do homem casado à sua concubina).

Outras vezes recorre-se a essa forma de simulação para ocultar mútuos usurários, como ocorre frequentemente entre nós, a fim de se iludir a proibição contida no art. 1.º do Decreto 22.626, de 7 de abril de 1933, e que o art. 11 do mesmo diploma legal fere de nulidade.

Os negócios (simulados), que se destinam a ocultar mútuos usurários, podem ser da mais variada espécie, uma vez alterando-se, com o negócio simulado, a própria estrutura típica do mútuo e, outras vezes, respeitando-se os lineamentos gerais do mútuo, ocultando-se, porém, apenas os juros extorsivos.

Como exemplo da primeira hipótese, temos o caso da venda com pacto de retrovenda, tão comum entre nós e que, mais do que qualquer outro negócio jurídico, se presta a encobrir a fraude às proibições da lei da usura;[79] o caso do fiador que, no contrato de fiança, não se obriga pessoalmente, mas se limita a pagar pelo devedor, mediante um benefício ou juro, desproporcionado com as circunstâncias do caso; o caso do mandatário que recebe uma grande remuneração, desproporcionada com o trabalho realizado, que pode ocultar um mútuo leonino.[80]

---

76. L. Muñíoz Sabaté, *La prueba de Ia simulación,* Barcelona, Editorial Hispano Europeu, 1972, p. 87.

77. (Ao contrário da doação do homem casado, vedada pelo art. 550 do CC) Silvio Rodrigues, op. cit., p. 240. "Se a lei não veda ao homem solteiro a doação de bens à sua concubina, não pode tornar sem efeito a venda simulada que ele lhe faz (cf. *RT* 155:181)".

78. L. Muiíoz Sabaté, op. cit., p. 135.

79. L. Muñoz Sabaté, op. cit., p. 136.

80. Casos sugeridos por Fernando Viscarro apud Muñoz Sabaté, op. cit., p. 136 e 137.

Como exemplo da segunda hipótese, temos o caso em que, na realidade, se contrata um mútuo, mas se simula o valor desse mútuo, declarando-se um valor superior ao real, dessa forma se cobrando juros superiores aos legais. Aqui não só se respeitam os lineamentos gerais do mútuo, mas serve-se do próprio mútuo. Pode-se, porém, imaginar a hipótese de uma troca (permuta ou escambo), em que uma das partes entrega à outra uma coisa de maior valor do que o valor intrínseco da coisa recebida em troca, convertendo-se em credora da segunda, por quantia maior do que a representada pela diferença.[81]

A simulação sobre o conteúdo do negócio é a que versa sobre o objeto, sobre o valor, sobre a data e, finalmente, sobre as modalidades e pactos acessórios.[82]

A simulação sobre o objeto é a que incide sobre a identidade da prestação: embora rara,[83] pode existir.[84]

A simulação pode versar sobre o valor ou o *quantum* de quaisquer prestações pecuniárias, contratadas entre as partes. Assim, por exemplo, quando, num contrato de mútuo, se declara uma quantia superior à real, a fim de se cobrarem juros usurários. A simulação do valor redunda, porém, principalmente, na simulação do preço, como ocorre nos contratos de compra e venda de imóvel em que, para defraudar o fisco com o pagamento do ITBI[85] inferior ao devido, se simula o preço da venda, declarando-se um preço inferior ao verdadeiro. Outras vezes, simula-se um preço superior ao real para frustrar o direito de preferência de terceiros, ocorrendo, ou que o preferente desista de preferir, ou (não desistindo) que resulte uma vantagem para os simuladores, ou para algum deles, por receberem um valor superior ao preço verdadeiro.[86]

A simulação sobre a data só pode ocorrer nos instrumentos particulares, como, aliás, se preceitua no disposto no inciso II do art. 167 do CC (inciso II do art. 102, do Código revogado) tudo como ficou dito na parte intitulada "Simulação e falsidade", à qual nos reportamos. Basta acrescentar aqui que a simulação da data perdeu o interesse de outrora após a instituição do registro cuja data prevalece, para todos os efeitos, em relação a terceiros. Mesmo entre as partes, decisiva é a data do reconhecimento das suas assinaturas.

No entanto, pode lançar-se mão da simulação da data, com os mais variados objetivos: para se subtrair, ao produto da massa falida, bem cuja alienação o falido contrata, simulando, com o comprador, a data da alienação (antedata) que, se

81. Muñoz Sabaté, op. cit., p. 137.

82. Ferrara, op. cit., p. 264; Silvio Rodrigues (quanto à simulação da data), op. cit., p. 239.

83. Beleza dos Santos, op. cit., p. 265.

84. Ferrara, op. cit., p. 264 (v. exemplos citados).

85. Imposto de transmissão onerosa de bens imóveis por ato inter vivos. O ITBI é um imposto de competência municipal, somente os municípios têm competência para instituí-lo (art.156, II, da Constituição Federal).

86. Manuel de Andrade, op. cit., p. 188.

fosse anterior ao termo legal da falência, nos termos da Lei de Falências revogada (Decreto –Lei n. 7.661, de 21 de Junho de 1945, art. 14, III), escapava aos efeitos desta, ou, então, para os efeitos da contagem do prazo da prescrição, nos termos da lei atual, 11 101 de 09.02.2005, art. 6.º; nas obrigações cambiárias, para os mais diversos efeitos; para burlar as incapacidades legais; caso do interdito ou de menor que se obriga com data anterior à sentença de interdição, ou posterior à da maioridade etc.[87]

**5.** Uma terceira modalidade da simulação é, como já se antecipou, a contemplada no inciso I do art. 167 do CC (art. 102, I, do Código revogado): a interposição fictícia de pessoa.

Esta forma de simulação prende-se aos sujeitos do negócio jurídico, enquanto as duas outras, a que já se aludiu (simulação absoluta e relativa), concernem, ou ao objeto ou à causa do negócio jurídico.

Passaremos a discorrer, com a doutrina, sobre as duas formas de interposição: a fictícia (simulação) e a real.

Em toda a interposição há três sujeitos: o interponente, a pessoa interposta e o terceiro contraente. Na definição de Ferrara a interposição de pessoa é "a inserção de um intermediário numa relação que se estabelece entre outras pessoas".[88]

Mas, enquanto na interposição real estabelece-se um vínculo ou relação negocial, por um lado, entre o interponente e o interposto, e, por outro lado, entre o interposto e o terceiro contraente, na interposição fictícia esse vínculo ou relação negocial se estabelece diretamente entre o interponente e o outro contraente, sem que o interposto tenha qualquer intervenção efetiva no negócio entre aqueles celebrado.

Entre o interposto e o interponente existirá, quando muito, "uma relação secundária em virtude da qual a pessoa interposta se obriga a cooperar no engano, emprestando o seu nome, e, eventualmente, a não abusar da sua qualidade aparente, que, por efeito reflexo de outras normas, pode produzir uma modificação jurídica".[89] Porque, nestes casos, empresta simplesmente o seu nome numa relação que realmente se estabelece entre o interponente e o outro contraente, este intermediário ficou, historicamente, conhecido com as designações de *prestanome, testa-de-ferro* ou *homem de palha.*[90]

---

87. Ferrara, op. cit., p. 267.

88. Ferrara, Interposizione di persona ed intestazione in altra persona, *RDPr*, 1937.

89. Ferrara, *La simulacion citada*, p. 298.

90. Ferrara, op. cit., p. 295; Pontes de Miranda, *Tratado*, cit., tomo 4, p. 378, para quem as designações em questão ("testa-de-ferro" e "homem de palha") são usadas tanto na interposição fictícia, como na real.

A transmissão de direitos e obrigações, que o interponente realmente faz ao outro contraente, fica encoberta pela simples intervenção do interposto, a qual pode consistir numa presença física, numa "cooperação material" para a perfeição da *mise en scene,* ou na simples aposição do nome do interposto no instrumento, sem essa presença.[91] A intervenção é assim aparente porque, destinando-se a transmissão, desde o início, a efetivar-se da esfera jurídica do interponente para a do outro contraente, sem passar pela esfera jurídica do interposto, em momento algum se torna este titular desses direitos e obrigações: ele é, na realidade, um titular aparente, simples *testa-de-ferro.*[92]

Mas, para que isso ocorra, para que a presença do interposto se reduza a simples aparência, estabelecendo-se a relação jurídica entre o interponente e o seu co-contratante, é necessário um entendimento entre todos os sujeitos da interposição. Esse entendimento, melhor dizendo, a participação do terceiro na criação desta aparência, constitui elemento essencial da interposição fictícia (simulação), pois onde tal entendimento ou participação faltar, deixa a mesma de ser fictícia.[93] Na interposição real nenhum acordo desta natureza existe com o terceiro contraente; a convenção sobre o modo como o interposto usará os direitos e obrigações, adquiridos da sua contraparte, estabelece-se unicamente entre o interponente e o interposto. E aqui se vê, mais uma vez, como o acordo simulatório é essencial a toda à ideia de simulação.

Coube, sem dúvida, a Ferrara[94] o mérito de, como em tantas outras matérias neste tema, ter contribuído, de forma decisiva, para a exata delimitação destes conceitos. Até aí não só a designação de *testa-de-ferro* era usada indistintamente para os casos de interposição fictícia e de interposição real, como também se aplicavam princípios do mandato à simulação e vice-versa. E a esta confusão não escaparam sequer autores como Planiol,[95] para quem nos casos de mandato em que o mandatário atua em nome próprio, haveria como que um mandato dissimulado, porque se manteria secreto, sendo o mandatário *testa-de-ferro.* Confundia-se aqui, nitidamente, o negócio simulado com o negócio fiduciário, por razões que melhor se entenderá com o que adiante se disser.

Ferrara chamou a atenção para o fato de que esses equívocos provinham, principalmente, de não se distinguir convenientemente mandato e representação, considerando-se esta como elemento essencial daquele, o pensar-se que todo o mandato é necessariamente representativo.[96]

---

91. Ferrara, op. cit., p. 296 e 297.

92. Conhecido também como prestanome, homem de palha. Na linguagem popular se diz "laranja" figura muito conhecida neste país.

93. Pontes de Miranda, *Tratado*, cit., tomo 4, p. 378; Ferrara, op. cit., p. 297; Distaso, op. cit., p. 387; Beleza dos Santos, op. cit., p. 271.

94. Ferrara, op. cit., p. 269 e ss.

95. Ferrara, op. cit., p. 286.

96. Ferrara, op. cit., p. 271 e ss.

Trata-se, porém, de institutos diversos e que podem não coexistir. Remontam a Ihering os termos dessa distinção, que se deve à doutrina alemã. Para este autor, mandato e representação são, respectivamente, os lados interno e externo de uma mesma relação jurídica, podendo ou não coexistir. O mandato é um negócio bilateral, enquanto, na representação, existe uma declaração unilateral da vontade do mandante, que integra o poder de representação, conferido ao representante e que se dirige a terceiros, a todos aqueles que estabelecem relações jurídicas com o representante.[97] Esse poder (a representação) consiste em que se produzam, na esfera jurídica do representado, direta e imediatamente, os efeitos do negócio jurídico concluído pelo representante, no nome e no interesse daquele; para que a representação se opere, é necessária, porém, a *contemplatio domini,* o acordo de vontades do representante e do terceiro com quem este contrata, para essa imediata repercussão de efeitos, tudo se passando como se o próprio representado estivesse contratando.[98]

Ora bem, pode existir mandato sem representação: basta que o mandante exija que o mandatário atue em nome próprio, deixe de lhe conferir os poderes de representação. É a estes casos de mandato, em que o mandatário atua em nome próprio, que se restringe a figura da interposição real. O mandatário é aqui verdadeiro e efetivo contraente, não titular nominal ou aparente, mero *testa-de-ferro,* como nos casos de simulação.

Sendo efetivo contraente, um intermediário real, para que os efeitos do negócio passem para a esfera jurídica do mandante, é necessário um ulterior negócio translativo, ou vários.[99] Exemplo frisante de interposição real, temo-lo, no nosso Direito, na figura da comissão mercantil, disciplinada nos arts. 693 a 709 do CC em vigor, como já o fazia o revogado Código Comercial nos arts. 165 e seguintes. Se o comissário fizer a cessão de seus direitos a favor da parte com quem contrata esta poderá ter ação direta contra o comitente, nos termos do art. 694 do CC (correspondente ao art. 166 do Código Comercial revogado).

Além da razão acima apontada, houve uma outra que, no entender de Ferrara,[100] contribuiu para se confundirem os conceitos de interposição, fictícia e real, e se aplicarem os princípios do mandato à simulação. Foi o pensar-se que o "ato simulado contém um mandato e se resolve sempre nele". "Que se pretende – interroga Ferrara – que o simulante encarregue ao testa-de-ferro neste

---

97. Ferrara, op. cit., p. 271; Manuel de Andrade, op. cit., p. 286: "Ihering notou que é característico da representação 'uma cisão entre a causa e o efeito' do negócio jurídico; entre o negócio realizado e suas conseqüências jurídicas".

98. Ferrara, op. cit., p. 272; Manuel de Andrade, op. cit., p. 301. O CC atual disciplina o instituto de representação nos arts. 115 a 119. Sobre este instituto ver Custodio da Piedade U. Miranda, *Teoria Geral*, cit., pp. 91 a 103.

99. . Manuel de Andrade, op. cit., p. 287.

100. Ferrara, op. cit., p. 273 e ss.

mandato?" "Mandato, para quê?" "Unicamente para fazer de testa-de-ferro?".[101] Esse entendimento, "o de construir-se a figura de testa-de-ferro como um mandatário do *dominus",* teria surgido da necessidade de se salvaguardar a eficácia dos atos celebrados por terceiros de boa- fé com o testa-de-ferro, o que, aliás, era de todo desnecessário, pois aquele objetivo – diz o mesmo autor – se alcança com a aplicação do princípio "mais enérgico" de que "as contradeclarações privadas não podem opor-se em absoluto a terceiros".[102]

O mero *testa-de-ferro,* nos casos de simulação subjetiva, não é assim, nem pode ser um mandatário. É um titular aparente, nominal, que em momento algum detém os direitos e obrigações decorrentes do negócio celebrado, ao contrário do que ocorre com o mandatário.

Qual então a condição jurídica da pessoa interposta, nos casos de interposição real?

Ferrara distingue, a este propósito, duas situações: aquelas que pressupõem no intermediário um direito ou uma posição anterior, uma "vocação determinada", e aquelas em que ele não detém essa qualidade anterior.

No primeiro tipo de casos (p. ex., efetuar uma venda, perdoar uma dívida), que supõem a qualidade de proprietário ou de credor, embora no interesse de outrem, é o interponente que investe o interposto no direito de que irá dispor no ato da celebração do negócio com terceiro: a sua condição jurídica é a de um fiduciário. É que, além da atribuição patrimonial que lhe faz o interponente, existe a relação de confiança *(fiducia)* que caracteriza o negócio fiduciário, já que o interposto se obriga a usar os direitos adquiridos do interponente (fiduciante) numa direção determinada, por este estabelecida, ou seja, no sentido de transmitir tais direitos ao terceiro com quem contrata e não a usá-las em benefício próprio, sob pena de se sujeitar a perdas e danos.

No segundo tipo de casos (p. ex., efetuar uma aquisição, contrair uma dívida), a iniciativa da celebração do negócio parte do interposto, que obtém efeitos jurídicos para os fazer aproveitar ao interponente; a condição jurídica do interposto é, nestes casos, a de um mandatário em nome próprio.[103]

São figuras ou institutos afins e cuja disciplina jurídica – segundo Ferrara – é idêntica, porque nas duas situações a pessoa interposta adquire direitos em seu próprio nome que, por um motivo ou outro (mandato ou negócio fiduciário), está obrigada a transmitir a outrem.[104]

Os fins com que se recorre à interposição real de pessoas podem ser lícitos ou ilícitos. Concebe-se, com efeito, que considerações de ordem social ou de

---

101. Ferrara, op. cit., p. 274.
102. Ferrara, op. cit., p. 274.
103. Ferrara, op. cit., p. 290.
104. Ferrara, op. cit., p. 291.

"defesa econômica"[105] induzam as pessoas a não dar ao ato a publicidade que lhes pode ser prejudicial ou danosa. Basta pensar na hipótese de um pai querer doar a um filho ilegítimo que o não conhece e, por razões íntimas, desejando continuar incógnito, servir-se de um grande amigo comum para intermediário real. Teria de realizar uma atribuição patrimonial a favor desse amigo, o interposto, com a obrigação deste transmitir posteriormente os direitos adquiridos a favor do referido filho. Não existe neste ato, em si, nada de ilícito e, desde que, simultaneamente, não viole qualquer proibição legal (como seria o caso de, p. ex., querer prejudicar a legítima dos restantes filhos), a interposição é lícita.

É o fim (exclusivo ou concorrente) que determina a licitude ou a ilicitude da interposição.[106] Será ilícita, se se quiser, com ela, defraudar a lei, como no caso de se querer burlar as incapacidades ou qualquer outra proibição legal.

Tanto na simulação como na interposição real tem-se a finalidade de ocultar a pessoa do verdadeiro interessado, aquele que, em última análise, será o titular dos efeitos jurídicos do negócio, usando-se um intermediário que se interpõe entre os contratantes.[107] Mas, no direito brasileiro, ao contrário do que ocorria no domínio do CC de 1916, em que a simulação (interposição fictícia) determinava a *anulabilidade* do negócio jurídico subjacente, já a interposição real fraudulenta acarretava a *nulidade* do negócio em questão (art. 145, II, do CC de 1916),[108] ao contrário do direito atual em que as duas situações determinam a nulidade dos negócios em causa (arts. 167 *caput* e 166, II e III, do CC em vigor, respectivamente).

À interposição fictícia, simulação subjetiva ou de pessoas, refere-se o art. 167, I (art. 102, I, do CC revogado):

> "Haverá simulação nos atos jurídicos em geral:
>
> "Quando aparentarem conferir ou transmitir direitos a pessoas diversas daquelas às quais realmente se conferem ou transmitem."

Se a distinção que acaba de se referir impõe-se para a clarificação dos respectivos conceitos, poderá parecer que, do ponto de vista das consequências legais que cada uma das formas de interposição desencadeia, não oferece relevância. Mas não é assim, como se vai ver.

Aliás, até mesmo na doutrina, há quem ponha em dúvida a possibilidade de uma distinção conceitual entre as duas figuras, tudo dependendo, como se afirma, "da real posição dos sujeitos nas relações internas e nas relações externas".[109]

---

105. Ferrara, op. cit., p. 292.
106. Ferrara, op. cit., p. 291
107. Ferrara, op. cit., p. 295.
108. A interposição real com o objetivo de violar a lei já era uma modalidade de fraude à lei, nos termos do citado art. 145, II.
109. Mirabelli apud Distaso, op. cit., p. 391.

A doutrina que ignora a distinção foi rebatida magistralmente por Ferrara com o argumento de que a confusão provém da circunstância de se confundirem considerações econômicas com a realidade jurídica: é certo que na interposição real – diz Ferrara – o interposto não goza de qualquer vantagem patrimonial, uma vez que adquire direitos do interponente precisamente e na exata medida em que os deverá transmitir ao beneficiado; mas, ao contrário do que ocorre na interposição fictícia, torna-se ele, ainda que provisoriamente, verdadeiro titular dos direitos e obrigações em que se investe com o negócio realizado com o interponente.[110]

Entre nós, a jurisprudência, adotando a tese de que a espécie de simulação que vem de se referir abrange as duas formas de interposição (a fictícia e a real), vibrou profundo golpe contra "uma das mais seguras conclusões da doutrina moderna".[111]

Assim, o v. acórdão do Supremo Tribunal Federal, de 17 de janeiro de 1951, decidiu, por maioria (contra o voto do relator que admitia a distinção entre as duas figuras mencionadas), interpretando uma passagem de Clóvis Beviláqua, que o art. 102, I do CC de 1916, contemplava as duas formas de interposição.

> "O projeto primitivo – escreve o Min. Luiz Galotti, transcrevendo aquela passagem a que se referiu – havia posto de lado a interposição de pessoa, mas a Comissão Revisora do Governo a contemplou tomando por guia o *Esboço* e fazendo com ele várias distinções que o Senado eliminou, por amor da simplicidade e de clareza (*Código Civil comentado,* 2. ed., v. 1, p. 341)."
>
> "Creio não haver dúvidas, por conseguinte – afirma o Ministro – que, no sistema da nossa lei, a interposição da pessoa, em qualquer das formas, se compreende no conceito de simulação, adotado pelo referido art. 102." [112]

Em decorrência dessa interpretação, que considera abrangidas na figura da simulação, prevista no art. 102, I, as duas formas de interposição, o intérprete deparava com mais uma dificuldade no já controvertido tema da interpretação a dar ao art. 1.132 do mesmo Código que estabelece a proibição da venda dos ascendentes a descendentes sem o consentimento dos demais descendentes.

Uma das mais graves controvérsias, na interpretação desse dispositivo, era a que dizia respeito à questão de se saber se a sua violação, por interposta pessoa, ensejava a nulidade ou a simples anulabilidade do negócio respectivo, e à questão dos consequentes prazos prescricionais, além da determinação do *dies a quo* desses prazos.

Sem entrarmos na apreciação de todas essas questões, o que interessa salientar é que a interpretação que abrange no conceito de simulação as duas

---

110. Ferrara, op. cit., p. 273; Distaso, op. cit., p. 391.
111. Distaso, op. cit., p. 391, donde se transcreve a expressão citada.
112. *RT* 208:644.

formas de interposição conflitava com a corrente jurisprudencial, e com a própria Súmula n. 494 (que revogou a Súmula n. 152 que seguia orientação oposta), que considerava nulas as vendas feitas por interposta pessoa e de 20 anos o prazo prescricional.

E o conflito resumia-se no seguinte: a simulação era defeito do negócio jurídico que o tornava simplesmente *anulável* e o prazo de prescrição para a ação de anulação por simulação era de quatro anos, nos termos do art. 177, § 9.º, V, *b;* sendo assim, como justificar que, nos casos de violação do art. 1.132, (ambos do CC revogado), que proibia a venda dos ascendentes a descendentes sem o consentimento expresso dos demais descendentes, por interposta pessoa (interposição essa que em qualquer das formas – real ou fictícia se considerava simulação), a ação fosse de nulidade e o prazo de prescrição de 20 anos?

A resposta a essa indagação pretendeu dá-la o v. acórdão do Supremo Tribunal Federal, de 12 de junho de 1969, no RE 36.690, de São Paulo, citando-se ensinamento do Min. Djaci Falcão:

> "Outrossim, vale ressaltar que a venda por interposta pessoa não vem descaracterizar a ilegitimidade absoluta. Aí o negócio simuladamente feito por interposta pessoa está vinculado ao negócio real, não podendo ser apreciado em separado se é inquinado de ofensivo à norma do art. 1.132."
>
> "Não há de se processar uma ação anulatória fundada em simulação, contra a interposta pessoa, para, em seguida, ser pleiteada a declaração de nulidade do negócio jurídico proibido."[113]

Com o devido respeito, não nos parecia que esse argumento constituísse resposta à objeção formulada, uma vez que, na interposição fictícia, reduzindo-se a intervenção do testa-de-ferro à mera aparência, sendo este simples prestanome, numa doação que o ascendente efetua ao descendente, em nenhum momento se tornando titular dos direitos e obrigações que passam exclusivamente para o beneficiário, a ação destinada a invalidar essa venda poderia ser uma só, embora proposta contra todos os participantes da simulação, isto é, o ascendente vendedor, o descendente beneficiado e o prestanome ou o *aparente comprador* para que o bem vendido revertesse ao patrimônio do ascendente.

Não poderia, nesta hipótese, validar-se o negócio dissimulado, já que este seria realizado em fraude à lei, o citado art. 1.132. Esta solução impunha-se, em nosso entender, de forma irrecusável, se se tivesse em conta, por um lado, que a simulação é um fenômeno unitário, não podendo estabelecer-se entre os seus diversos momentos uma rígida antítese ou separação e, por outro lado, que essa era uma forma de simulação subjetiva, interessando assim visar, para os efeitos da *anulação*, não propriamente o objeto do primeiro negócio (a venda do ascendente ao testa-de-ferro), mas os sujeitos, isto é, todos os participantes da simulação,

---

113. Cf. RE 36.690-SP, referências da Súmula do STF, Brasília, 26:176.

para a anulação do único resultado jurídico desejado: a venda ou a doação ao descendente.

A distinção entre a simulação e a fraude à lei, tal como feita no capítulo precedente, levava-nos à conclusão de que o disposto naquele art. 1.132 seria umas vezes violado com o recurso à simulação e outras com o recurso à fraude à lei.

Isto é, se a venda de ascendente a descendente fosse ocultada com a intervenção aparente de um testa-de-ferro haveria simulação; se, pelo contrário, tal violação fosse disfarçada com uma venda do ascendente (interponente) para o interposto (numa interposição real) e uma outra, deste para o descendente, havendo *dois negócios*, haveria fraude à lei. No primeiro caso, a venda seria *anulável*, por simulação, nos termos do art. 102, I, 104 e 105 do CC de 1916 e art. 167 e parágrafo primeiro, I do CC em vigor; no segundo, seria *nula* por fraude à lei, nos termos do art. 145, II, do CC revogado e art. 166, VI c/c o art. 167, parágrafo primeiro, I do CC em vigor. Só assim se salvaria a distinção conceitual entre a interposição fictícia (simulação) e a interposição real (fraude à lei).

Neste sentido, aliás, é o entendimento de Pontes de Miranda que escreve:

> "Se o ascendente vendeu ao descendente, usando, para evitar a incidência do art. 1.132, de interposta pessoa, e o adquirente transferiu ao descendente, o negócio jurídico, *in fraudem legis,* é nulo. Se tal prova foi feita, o juiz tem de pronunciar, de ofício, ainda em incidente de ação de simulação, a nulidade (art. 146, parágrafo único); porquanto a simulação faz anulável o negócio jurídico, ao passo que a fraude à lei o faz nulo."[114]

Parecia-nos que nada nos autorizava a abranger no conceito de simulação do art. 102, I, do Código revogado, as duas formas de interposição: a fictícia e a real.

A letra da lei é clara. Fala-se ali em aparência, "aparentarem conferir direitos"; e tal aparência só existe na interposição fictícia.

Na interposição real, como em lugar próprio se viu, o interposto adquire *na realidade* direitos para depois os transmitir ao beneficiário. Se os não transmitisse, quando o fim a que se destinava a transmissão era ilícito, nenhuma ação teria o interponente contra ele e não nos parecia também que, ao contrário do que ocorre nos negócios fiduciários lícitos, pudesse ele, nos casos de vendas vedadas pelo art. 1.132 do citado CC de 1916, acionar, por perdas e danos, o interposto que, traindo a confiança *(fiducia)* nele depositada, não transmitisse o bem ao beneficiado, antes dele se apoderasse ou o transmitisse a terceiros.[115]

Toda a dificuldade de interpretação resultava, como se pode ver, do fato de, por um lado, o negócio simulado ser, no domínio daquela legislação, meramente

---

114. *Tratado* cit., tomo IV, p. 387.
115. Espínola, *Manual*, cit., p. 480-481.

anulável, e nula a venda do ascendente a descendente. Daí a corretíssima interpretação dada pelo Supremo Tribunal Federal no acórdão de 12 de Junho de 1969 e na súmula 494, à luz da legislação da época, de que, nas simulações de venda dos ascendentes aos descendentes, a ação seria a de declaração de nulidade e não anulatória, com o prazo prescricional de 20 anos e não de 4 anos, previsto para a simulação. Quer isso dizer que, ainda que a venda de ascendente a descendente fosse realizada por interposição fictícia (simulação), o tratamento a ser dado seria o de nulidade por fraude à lei (ao citado art. 1.132) e não de anulabilidade por simulação.

Ainda que a ação proposta fosse de anulação por simulação o juiz, ante a prova feita, teria de declarar, em incidente suscitado naquela ação, a nulidade do negócio jurídico por fraude à lei, no certeiro ensinamento de Pontes de Miranda. A fraude à lei, determinando a nulidade, uma sanção mais grave do que a simples anulabilidade, como que absorve esta, tornando irrelevante a simulação. A simulação seria, quando muito, o meio, mas o resultado jurídico desejado é a fraude à lei. Por isso, não obstante a clara distinção entre os conceitos de simulação e fraude à lei, feita no capítulo precedente, nada obsta, como ali se disse, a que se fale em *simulação em fraude à lei*.

Já no direito atual, a antinomia apontada subsiste, mas agora em outros termos. É que a simulação é um procedimento que determina a nulidade do negócio a que dá origem (negócio simulado), embora subsista o negócio dissimulado, se válido for na substância e na forma (art. 167), enquanto a venda de ascendente a descendente, sem o consentimento expresso dos demais descendentes, e agora também do cônjuge do alienante, salvo se o regime de bens for o da separação obrigatória, é simplesmente anulável (art. 496).

Assim, se a violação do art. 496 for ocultada por uma interposição *fictícia* de pessoa (simulação), *quid iuris*? O negócio jurídico de venda de ascendente a descendente, sem a observância do consentimento referido no preceito legal, é nulo ou simplesmente anulável? Na interposição fictícia, haverá uma venda simulada de A (ascendente) para B (pessoa interposta) e uma outra, com simulação subjetiva, de B para C (descendente), ocultando uma venda real de A para C, já que esta será a única venda verdadeira. A ação será proposta por D (um coerdeiro ou cônjuge) contra todos os partícipes da simulação, A, B e C para a declaração de nulidade das duas vendas simuladas, com simulação subjetiva e parcial, nos termos do art. 167, § 1º e inciso I, revertendo o bem vendido para o patrimônio de A, para nele os interessados fazerem valer os seus direitos.

Se tal violação ao art. 496 for encoberta, por uma interposição *real* de pessoa, sem simulação, portanto, havendo uma *venda real* de A para B e outra, com um certo lapso de tempo, igualmente real de B para C, qualquer prejudicado (co-herdeiro ou cônjuge) pode propor uma ação de *anulação* das duas vendas reais contra os três participantes da fraude à lei (ao art. 496). Tal ação será de anulação, sujeita ao prazo prescricional respectivo, de harmonia com o disposto no art. 496 do CC.

Temos, assim, aqui o caso curioso em que uma fraude à lei, uma violação disfarçada de uma norma imperativa, ditada no interesse dos particulares é causa de simples anulabilidade, nos termos da mesma norma, enquanto que, se a violação for levada a efeito com simulação é causa de nulidade, por força de uma outra norma que, não obstante nulos os negócios jurídicos respectivos, na medida em que ressalva os direitos de terceiros de boa- fé, vítimas de um erro coletivo, preserva um interesse público relevante,[116] não reconhecendo, por outro lado, o acordo simulatório e, por implicação, o próprio negócio jurídico simulado como uma legítima manifestação do exercício da autonomia privada. Daí a nulidade para a violação do mesmo art. 496, mediante simulação.

Não havendo, porém, simulação, mas uma fraude a uma norma imperativa ditada, não em função de um interesse público, mas de *interesses particulares* de certas pessoas (os demais descendentes ou o cônjuge do alienante), a violação do art. 496 determina mera *anulabilidade* do negócio jurídico respectivo. E a lei, parece-nos, está absolutamente certa nesse ponto.[117]

A mudança do regime instituído pela nova lei, para esse tipo de vendas, radicará no fato de, numa nova apreciação das coisas, o legislador ter entendido que o favorecimento de um dos herdeiros, em prejuízo dos outros, não colide com qualquer *interesse público*, mas com o interesse individual ou particular de cada um dos demais coerdeiros, interesse esse que só o seu titular saberá, em vista de todas as circunstâncias do caso, se deve ou não ser defendido por meio da propositura de uma ação judicial. É o que escreve Sílvio Rodrigues, acrescentando que "todavia, a invocação de fraude à lei só se justifica em casos em que o agente

---

116. É particularmente significativa, nesse ponto, a notável distinção feita pelos autores italianos de *erro coletivo possível* e *erro individual em ato*, quando determinadas pessoas, terceiros de boa-fé, enganadas pela aparência negocial simulada, adquirem direitos do simulado alienante. O negócio jurídico concreto induziria em um *erro individual em ato*, mas este resultaria de um pressuposto anterior, *de um erro coletivo possível*, em que é passível de incorrer qualquer pessoa, de boa-fé (Distaso e os autores ali citados em nota, op. cit., pp. 442-443).

117. Diria-se que, com essa anulabilidade, a lei quis resolver, em certo sentido, a antinomia da lei anterior, em que o art. 1.132 ("Os ascendentes não podem vender aos descendentes, sem que os outros descendentes expressamente consintam"), por se tratar de uma norma imperativa, dava origem à nulidade do negócio jurídico respectivo, nos termos do art. 145 ("É nulo o ato jurídico: II – quando for ilícito, ou impossível, o seu objeto; (...) V – quando a lei taxativamente o declarar nulo ou lhe negar o efeito"), incisos II e V *in fine*, enquanto a simulação determinava a simples anulabilidade do negócio simulado (art. 105-A nulidade a que este artigo se refere, sempre se entendeu tratar-se de nulidade por anulabilidade) , todos do CC de 1916). Donde a intrincada questão: como resolver, se a violação ao art. 1.132 fosse levada a efeito por meio da simulação? Vimos acima, no texto, as diversas soluções dadas a esse problema. Só que no novo sistema, o que resultou, com a alteração da nulidade do art. 1.132 para a anulabilidade do art. 496, foi ter persistido a antinomia, já que agora o negócio simulado é nulo, e não mais meramente anulável.

procura contornar leis de ordem pública, em que o interesse geral se propõe de maneira relevante e que nesses casos o ato é nulo". [118]

Em nosso entender, o citado art. 496 revogou a súmula 494 do STF,[119] já que lhe é posterior, além do que a súmula, fórmula jurisprudencial, não há de prevalecer sobre preceito legal posterior, que venha dispor em contrário. Nem por isso pode dizer-se que foi restabelecida a citada súmula 152, que considerava a venda de ascendente a descendente meramente *anulável*, mas com o prazo de prescrição de *quatro anos* a contar da data da abertura da sucessão.

É que, conquanto anulável tal venda, também nos termos do citado art. 496 do CC, o prazo de prescrição, para a propositura da respectiva ação, será agora de *dois anos*, a contar da *realização da venda*, nos termos do art. 179 que estabelece o prazo genérico de prescrição para os negócios anuláveis que não tenham previsão específica para esse efeito. Se a ação não for proposta nesse prazo, presume-se (presunção *iures et de iure*) a confirmação *tácita* da venda pelos interessados: demais co-herdeiros e o cônjuge do alienante.

Silvio Rodrigues perfilhava a tese da anulabilidade das vendas de ascendente a descendente por interposta pessoa, com o fundamento de que havia nesses casos uma presunção de simulação. A tese da anulabilidade era também dominante na doutrina.[120]

Entendia o eminente jurista, como já se disse, que "a teoria da fraude à lei só se justifica em casos em que o agente procura contornar leis de ordem pública, onde o interesse geral se propõe de maneira relevante. Nesses casos o ato é nulo...". "Nos casos em que apenas o interesse particular está em jogo, não há infração de norma que mereça tão violenta reação do ordenamento jurídico. De modo que se não pode falar de nulidade absoluta, mas sim de ineficácia relativa, que só será decretada se pleiteada pelo prejudicado, que é ratificável e prescritível".[121]

Entretanto, não obstante esse ponto de vista ter sido inteiramente perfilhado pelo legislador, no citado art. 496, deixando claro que os interesses envolvidos são particulares ou individuais, isto é, somente das pessoas com legitimidade para a propositura da ação anulatória, fato que explica porque, além de a ação ser anulatória, concede-se um prazo prescricional limitado, não obstante a violação de uma norma legal imperativa, fica-se na dúvida sobre se aquele eminente e saudoso jurista aderiu ou não ao entendimento de que a citada súmula 494 fora revogada pelo referido art. 496 do CC em vigor.

---

118. Silvio Rodrigues, op. cit., vol. 3, p. 157.

119. Súmula 494: A ação para anular venda de ascendente a descendente, sem consentimento dos demais, prescreve em vinte anos, contados da data do ato, revogada a Súmula 152.

120. Op. cit., vol. 3, p. 158.

121. Obra e volume citados, p. 159.

É o que se depreende do que, ao termo de uma exposição sobre a evolução do seu pensamento, em entender que a fraude a lei ocorre só quando se viola uma norma de interesse e ordem pública e não também a que protege interesses meramente particulares ou individuais, como a que proíbe a venda de ascendente para o descendente sem o consentimento dos demais descendentes, norma essa que, até a mencionada evolução do seu pensamento, considerava de interesse e ordem pública, conclui: "Embora no plano teórico continue abraçando tal concepção (de que na fraude à lei o agente procura sempre contornar leis de ordem pública), na prática a solução da Súmula 494 do Supremo Tribunal Federal impõe se reveja tal posição, atualizando os conceitos" (parênteses nossos).[122]

O que se pode perguntar é o seguinte: se no direito atual o negócio simulado é nulo (art. 167, *caput)* e a ação respectiva é a da declaração de *nulidade*, enquanto para invalidar a venda de ascendente a descendente, sem o consentimento dos legitimados legalmente, a ação é *anulatória*, com prazo prescricional de dois anos (art. 496 c/c o art. 179), *quid iuris* quando a violação desta última norma se der por simulação para se ocultar tal violação? Como resolver o aparente conflito?

Como já se disse, a simulação para tal ocultação será na modalidade de interposição *fictícia* de pessoa. Haverá, nesse caso, um único negócio real, a venda de A (ascendente) para C (descendente) com a interposição fictícia de B. O que quer dizer que A efetua uma venda aparente (simulada) a B e este uma outra venda simulada a C (a aparência aqui é relativa aos sujeitos e ao objeto – mediato- do negócio simulado), com a diferença de que o destinatário (oculto) do preço, se preço existir, é A, ou seja, haverá uma única transmissão real (já que pode ser uma doação oculta) de A para C, encoberta pelas vendas simuladas, de A para B e de B para C; isso quer dizer que B é um mero testa de ferro e a simulação pressupõe, neste caso, um acordo simulatório entre os três figurantes. As duas vendas serão *nulas*, por simulação, embora a segunda, a que oculta a violação da norma legal (art. 496), em razão da figura do intermediário B, venda essa deste para C, que é descendente de A, seja, no rigor da lei e dos princípios, meramente *anulável*, por fraude à lei.

Com efeito, a ação a propor, para invalidar as duas vendas, seria a de *declaração de nulidade* dos negócios simulados, nos termos do art. 167, § I e inciso I, e ação a ser proposta para a invalidação da única transmissão real de A para C, por força do art. 496,[123] seria, em princípio, a da anulação dessa transmissão de A para C. Entretanto, não haveria porque se propor duas ações, uma para a declaração de nulidade das vendas simuladas e outra da anulação para o negócio dissimulado. Basta que se proponha uma só ação de declaração de nulidade para as duas vendas simuladas e para o negócio dissimulado, por simulação e por fraude à norma

---

122. Silvio Rodrigues, op. cit., vol. 3, p. 158).

123. É que faltará ao ascendente legitimação para dispor de seus bens sem esse consentimento e ela resulta da especial posição que o ascendente ocupa em relação a todos

imperativa do art. 496, respectivamente. A anulabilidade desta última é absorvida pela nulidade das duas primeiras.

É evidente que, numa situação dessas, vale insistir, o legitimado para a ação não irá propor duas ações, uma declaratória de nulidade dos negócios *simulados* de A para B, e de B para C e outra de anulação do negócio dissimulado de A para C que não valerá pelo seu conteúdo (substância, como diz a lei no art. 167, 2ª parte), ainda que a forma seja válida, mas proporá *uma só ação de declaração de nulidade por simulação* para as duas vendas simuladas, nos termos do citado art. 167, e para a transmissão real , nos termos do art. 496 c/c com o art. 166, VI.[124]

Como o legitimado é um outro descendente, ou o cônjuge do alienante, se nenhum deles houver consentido na venda, será um terceiro de boa -fé a quem a simulação não será oponível, podendo prevalecer-se de todos os benefícios de uma ação de nulidade em confronto com a de anulabilidade, mas devendo propor a ação tão logo tenha conhecimento das vendas. É assim que, parece-nos, se deve resolver a aparente antinomia entre os citados arts. 496 e o art. 167, § 1º e inciso I.

A presunção de simulação verificava-se ainda, na opinião de Silvio Rodrigues, na venda direta a descendente, por encobrir presumidamente uma doação.[125]

Um caso de interposição real fraudulenta, prevista na lei, é o do art. 428, I, que dispõe:

> "Ainda com autorização judicial, não pode o tutor sob pena de nulidade, adquirir, por si, ou por interposta pessoa, por contrato particular, ou em hasta pública, bens móveis ou de raiz, pertencentes ao menor."[126]

os descendentes e que não lhe permite privilegiar uns em detrimento dos outros (Custodio da Piedade Ubaldino Miranda, *Teoria Geral*, cit., p. 63).

*Art. 496.* "É anulável a venda de ascendente a descendente, salvo se os outros descendentes e o outro cônjuge do alienante expressamente houverem consentido.

Parágrafo único: Em ambos os casos dispensa-se o consentimento do cônjuge se o regime de bens for o de separação obrigatória."

124. *Art. 166.* "É nulo o negócio jurídico quando: tiver por objetivo fraudar lei imperativa".

125. Silvio Rodrigues, op. cit., p. 150 e nota 202.

126. Na edição anterior desta obra, escrevemos: Caso típico de fraude à lei, no sentido a que se refere Silvio Rodrigues, parece-nos ser o contemplado no art. 1.720, que dispõe: "São nulas as disposições em favor dos incapazes (arts. 1.718 e 1.719), ainda quando simulem a forma de contrato oneroso, ou os beneficiem por interposta pessoa". "Reputam-se pessoas interpostas o pai, a mãe, os descendentes e o cônjuge do incapaz".

A interpretação que os dispositivos citados sugerem é a de que contemplam, excepcionalmente, casos de simulação que ferem o respectivo negócio de nulidade e não de simples anulabilidade. Se assim for, a figura de interposição, neles prevista, será tanto a fictícia (simulação) como a real, ensejando as duas (e aquela também excepcionalmente) a nulidade. A distinção conceitual entre a interposição fictícia (simulação) e a real, longe de constituir um preciosismo jurídico, é a única forma de se evitarem antinomias insuperáveis neste domínio e os últimos dispositivos citados só confirmam aquilo que nos parece

# CAPÍTULO IV

# EFEITOS DA SIMULAÇÃO

## I

## EFEITOS ENTRE AS PARTES

Efeitos sob o império do CC de 1916: 1. Simulação absoluta inocente. 2. Simulação relativa inocente. 3. Simulação fraudulenta. 4.Efeitos da simulação entre as partes no âmbito do Código Civil em vigor.

**1.** Que efeitos produz a simulação no direito brasileiro?[1]

uma verdade insofismável: a de que pode haver razões de política legislativa que levem o legislador não só a estabelecer regimes diversos de invalidade (nulidade nos casos de violação direta e de interposição real fraudulenta e anulação nos casos de interposição fictícia – simulação) para atividades que redundam na violação de um mesmo dispositivo legal, mas também excepcionalmente, um mesmo tipo de invalidade (nulidade) para as duas formas de interposição: a fictícia (simulação), como no caso referido) e a real (fraude à lei). A afirmação era feita a propósito do art. 1.132 e da interpretação que lhe dávamos naquele texto.

1. Os dispositivos que regiam esta matéria eram os arts. 103 e 104 do Código Civil de 1916.

*Art. 103.* "A simulação não se considerará defeito em qualquer dos casos do artigo antecedente, quando não houver intenção de prejudicar a terceiros, ou de violar disposição de lei".

Em toda a problemática da simulação não haverá matéria mais controvertida do que esta, sobre os efeitos da simulação. O estudo comparativo da simulação, no direito brasileiro, no âmbito do CC de 1916 e no de 2002, ora em vigor, recomenda que separemos a matéria para tratá-la de modo adequado, em subtítulos distintos, no domínio de cada uma dessas legislações.

Na vigência do Código Civil revogado, escrevemos:

No direito brasileiro, ao contrário das legislações estrangeiras, em geral[2], o negócio simulado, nas simulações fraudulentas, pelo menos no rigor da lei, produz ou deve produzir efeitos entre as partes.

Em segundo lugar, porque não há unanimidade de pontos de vista, na doutrina, quanto aos efeitos do negócio simulado inocente, por um lado; e, por outro, na simulação fraudulenta, a jurisprudência, em contrário de texto expresso

*Art. 104.* "Tendo havido intuito de prejudicar a terceiros ou infringir preceito de lei, nada poderão alegar ou requerer os contraentes em juízo quanto à simulação do ato, em litígio de um contra o outro, ou contra terceiros".

2. Assim, no *direito italiano,* o negócio simulado não produz efeitos entre as partes, mas produz o ato dissimulado se tiver os requisitos legais de substância e forma (art. 1.414); em relação a terceiros, o ato dissimulado não produz seus efeitos, podendo os terceiros, no entanto, mediante ação declaratória, fazer prevalecer o ato dissimulado se a simulação prejudicar seus interesses (art. 1.415) do *Codice Civile.*

No *direito português* o negócio simulado é nulo (art. 240, 2), não prejudicando tal nulidade a validade do negócio dissimulado, quando existir, desde que, se for de natureza formal, tenha sido observada a forma exigida por lei (art. 241). A nulidade do negócio simulado pode ser arguida pelos próprios simuladores entre si, ainda que a simulação seja fraudulenta (art. 242), constituindo neste ponto uma exceção ao princípio geral da nulidade, que pode ser invocada por qualquer *interessado* (art. 286), mas a nulidade proveniente da simulação não pode ser arguida pelo simulador contra terceiro de boa fé (art. 243, 1), consistindo esta na ignorância da simulação ao tempo em que foram constituídos os respectivos direitos (art. 243, 2), presumindo-se *iure et de jure* a má fé, do terceiro que tenha adquirido o direito posteriormente ao registro da ação da simulação, quando a este haja lugar (art. 243, 3, todos do CC português em vigor).

No *direito francês,* a simulação não é, em princípio, motivo de nulidade. As *contre-lettres* são válidas e eficazes entre as partes, que ficam vinculadas aos seus efeitos entre elas; mas não produzem efeitos contra terceiros (art. 1.321 do *Code Civil*). Se uma das partes quiser prevalecer-se do ato aparente, pode a outra obstar a isso por meio da ação declaratória da simulação. Se, porém, o ato secreto constata uma convenção em si mesma ilícita, a *contre-lettre* não pode ser validamente invocada pelas partes. "Assim, não seria válida a *contre-lettre* com o fim de conferir caráter irrevogável a um ato revogável por sua natureza; mas a nulidade da *contre-lettre* resulta então de outra razão que não seu caráter secreto" (Marty e Reynaud, op. cit., p. 243 e s., especialmente p. 246).

No *direito alemão* o negócio simulado é nulo, mas é válido o dissimulado, quando existir, desde que tenha todos os requisitos que lhe são próprios e especialmente que se observe a forma que lhe corresponde e se não é proibido ou imoral (BGB, § 117; cf. Enneccerus, op. cit., p. 179).

de lei, tem permitido, em certos casos, a arguição da simulação, por um dos simuladores, anulando negócios simulados.

Passemos a examinar esses efeitos, distintamente, na simulação inocente e na simulação ilícita, que também se designa por simulação fraudulenta, e, dentro da primeira espécie, a simulação absoluta e a simulação relativa.

Pontes de Miranda considera inexistente o negócio realizado com simulação absoluta inocente. Ê o que se verifica da seguinte passagem: "O ato jurídico puramente aparente, ou em que houve simulação absoluta e inocente, *não é*. Seria equívoco dizê-lo nulo e dar lhe o mesmo trato que ao ato jurídico em que há simulação nocente".

Aquele, pois, o que não é, não tem qualquer eficácia (seria haver efeito sem causa): todos os figurantes não quiseram que o ato entrasse no mundo jurídico; e a lei não precisou proteger a ninguém contra essa pura aparência. No direito brasileiro, se há o fato de ofensa à lei, ou o fato de prejudicar a outrem, já o ato entra no mundo jurídico. Mesmo porque a intenção importa em querer alguma eficácia do ato jurídico aparente. Quem quis simular, para deixar de pagar custas, ou impostos, quis, até certo ponto, o ato jurídico simulado.[3]

Em outro extremo se situa Clóvis Beviláqua que, em comentário ao art. 103, escreve:

> "Esta disposição não se encontrava no Projeto primitivo, porque, se as partes recorrem aos expedientes da simulação, o ato não tem a seriedade exigida pelo direito, e faz presumir intenção maliciosa. Prevaleceu a opinião contrária, que se apoia no direito romano, por se entender que, não havendo prejuízo de terceiro, nem ofensa à lei, nem erro de uma das partes, o ato, embora simulado, é inocente e deve produzir efeito. Teixeira de Freitas dava ação às partes para o ato ser anulado ou valer com o seu caráter verdadeiro (*Consolidação,* nota 17 ao art. 358). O Código não considera defeito a simulação inocente; portanto deve subsistir o ato, apesar dela. Quer isto dizer: nem terceiros, pois que não são prejudicados, nem o representante do Poder Público poderá pedir a anulação do ato, que produzirá entre as partes o efeito que estas lhe derem."[4]

E é este também o parecer de Franzen de Lima:

> "Pelo sistema do nosso direito civil, a simulação inocente não é considerada como defeito do ato jurídico e, portanto, ele subsistirá, apesar da simulação."

---

3. Pontes de Miranda, *Tratado*, cit., Tomo IV, p. 380. Ver também *Tratado das ações*, 2. ed., Tomo II – Ações Declarativas, São Paulo, Revista dos Tribunais, 1973, p. 273; e *Comentários ao Código de Processo Civil,* Tomo IV, Rio de Janeiro, Forense, 1974, p. 398 e ss.

4. Clóvis Beviláqua, op. cit., I, p. 284.

> "Consagrando esse princípio, que, aliás, alguns mestres não aceitam, o nosso Código Civil estabeleceu no art. 103 o seguinte: ..."[5]

Diferente é o ponto de vista de Espínola, sufragado também por Carvalho Santos:

> "Não nos parece admissível a interpretação do egrégio Dr. Clóvis Beviláqua, ao afirmar que o ato simulado inocente 'deve produzir efeito', 'deve subsistir, apesar da simulação'. Se assim fosse, teríamos que, de acordo com o art. 104, não poderiam os contratantes alegar a simulação, porque fraudulenta; e, de acordo com o art. 103, também o não poderia porque, sendo inocente o ato simulado, deveria subsistir. Num caso, os contraentes não seriam admitidos em juízo por haverem praticado um ato condenado pelas leis; no outro, sofreriam a mesma pena (pelo menos não obteriam o fim prático de sua pretensão), não obstante haverem praticado um ato lícito."
>
> "Não é correto também dizer, como, aliás, comumente se diz que a simulação inocente não é motivo de nulidade. Não é, sem dúvida, uma causa de nulidade do ato dissimulado, quando seja o caso de simulação relativa. Mas, o que se pode asseverar, de modo geral, é que a simulação, seja inocente ou fraudulenta, seja absoluta ou relativa, é sempre capaz de determinar a anulação do ato simulado, quer promovam essa anulação os terceiros prejudicados (simulação fraudulenta), quer os próprios contraentes (simulação inocente)."[6]

Silvio Rodrigues parece também não comungar deste ponto de vista, embora acabe seguindo a opinião da doutrina dominante:

> "Dispõe o art. 103 que se não considera defeito a simulação quando inocente. Ora, se a simulação inocente não é defeito, o ato jurídico dela oriundo não pode ser infirmado, porque é perfeito. Parece evidente que se um negócio não apresenta qualquer vício, não pode ser desfeito, a não ser pelo consenso das partes, de onde decorre que o ato simulado, se inocente o fingimento, prevalece ainda que revelada a simulação."
>
> "Mas tal orientação é contra a opinião de toda a doutrina, e colide com a legislação dos demais países, uma e outra entendendo que, no caso de simulação inocente, esta pode ser declarada a pedido de qualquer das partes, para o fim de tornar sem efeito o ato simulado."
>
> "Aliás, esta ideia, aparentemente rejeitada pelo art. 103, parece ser acolhida pelo art. 104, ambos do Código Civil, através do argumento *a contrário*. Diz esse texto que havendo intuito de prejudicar terceiro, ou infringir preceito de lei, não podem os contratantes alegar a simulação; *a*

---

5. Franzen de Lima, op. cit., p. 310.

6. Espínola, em *Manual do Código Civil brasileiro* de Paulo de Lacerda, p. 501 e s.; e *Tratado de direito civil brasileiro,* v. 1, Introdução ao estudo do direito civil, p. 560 e 541, Freitas Bastos, 1935. V., também, Carvalho Santos, *Código Civil brasileiro interpretado,* Freitas Bastos, 1938, v. 2, p. 93v. Decididamente, essa disciplina já era contrariada pela própria letra da lei.

> *contrario sensu,* portanto, não havendo intuito de causar prejuízo, podem as partes arguir a simulação."
>
> "Portanto, os dois artigos parecem viver em contradição. Como disse, a doutrina interpreta desta segunda maneira a regra, permitindo, em caso de simulação inocente, a qualquer dos contraentes, a promoção da anulabilidade do ato."[7]

O que dizer de toda essa controvérsia?

À uma primeira aproximação do problema, poderia parecer susceptível de reparo o ensinamento de Pontes de Miranda para quem o negócio realizado com simulação absoluta inocente é inexistente. Poderia objetar-se que, para que o negócio simulado inocente fosse inexistente, seria necessário que carecesse de um de seus elementos constitutivos essenciais, de um daqueles elementos cuja ausência tornasse mesmo inconcebível o negócio jurídico como tal.

Elementos da existência do negócio jurídico são na lição de Junqueira de Azevedo: a forma, isto é, o comportamento negocial, quer ele seja escrito (forma solene), oral ou até mesmo se reduza ao silêncio; o objeto ou o conteúdo, isto é, as diversas cláusulas que integram o negócio "e finalmente as circunstâncias negociais, ou seja, o que fica da declaração da vontade, despida da forma e do objeto, isto é, aquele *quid,* irredutível à expressão e ao conteúdo, que faz com que uma manifestação de vontade seja vista socialmente como destinada à produção de efeitos jurídicos".[8]

Além de elementos gerais, refere este jurista, como essenciais à existência do negócio jurídico, os elementos "categoriais essenciais ou interrogáveis", que "não resultam da vontade das partes e sim da ordem jurídica, isto é, da lei e do que, em torno desta, a doutrina e a jurisprudência constroem",[9] como por exemplo, "o consenso sobre a coisa e o preço na compra e venda; a manifestação do *animus donandi* e o acordo sobre a transmissão de bens ou vantagens, na doação etc.[10]

Também a respeito do conceito do negócio jurídico, de sua análise no plano da existência, escreve Manuel de Andrade:

> "Para existir uma declaração de vontade negocial, será bastante que qualquer comportamento dum indivíduo apareça como tal. Para o efeito de que se trata, esse comportamento deve, portanto, ser visto de fora; deve ser *considerado exteriormente.* Se, encarado desde tal ponto de vista, ele aparecer com um significado negocial, já estaremos em face duma declaração de vontade enquanto elemento da existência dum negócio jurídico. Pode ser que por trás desta exterioridade falte a interioridade correspondente; que por baixo desta superestrutura – digamos – não exista a correlativa infraestrutura. Pode ser,

---

7. Silvio Rodrigues, op. cit., p. 216-217.
8. Junqueira de Azevedo, op. cit., p. 41-42.
9. Junqueira de Azevedo, op. cit., p. 44.
10. Junqueira de Azevedo, op. cit., p. 45.

em suma, que a vontade real do comportante seja nenhuma ou, em todo o caso, seja diversa da que aparece refletida ou extrinsecada naquele comportamento. Mas isso já é outra coisa."[11]

Mais incisivo ainda é Alberto Auricchio que dedica todo um capítulo à demonstração da tese de que o negócio simulado, mais do que um negócio meramente existente, é um negócio válido, embora ineficaz entre as partes.

Analisando o art. 1.325 do Código Civil italiano de 1942, em vigor, identifica, no negócio simulado, todos os requisitos de validade do negócio, afirmando que tanto em um negócio normal, válido e eficaz, como no negócio simulado de uma compra e venda, por exemplo, este ineficaz, há um traço comum entre eles, "no sentido de que em ambos os casos falta o desacordo, o dissenso acerca das declarações".

E ainda que o acordo não seja entendido como "o fato histórico da formação do contrato", mas como o "fato psicológico do *in idem placitum consensus*" a situação não muda, na medida em que a própria doutrina fundou neste elemento a distinção entre a simulação e a reserva mental. Além disso, também no negócio simulado existe a causa, tanto assim que "o contrato (simulado) pode assumir, em relação aos terceiros, a sua relevância típica, que só pode medir-se em relação à causa própria de cada negócio".[12]

> "O que as partes evitam – afirma este autor – são os efeitos do contrato. Mas a inexistência dos efeitos é bem distinta da inexistência do contrato, visto que o contrato é ontologicamente diferente dos seus efeitos: e isto não carece de ser demonstrado por a observação ser axiomática. Nem se replique que é impossível querer um fato sem lhe querer as consequências; na verdade, a relação que existe – se acaso existe – entre os termos que são tomados em consideração, seria, quando muito, relação de causalidade jurídica e, não, certamente, de causalidade natural. Esta observação parece suficiente para compreender que uma vez limitada a atenção ao mero plano natural, ficamos automaticamente afastados de todo o complexo problema de relações que, no âmbito de uma norma, ligam o fato ao efeito, esvaziando, assim, essa objeção de conteúdo real."[13]
>
> "É, portanto, inexato dizer – conclui Auricchio – que as partes contratantes, ao simular, hajam realizado um contrato fingido ou aparente; a aparência refere-se, quando muito, aos efeitos finais, que na verdade faltam e que os terceiros julgam existentes; mas o fato contratual existe e é precisamente como a norma prevê que seja."[14]

Não obstante tudo o que ficou exposto, e com a devida vênia das opiniões em contrário, neste tema, parece-nos inatacável, em face da lei brasileira, a tese

---

11. Manuel de Andrade op. cit., II, p. 122.
12. Auricchio, op. cit., p. 119-21, especialmente 119.
13. Auricchio, op. cit., p. 78-79.
14. Auricchio, op. cit., p. 121.

de Pontes de Miranda, para quem o negócio realizado com simulação absoluta inocente é inexistente.

Efetivamente, na simulação absoluta inocente o que as partes realizam é uma aparência negocial para fins não negociais; da realização dessa aparência não resultam quaisquer efeitos jurídicos. O negócio simulado inocente, na simulação absoluta, não gera qualquer relação jurídica: nem por iniciativa das partes, que se limitam a criar essa aparência negocial, sem que se alterem as respectivas esferas jurídicas, nem por mero efeito da lei, ao contrário do que ocorre nas simulações fraudulentas.

Nestas, nos termos expressos do art. 104, o negócio produz ou pode produzir efeitos entre as partes: quer isso dizer que, do negócio simulado, na simulação fraudulenta, pode resultar, por efeito da lei (e até mesmo contra a vontade das partes), uma relação jurídica válida e eficaz, enquanto não lhe demandarem a anulação terceiros prejudicados, ou os representantes do Poder Público.

Nem se objete que, também do negócio simulado inocente resulta uma relação jurídica válida e eficaz por efeito da lei: por força do disposto no art. 103, segundo o qual a simulação inocente não constitui defeito do negócio jurídico.

E não se pode argumentar assim porque se impõe uma interpretação restritiva do art. 103.

Parece-nos que a discutida contradição entre as regras dos arts. 103 e 104 se remove, desde que se lhes dê a interpretação conciliatória que, entendemos, elas comportam.

Efetivamente todo o problema consiste, como bem acentua Silvio Rodrigues, no fato de os arts. 103 e 104 parecerem estar em contradição, aquele dispondo que não se considera defeito a simulação quando inocente, e este parecendo dispor *(a contrario)* que, não havendo intuito de prejudicar a terceiros ou de violar a lei (isto é, sendo a simulação inocente), podem as partes anular o ato, porque podem alegar a simulação

A interpretação daqueles artigos para a disciplina da simulação inocente deve ser a seguinte:

Tem-se entendido, como já acima se viu que as partes podem recorrer, na simulação inocente, à ação declaratória para a declaração judicial do autêntico sentido e alcance das declarações negociais simuladas. E é, cremos nós, com este alcance, que se deve acolher a regra que, *a contrario,* se infere do art. 104. Não se deve concluir que as partes podem alegar a simulação (e é só isso que o referido artigo – e assim mesmo *a contrario* – autoriza) para o *efeito de anular o negócio* que, por razões que se passará a desenvolver, é inexistente, *mas apenas para obter a declaração judicial da inexistência da relação jurídica.*

Dizemos que o negócio é inexistente porquê desse negócio, celebrado com simulação *absoluta* inocente, não brota qualquer relação jurídica. No negócio realizado com simulação *relativa* inocente existe uma relação jurídica, a relação dissimulada, aquela que as partes procuram alcançar servindo-se de um negócio ostensivo, aparente, de outra natureza. É o que ocorre quando as partes dissimulam uma doação sob a aparência de uma compra e venda ou vice-versa.

Se o negócio simulado inocente não gera qualquer relação jurídica, parece-nos que não preenche os elementos da conceituação legal do negócio jurídico. Efetivamente, nos termos do art. 81, ato jurídico (no sentido de negócio jurídico) é "todo o ato lícito, que tenha por fim imediato adquirir, resguardar, transferir, modificar ou extinguir direitos". Sendo assim, se no negócio simulado, com simulação absoluta inocente, as partes não têm em vista, ou por fim, como na realidade não têm, uma aquisição, modificação ou extinção de direitos, nem, por outro lado, a lei as vincula à sua criação da aparência negocial, isto é, não decorre desse negócio qualquer relação jurídica por efeito exclusivo da mesma lei, como ocorre no negócio simulado, na simulação fraudulenta, parece-nos que não se pode falar em negócio jurídico. Trata-se de uma aparência negocial a que a lei não liga quaisquer efeitos.

Sendo inexistente o negócio realizado com simulação absoluta inocente, é evidente que exorbita da regra contida no art. 103 que contempla um procedimento simulatório válido, que não enferma de qualquer defeito ou vício.[15]

Permitimo-nos discordar, assim, *data venia,* do ponto de vista de Espínola quando, combatendo a opinião de Clóvis afirma que, a seguir-se o ponto de vista deste jurista, teríamos que "num caso (o do art. 104) os contraentes não seriam admitidos em juízo, por haverem praticado um ato condenado pelas leis; no outro

---

15. A este propósito escreve Pontes de Miranda:

"Se não há uma dessas intenções (de prejudicar a terceiros ou de violar a lei), ou o resultado, não se pode pensar em simulação que invalide o ato jurídico. Os figurantes podem alegar em juízo essa simulação, um contra o outro. Se não havia intenção de introduzir no mundo jurídico o ato, a simulação é absoluta. O Código Civil não possui regra jurídica especial, porque, se a contivesse, seria regra jurídica pré-excludente, isto é, para se dizer que o ato não é jurídico (não entra no mundo jurídico)". *Tratado*, cit., Tomo IV, p. 373); v. também *Comentários*, op. cit., pp. 399 e 400.

E mais adiante: "Assim o ato simulado é, de regra, fático e não jurídico; se há ou se pode sobrevir prejuízo a terceiro, ou a violação a lei, o sistema jurídico fá-lo entrar no mundo jurídico. Por isso, enunciou, em regra jurídica (em parte) pré-excludente, o art. 103: 'A simulação não se considerará defeito em qualquer dos casos do artigo antecedente, quando não houver intenção de prejudicar a terceiros, ou de violar disposição de lei'. Já frisamos o que há de elíptico em tal regra jurídica; e tem-se de prestar atenção a isso. O art. 103 não estabelece que, em tal caso, o ato não entra no mundo jurídico; apenas enunciou que não há cogitar-se de anulabilidade, porque tudo ou se confinou no mundo fáctico ou entrou no mundo jurídico sem vício. No primeiro caso, 'nenhum ato existira', como dizia Teixeira de Freitas (Esboço, art. 524), a cujo art. 523 se deve o pensamento do Código Civil argentino (art. 957: 'La simulación no es reprobada por Ia ley cuando a nadie perjudica ni tiene un fin ilícito') e do Código Civil brasileiro (art. 103)" (*Tratado*, cit., Tomo IV, p. 394).

(art. 103), sofreriam a mesma pena (pelo menos não obteriam o fim prático de sua pretensão), não obstante haverem praticado um ato lícito"; e quando conclui que a simulação inocente, seja a absoluta, seja a relativa, é capaz de determinar a anulabilidade do ato, por iniciativa dos próprios contraentes.

Como se viu, na simulação absoluta inocente as partes são admitidas a alegar a simulação, não para anular o negócio simulado (que é inexistente), mas para obterem a declaração judicial da inexistência de relação jurídica que o negócio simulado aparenta envolver. Porém, não se põe o problema da anulabilidade do negócio realizado com simulação absoluta inocente porque, como ensina Pontes de Miranda, ele não chega a entrar no mundo jurídico. Para que tal negócio fosse anulável, seria necessário que existisse e fosse válido (enquanto não anulado). A decisão a respeito teria de ser constitutiva.

**2.** Como já se afirmou, na simulação relativa inocente, sob o negócio aparente, ostensivo, se oculta uma realidade negocial diferente, a que se tem chamado negócio dissimulado.

Na simulação relativa inocente, as partes recorrem à aparência de um tipo negocial (p. ex., contrato de compra e venda) para alcançar um fim (uma relação jurídica) diferente do representado pela causa daquele tipo, e correspondente a outro tipo negocial. Assim, a função econômico-social da compra e venda consiste numa troca de atribuições patrimoniais, representada pelo preço e pela coisa vendida; mas, se tal negócio é realizado para atingir um escopo (oculto) diferente, que não é típico de compra e venda, no sentido indicado, mas, por exemplo, de uma doação (uma atribuição patrimonial gratuita de uma das partes em favor da outra com *animus donandi*), e sem que esse procedimento seja determinado com a "intenção" de causar prejuízo a terceiros ou de violar a lei, haverá uma simulação relativa inocente.

E tal simulação é permitida na lei e admitida pela jurisprudência.[16]

Quando o art. 103 dispõe que não se considerará defeito a simulação inocente, é necessário precisar, antes de mais, a qual dos negócios se refere: se ao negócio simulado, se ao negócio dissimulado. Colocada a questão sob este aspecto, cremos que os dois negócios são susceptíveis de sujeitarem-se à incidência desse dispositivo, só que cada qual sob um ângulo diferente, precisamente sob o ângulo em que se insere no fenômeno simulatório, na espécie de simulação que vimos referindo (simulação relativa).

Precisando melhor este pensamento: viu-se que, nesta espécie de simulação, as partes recorrem ao negócio simulado (aparência negocial) para a ilusão de

16. O exemplo típico é o que atrás mencionamos, citando Silvio Rodrigues: "Se a lei não veda ao homem solteiro a doação de bens à sua concubina, não pode tornar sem efeito a venda simulada que ele lhe faz" (op. cit., p. 213). *v.*, também, acs. do STF já mencionados em *RTJ* 55:805 e *RTJ* 54:201.

terceiros, quando na realidade lhes interessa, sob essa aparência (que também lhes é indispensável), a celebração de uma relação jurídica de outra natureza. O negócio simulado é assim apenas uma parte (um elemento se se quiser) do procedimento simulatório, não se confunde com ele. A simulação é um procedimento constituído do acordo simulatório e do negócio simulado, dando origem, neste tipo de simulação, em virtude do que as partes convencionam no pacto simulatório, a uma relação jurídica que efetivamente estabelecem e a que a doutrina chama negócio dissimulado.

Ora, quando o art. 103 dispõe que a simulação não se considerará defeito, o que no fundo faz é estabelecer que a simulação não vicia o negócio simulado, não o torna, em princípio, anulável por iniciativa de terceiros ou de representantes do Poder Público; efetivamente é esse o negócio que, em princípio, os terceiros conhecem, desconhecendo a existência da relação jurídica dissimulada. Mas o negócio simulado é parte de um todo, é a *forma* que envolve um *conteúdo* "atípico": o conteúdo próprio de um tipo negocial distinto do aparentado pela sua forma. Quer isso dizer que a anulação do negócio simulado não se limitaria a desfazê-lo; teria lógica e necessariamente de alcançar a própria relação jurídica dissimulada.

Daí que o art. 103, dispondo que a simulação inocente não se considerará defeito, estabelece também que ela não vicia a relação jurídica dissimulada, não a torna anulável por iniciativa das partes que, não poderão, também, por qualquer outra forma (p. ex. querendo prevalecer-se dos efeitos próprios do negócio simulado), desconstituir aquela relação jurídica.

É esta a realidade jurídica em que se analisa a simulação relativa inocente. Nem outro é o ensinamento dos autores, como se vai ver.

Nesta espécie de simulação, acentua Pontes de Miranda, "qualquer dos figurantes pode pleitear, não a decretação da anulação, porque não houve defeito, mas a declaração que se quis outra coisa que aquilo que se simulou".[17] E cita um exemplo: "Assim, se *A* doou a *B*, inocentemente, mas fez passar-se escritura pública de compra e venda, pode *A* pedir a declaração de simulação inocente, de modo que a dação a *B* se trate como doação, e não como compra e venda, o que pode ter consequências práticas importantes, como a revogação por ingratidão, ação cumulável à ação declarativa".[18]

A nós nos parece que "a declaração que se quis outra coisa que aquilo que se simulou", não pode redundar no entendimento de que a lei tutela uma vontade real divergente da declarada. Como acima se viu, a relação jurídica dissimulada (que seria a vontade real para os adeptos da doutrina tradicional) é alcançada sob a forma de um negócio de natureza diversa (vontade declarada para aquela

17. *Tratado*, cit., Tomo IV, p. 400.
18. *Tratado*, cit., Tomo IV, p. 401.

doutrina); mas tanto o negócio simulado como a relação jurídica dissimulada fazem parte de um mesmo processo (o simulatório) e, como tal, são igualmente queridos pelas partes. O que a lei acolhe é todo esse processo e não uma suposta divergência entre a vontade real e a declarada.

É assim que, se uma das partes, violando o pacto simulatório, quiser prevalecer-se de uma relação jurídica inexistente, a correspondente aos efeitos próprios do negócio simulado, pode a outra obter a declaração da existência de uma relação jurídica diversa da aparente: a relação jurídica dissimulada.

Neste sentido, escreve João Luiz Alves:

> "Somente a simulação maliciosa é que não pode ser alegada pelas partes, porque seria permitir-lhes prevalecerem-se da própria fraude. O Código o diz: 'tendo havido intuito de prejudicar a terceiros ou infringir preceito de lei...' *A contrario sensu,* não tendo havido esse intuito, isto é, sendo inocente a simulação, podem as partes alegá-la, ou para ser declarado inexistente o ato, que no fundo o era, ou para dar-lhe o caráter verdadeiro, que a simulação encobria. Nestes casos, como observa Lacerda de Almeida, se a parte quer fazer prevalecer o ato simulado, procede com dolo, que os autores denominam 'dolo posterior ao contrato'."[19]

**3.** Verifica-se a simulação fraudulenta ou ilícita quando as partes celebram um negócio simulado, visando ao prejuízo de terceiros ou a violação oculta da lei. Mas enquanto, para prejudicar a terceiros, as partes recorrem normalmente à simulação absoluta, a violação da lei só pode ter lugar por meio da simulação relativa, segundo entendimento da mais autorizada doutrina.[20]

Quais os efeitos da simulação fraudulenta entre as partes?

São os que os dispõe o art. 104, cujo texto foi já reproduzido em outro lugar.[21]

Assim, não podem as partes que simulam, por força deste dispositivo, arguir a simulação em juízo, a qualquer título, nem por via da ação, nem por via da exceção[22] e qualquer que seja a forma da simulação. Não lhes é autorizado o recurso à ação da anulação, nem à ação declaratória.

---

19. Francisco de Paula Lacerda de Almeida, *Obrigações,* Porto Alegre, Cesar Reinhardt, 1897, § 58, nota 13, pp. 194 e 195. A referência ao caráter verdadeiro do ato que. a simulação encobria é o produto das concepções da época, próprias da doutrina tradicional e dominante, que contrapunham o negócio simulado, encarado como um negócio fictício, ao negócio dissimulado, considerado negócio real.

20. Ferrara, op. cit., p. 192; Distaso, op. cit., p. 323 e nota 5.

21. V. supra, nos Efeitos da simulação entre as partes, 1ª página, em nota.

22. A alegação, por via de exceção, terá lugar sempre que uma das partes, fundando-se no negócio simulado, acionar a outra para fazer valer pretensos direitos; pode, em tal caso, a outra parte, opor-lhe a simulação (ainda que ilícita), defendendo-se, na contestação, com a invalidade do negócio simulado. A este propósito, escreve Manuel de Andrade: "a arguição da nulidade por via da exceção pressupõe (pelo menos como regra geral) que o negócio não

Trata-se, como se viu, de acordo com a doutrina nacional, da aplicação do princípio *nemo auditur propriam turpitudinem. allegans,* constituindo, neste ponto, uma singularidade do direito brasileiro. O direito argentino que continha, no art. 959 do seu Código Civil, regra idêntica, provinda do art. 526 do *Esboço* de Teixeira de Freitas, foi, neste ponto, modificado pela Lei n. 17.771, de 1968.[23]

A ideia que preside, nas legislações que o admitem, ao regime da possibilidade de os simuladores arguirem a simulação, nas simulações ilícitas, em litígio de um contra o outro, consiste na escolha de um mal menor: entre proibir a arguição da simulação como uma sanção de um ato ilícito, ou como meio de prevenir as simulações e admiti-la para que um dos simuladores se não locuplete à custa do outro, alienando "o direito adquirido" só na aparência, entende-se que se deve eleger o segundo. Entre outros argumentos que nesse sentido poderiam invocar-se, é necessário ter em mente que a simulação é levada a efeito entre pessoas de absoluta confiança (no momento em que se realiza, nem sequer passa por eles a ideia de que um possa trair a confiança do outro) para se concluir pela falibilidade do expediente de se evitarem as simulações com a aplicação da regra *nemo auditur* ...[24]

Escreve Espínola que os comentadores do Código estão de acordo em que, em hipótese alguma, a lei admite procedimento judicial das partes, quanto à simulação do ato, desde que esta seja fraudulenta e que nesse sentido, embora contra algumas passagens das Ordenações, é a tradição do direito brasileiro, sendo essa também a opinião de Teixeira de Freitas[25].

Salvat, respondendo à crítica de Chardon a este princípio, que o era também como acima se disse, do Código argentino, escreve o seguinte:

foi cumprido – que o estado de coisas anterior se manteve de pé – que um dos simuladores (o simulado adquirente) pretende alterar esta situação de fato, fazendo cumprir o negócio como se ele fosse verdadeiro. Então o outro simulador opõe-lhe em defesa a simulação e a consequente nulidade. Assim se, no mesmo caso de há pouco (uma venda simulada que A faz a B), o prédio continua em poder de A e B vem pedir sua entrega baseando-se na escritura de venda, defendendo-se A com a simulação de contrato" (op. cit., p. 184; V).

23. Cf. Junqueira de Azevedo, op. cit., p. 107.

24. Cf. Manuel de Andrade, op. cit., II, p. 197. Em favor da aplicação da regra *nemo auditur* podem produzir-se as seguintes considerações referidas por este grande jurista com a elegância de estilo que lhe era própria: "Seria escandaloso, por ofensivo da majestade das leis e do decoro da justiça o facultar-se aos simuladores que agiram contra o direito, procurando, encobertamente, lesar terceiros ou o Estado, ou transgredir a lei, poderem depois implorar e obter o socorro do mesmo direito, quando se vissem trilhados pelas suas próprias maquinações"; b) "o possível locupletamento de um dos simuladores à custa do outro representará uma penalidade a mais, que só pode concorrer para pôr cobro às simulações" (op. cit., II, p. 196).

25. Espínola, Manual, op. cit., p. 547.

"A lei se destina a impedir atos que importam violação de seus dispositivos e é para esse efeito que se estabeleceu a sanção do art. 159 (a que corresponde o art. 104 do nosso Código). Uma vez cometida a violação, uma vez defraudados os terceiros, encontramo-nos em presença de fatos consumados, aos quais não é possível voltar. O temor da deslealdade, que possa cometer o cúmplice da simulação, será precisamente um motivo que influirá no espírito dos indivíduos, para lhes amortecer o desejo de celebrar atos contra a lei ou em dano de terceiros."[26]

A proibição da arguição da simulação ilícita visa só aos simuladores ou também aos seus cúmplices?[27] Espínola responde afirmativamente: "Embora o nosso Código se refira aos contraentes, parece-nos que os cúmplices estão no mesmo caso e devem ser compreendidos na proibição legal".[28]

Parece-nos poder ser acolhido este entendimento, sem reservas, na medida em que concebemos a simulação como um procedimento, de que o acordo simulatório e o negócio simulado são seus elementos constitutivos, e se os sujeitos do negócio simulado terão necessariamente de o ser do acordo simulatório, nem sempre os sujeitos do acordo simulatório serão os do negócio simulado. É evidente que, nestes casos, o participante do acordo simulatório, incluído aqui quem dele tenha mera ciência, mas de que seja o beneficiário, ainda que não seja contraente no negócio simulado, não poderá arguir a simulação. Será "contraente" na simulação, não no negócio simulado.[29]

Embora a lei seja de um rigor absoluto em proibir a arguição da simulação pelos próprios simuladores, a jurisprudência tem admitido, em certos casos, tal alegação, anulando negócios simulados por iniciativa de um dos simuladores: o comparsa daquele que é, por assim dizer, o verdadeiro simulador.

Analisando-se essas decisões, ver-se-á, porém, que invariavelmente, incidem sobre os casos de simulação em fraude à lei.[30] Tem se censurado a violação do

---

26. Parêntese nosso, no texto: Espínola, *Manual*, op. cit., p. 550.

27. Espínola refere o caso estudado por Salvat a propósito de uma decisão dos tribunais argentinos. O caso era o seguinte: "uma pessoa transferiu à outra um crédito hipotecário; poucos dias depois faleceu, deixando por herdeiros a esposa e a mãe. Esta obteve que, em seu favor, se anulasse, por simulada, a cessão de crédito hipotecário. A esposa pretendeu, em seguida, alcançar o mesmo resultado, mas o cessionário se opôs, sustentando que a cessão simulada do crédito se havia feito no intuito de prejudicar os direitos hereditários da mãe do esposo e que ela, a esposa, tinha sido cúmplice na simulação. O tribunal desprezou a defesa por falta de prova" (*Manual*, cit., p. 551).

28. Espínola, *Manual*, op. cit., p. 552.

29. De acordo com o raciocínio desenvolvido no texto e analisando o caso exemplificado na nota anterior, a esposa não foi contraente no negócio simulado, mas participou do acordo simulatório, sendo beneficiária do procedimento simulatório.

30. Basta atentar-se no seguinte aresto-padrão do TJGB: Simulação – art. 104 do Código Civil – "Quando o ato dissimulado viola a lei, constituindo assim caso de nulidade de pleno direito, podem as partes alegá-la e o juiz reconhecê-la apesar do princípio do art. 104 do

comando contido no art. 104 por parte da jurisprudência, na medida em que admite a iniciativa da anulação dos negócios simulados pelos simuladores a ponto de terem sido julgadas procedentes ações rescisórias desses julgados.[31]

Junqueira de Azevedo, sem censurar o resultado a que chega essa jurisprudência, propõe uma solução que, em seu entender, não acarretaria a violação literal do art. 104, em que incorrem aqueles julgados.

"A simulação culposa, segundo o art. 104, não pode ser alegada em juízo pelos simuladores"; logo, *a contrario sensu,* a simulação inocente pode; ora, como a simulação é culposa, ou inocente, conforme haja ou não intuito (cf. art. 104) de prejudicar a terceiros ou infringir preceito de lei, podemos admitir que, num único negócio, o intuito malicioso seja exclusivamente de uma das partes: portanto, o mesmo negócio, no qual, sem dúvida, há conluio entre as partes para simular, poderá ser negócio com simulação culposa, para a parte que tiver o intuito malévolo, e negócio com simulação inocente, para a que aderiu à simulação sem o referido intuito. Logo, uma das partes, embora conivente com a simulação, por não ter intuito ilícito (é simulador, mas simulador inocente), pode alegar a simulação; sua alegação não fere o art. 104, que somente abrange o simulador que teve o *animus* ilícito. "Fica assim plenamente justificada a jurisprudência já referida sem que haja não aplicação da lei".[32]

Com todo o respeito, permitimo-nos discordar desta argumentação.

Em primeiro lugar, como dissemos acima,[33] quando a lei fala em intuito de prejudicar a terceiros ou de violar disposição de lei, não pode ter querido contentar-se com o elemento subjetivo, sendo indispensável que ocorra também o resultado: o elemento objetivo.[34] Sendo assim, nada nos autoriza a inferir, na disciplina da simulação fraudulenta, quer do art. 104, quer do art. 103 (*a contrario*), razões que levem a dispensar um tratamento diferente, liberal, a quem simula "sem intuito malévolo" (se é que essa falta de intuito é verdadeiramente possível, dado o evidente *conluio* existente entre as partes, o qual, aliás, expressamente se reconhece), uma vez que a cooperação da chamada "parte inocente" é indispensável para se alcançar o resultado a que acima se referiu: a criação de uma aparência negocial que se destina, precisamente, a prejudicar terceiros ou a ocultar a violação da lei.

Código Civil, segundo o qual ninguém se pode valer da própria torpeza" (TJGB, Ac. uno da 6.ª Câm. Cív. de 26 set. 1972, Ap. Cív. n. 80.770, publicado no *DJ* da Guanabara de 11 jan, 1973, p. 21).

31. Cf. Junqueira de Azevedo, op. cit., p. 109, e *RT* 414:337.

32. Junqueira de Azevedo, op. cit., pp. 110-111 e nota.

33. V., supra, item I do Capítulo III.

34. Ou, no caso de prejuízo a terceiro, a *possibilidade* desse prejuízo para a qual também são válidos os argumentos que em seguida se alinham no texto.

Precisando melhor nosso pensamento: não se pode deixar de ter em mente, como, aliás, cremos ter ficado delineado no capítulo inicial, que a simulação consiste num procedimento complexo a que as partes recorrem para a criação de uma aparência enganadora e, se o resultado que uma delas visa é fraudulento, parece-nos que a cooperação da outra, indispensável para esse resultado, não permitiria, do ponto de vista da lei (e o art. 104 que se trata de interpretar), cindir as intenções das partes, para o efeito de se autorizar a uma o que é vedado à outra.

Além disso, o que conta ou deve contar na interpretação de todo o negócio jurídico, inclusive na do negócio simulado, que não nos parece poder comportar exceções neste ponto, especialmente se se tiver em vista interesses de terceiros e, de um modo geral, os interesses gerais da contratação, é a intenção comum dos contraentes, objetivada na declaração, e a que se tem dado tanto relevo na moderna dogmática do negócio jurídico.[35]

A este propósito não resistimos à tentação de transcrever as seguintes palavras de Emilio Betti:

> "Onde a lei (art. 1.362) tem em vista a valorização da intenção comum das partes, em face do sentido literal das palavras, o que entende por intenção comum não é já a 'vontade' de cada uma das partes, que se conservou, sem chegar a exprimir-se, na esfera íntima da consciência, mas o intuito concorde, formado por ambas as partes, na medida em que se tornou reconhecível, na sua comum ou congruente declaração e conduta, interpretada, aliás, não segundo a morta e abstrata letra das palavras e atitudes, mas antes segundo o espírito: isto é, interpretada em função do recíproco comportamento global das partes de quem provém e da situação de fato em que se mostra concretamente enquadrada."[36]

Nem nos parece ser outro o sentido da "intenção" a que se refere o art. 85 quando dispõe que "nas declarações de vontade se atenderá mais à sua intenção que ao sentido literal da linguagem". Uma vez que o texto legal não se refere à intenção dos contraentes, mas à das declarações de vontade, se assim se pode dizer numa linguagem figurada, deve interpretar-se no sentido da intenção objetivada

---

35. 488. Cf. Distaso, op. cit., p. 153 e 154. No direito italiano, como a letra da lei, é pacífico o entendimento de que o núcleo vital da interpretação é "a intenção comum dos contraentes".

*Art. 1.362* do CC italiano: "Nell'interpretare il contratto si deve indagare quale sia stata la comune intenzione delle parti e non limitarsi al senso letterale delle parole.

Per determinare la comune intenzione delle parti, si deve valutare il loro comportamento complessivo anche posteriore alla conclusione del contratto."

36. Betti, op. cit., tomo. 2, p. 255-256. O art. 1.362 ali referido é o do Código Civil italiano que dispõe: "Nell'interpretare il contratto si deve indagare quale sia stata la comune intenzione delle parti e non limitarsi al senso letterale delle parole." (Na interpretação do contrato deve-se indagar qual teria sido a comum intenção das partes e não limitar-se ao sentido literal das palavras.)

nas declarações. No fim de tudo, e como já acima se disse, o fim da proibição estabelecida no art. 104 não pode deixar de ser o de prevenir (evitar) as simulações, objetivo que não seria alcançado se, embora fraudulenta a simulação, se concedesse ação de anulação a uma das partes, por não ter tido "intuito malicioso". Se, finalmente, tivermos em conta que, como ensina a doutrina mais recente sobre a simulação, só uma visão unitária do fenômeno simulatório é susceptível de explicar inúmeros aspectos da disciplina deste instituto, mais duvidoso ainda se torna, *data venia,* o acolhimento da interpretação que vem de se referir.

Como fundamentar, então, não obstante a letra do art. 104, a jurisprudência a que se aludiu?

Uma análise dessa jurisprudência leva-nos à conclusão de que os julgados, que assim vêm decidindo,[37] revelam duas constantes: por um lado restringem-se aos casos de violação oculta da lei e, por outro lado, destinam-se a obviar, ou à nulidade do chamado negócio dissimulado, ou à de uma cláusula acessória (p. ex., a do pacto comissório), senão a de ambos.

Quer isso dizer que tais decisões não são determinadas propriamente pela preocupação de anular o negócio simulado, mas de declarar a nulidade do negócio dissimulado ou a do pacto comissório, ou a de ambos. A invalidade do negócio simulado, que também se decreta, nada mais é do que uma consequência daquelas outras nulidades, uma vez que a simulação é todo um procedimento, do qual o negócio simulado não é mais do que um seu elemento constitutivo. A declaração de uma daquelas nulidades acarreta, por isso mesmo, e como não podia deixar de ser, o desfazimento do todo em que se analisa o complexo procedimento simulatório. É por isso que, cremos, não se presta atenção, naquelas decisões, ao art. 104, todos "fingem que não veem o art. 104", como acertadamente escreve Junqueira de Azevedo.[38]

O que interessa apurar agora é como essas decisões podem justificar-se em vista do que dispõe o art. 104, cuja letra proíbe que qualquer dos simuladores alegue a simulação do ato em litígio de um contra o outro. Ou, vistas as coisas de outro modo: é necessário determinar em que casos poderá admitir-se a arguição da simulação fraudulenta, pelos próprios simuladores, nas simulações que ocultam a violação da lei, sem que com isso se viole o art. 104.

Deve estabelecer-se para isso um critério orientador. Qual esse critério?

Se numa simulação fraudulenta que serve de expediente para ocultar a violação de uma lei, uma das partes vem a juízo para pleitear a anulação do ato (quer tenha tido, quer não intuito malicioso), com a alegação de que é simulado, será necessário determinar-se se a simulação foi levada a efeito precisamente com esse intuito, isto é, de ocultar a violação da lei; será preciso apurar-se se

---

37. *RT* 353:229-39; *RT* 342:398; *RT* 345: 141; *RT* 447:223.
38. Junqueira de Azevedo, op. cit., p. 110.

foi intenção comum dos contraentes alcançar, com a simulação, o objetivo que interessava às duas partes: a fraude à lei.

Para se chegar a este resultado, é necessário prosseguir-se na investigação, não se pode desde logo arredar a mera alegação da simulação, solução que não poderá chocar porque, por esta via, pode vir a alcançar-se o objetivo da proibição estabelecida no art. 104, que foi o de prevenir a violação da lei, embora, na formulação do texto, não tenha o legislador feito abranger estas hipóteses na letra do dispositivo, não no seu espírito: a de restaurar a integridade da lei, quando violada.

Sirva-nos de exemplo, aliás, um dos mais frequentes, o caso das vendas simuladas com pacto de retrovenda que dissimulam mútuos com juros usurários, proibidos pelo Decreto n. 22.626, de 7 de abril de 1933. Nesses negócios, simula-se a venda de um imóvel, por exemplo, com pacto de retrovenda, servindo o imóvel como garantia do mútuo e integrando-se no preço da revenda o mútuo e os juros; a diferença entre o preço real do imóvel e o da revenda tem servido de prova (indiciária) da simulação.

É evidente que, na maioria dos casos, no exemplo citado, as partes recorrem à venda simulada com pacto de retrovenda para ocultar os juros usurários, proibidos por lei. O negócio dissimulado interessa às duas partes, ao mutuante e ao mutuário, que livremente o aceitam e por isso recorrem à simulação. É intenção comum delas, usar a simulação como meio de encobrir a violação da lei.

Posto isto, é mister observar que, tomando-se à letra o que dispõe o art. 104 se, num pleito judicial, uma das partes alega a simulação do negócio, em litígio de um contra o outro, e das alegações da inicial o juiz conclui que a simulação é fraudulenta, teria de decretar a extinção do processo, por impossibilidade jurídica do pedido (art. 104), nos termos do disposto no art. 267, VI, do Código de Processo Civil[39].

Se tal solução parece exigi-la a letra do art. 104, não nos parece que a imponha também o seu espírito. Se tal proibição da alegação tem o fim último de prevenir a simulação que prejudica terceiros ou serve de meio de ocultar a violação da lei, parece-nos que nada impede que tal proibição sofra atenuações na medida em que, com elas, pode vir a atender-se aos fins da proibição.

Parece-nos, assim, que a regra do art. 104, de que nada poderão alegar os simuladores quanto à simulação do ato, em litígio de um contra o outro, deve ser entendida no sentido de que:

a) poderão alegar a simulação desde que o não seja para a mera anulação do negócio simulado, em benefício de quem a alega;

---

39. *Art. 267.* "Extingue-se o processo, sem julgamento do mérito:

(...)

VI – "quando não concorrer qualquer das condições da ação, como a possibilidade jurídica, a legitimidade das partes e o interesse processual".

*b)* quer isso dizer que terá, em princípio, de se prosseguir na investigação da intenção comum dos contraentes, porque tal investigação pode conduzir (em casos de nulidade do negócio dissimulado ou de uma cláusula acessória) ao *restabelecimento do império da lei*, entendida esta expressão em termos hábeis;

*c)* donde a conclusão de que, nas simulações fraudulentas, pode, em princípio, alegar-se a simulação desde que, com tal alegação, se atenda aos fins da proibição: o de não atentar contra a imperatividade da lei, ainda que, uma vez violada, já não se trate de evitar tal violação, mas de lhe restaurar a sua integridade, atingida pela violação.

Afinal, toda a controvérsia se desfaz quando se tenha em conta, como, aliás, se diz no v. acórdão já citado,[40] que a alegação da simulação pode ser conhecida para o efeito de ser declarada a nulidade do ato dissimulado quando este é nulo de pleno direito; até aqui estamos inteiramente de acordo com as conclusões do v. acórdão, já que essa nulidade pode ser arguida por qualquer interessado e o art. 104 não faria exceção a esta regra, quando apenas pretendeu, estabelecendo a proibição, coibir a fraude à lei.

Mais difícil, porém, é a justificação da anulação do próprio negócio simulado. Em nossa opinião, será o seguinte o fundamento dessa anulação:

Se a simulação é um complexo procedimento que se destina à criação de uma aparência enganadora, se existe entre os diferentes *momentos* do procedimento simulatório – o ato aparente e o escopo dissimulado (e nós diríamos o acordo simulatório) – um nexo "não só de contemporaneidade, mas de contextualidade psicológica e lógica, nexo não só genético, mas também funcional",[41] é evidente a indissolubilidade do negócio simulado com o chamado negócio dissimulado e, até mesmo, por vezes, com uma eventual cláusula acessória *(p.* ex., o pacto comissório), a qual não permite que, declarada a nulidade do chamado negócio dissimulado, subsista válido o negócio simulado, isto é, não resulte como consequência lógica e inevitável a anulação deste último negócio.

É assim que ocorre a anulação do negócio simulado, nas simulações fraudulentas, por iniciativa de um dos simuladores, sem que, com isso, em nosso entender, se viole o espírito do art. 104.

E assim, parece-nos, podem justificar-se em face do art. 104 os julgados que decidem com as limitações apontadas e, sem dúvida, enquadram-se nesses limites os que revelam as constantes a que acima se aludiu.[42]

---

40. Cf. nota supra, 477.

41. Betti, op. cit., t. 2, p. 385. Expressivamente, afirma Betti que, uma vez demonstrada a intenção simulatória, fica evidente que o negócio simulado é um meio, um veículo para se chegar ao dissimulado (p. 384).

42. V. supra, item 4 deste Capítulo IV.

Não nos parece, porém, que possam justificar-se em face do art. 104 os que exorbitem desses limites.

Em vista das razões expostas não vemos também que, dentro dos limites indicados, haja motivo para se recusar a alegação da simulação (com a consequente declaração da nulidade do negócio dissimulado e a anulação do negócio simulado) ao próprio simulador, à semelhança do que se autoriza ao seu comparsa, uma vez que também deste modo vai-se ao encontro último da estatuição do art°104.

O que vem de se desenvolver tem cabimento nos casos de anulação do negócio simulado, por vício da simulação fraudulenta e não também quando o próprio negócio simulado seja nulo por outro motivo, por exemplo por vício de forma, caso em que não há que se cogitar de todas as limitações que se mencionaram.

**4.** Efeitos do negócio simulado, entre as partes, no direito civil em vigor.

É necessário examinar-se a questão de modo a repensar o tema, particularmente porque, em razão da valoração bifronte do negócio simulado, feita pela lei em vigor (art. 167), de modo explícito, em duas direções distintas, uma em relação às partes, outra em relação a terceiros, será que toda a gama dos efeitos do negócio simulado acompanha, a par e passo, essa valoração? Parece-nos que não.

Tais efeitos são os que os predispõe o art. 167, primeira parte, e seu § 2.º: "É nulo o negócio jurídico simulado". "Ressalvam-se os direitos de terceiros de boa fé em face dos contraentes do negócio jurídico simulado".

Não obstante nulo o negócio jurídico simulado,[43] podem as partes alegar essa nulidade em litígio de uma contra a outra, na medida de sua legitimidade processual para o efeito, embora não o possam em relação a terceiros de boa-fé, como resulta da expressa ressalva da lei?

Não há, no direito atual, nenhuma distinção entre o negócio simulado inocente e o negócio simulado fraudulento, para esse efeito; sendo o negócio simulado nulo, sem distinção das modalidades de simulação, as partes poderão obter a declaração judicial dessa nulidade, em qualquer das espécies de simulação.

A nulidade, como se sabe, pode, em princípio, ser alegada por *qualquer interessado*, isto é, por quem tenha legitimidade processual para tanto, nos termos da lei de processo.[44]

---

43. Não é assim no direito italiano (art. 1.414, em que o negócio simulado é considerado ineficaz. Isso tem levado a doutrina italiana atual (de modo não unânime), mais precisamente, certos de seus autores (Auricchio, op. cit., pp. 77 e ss., Gentile, op. cit., p. 291) a considerar válido o negócio simulado, mas isso não deve influenciar, de modo algum, a nossa doutrina.

44. Galvão Teles, *Manual*, cit., p. 359, que acrescenta: "a saber, pelo sujeito de uma relação jurídica susceptível de ser afectada pelos efeitos que o negócio tendia a produzir –

O art. 3.º do Código de Processo Civil dispõe que "para propor ou contestar a ação, é necessário ter interesse e legitimidade".

Legitimidade processual é o mesmo que *legitimatio ad causam*, legitimidade para a causa. Neste sentido, só o titular do direito controvertido é que pode propor a ação contra quem nega esse direito. Ou, na precisa definição de Chiovenda: "é a identidade da pessoa do autor com a pessoa favorecida pela lei, e a da pessoa do réu com a pessoa obrigada". [45]

Mas, como poderão os simuladores alegar essa nulidade, em litígio de um contra o outro?

Antes de se proceder à indagação desta questão, é indispensável saber qual a natureza da nulidade imposta pela lei ao negócio simulado. E esta passa a ser uma das questões mais intrincadas no âmbito do novo ordenamento.

Contra o fato de ser uma *nulidade absoluta*, depõe a circunstância de ela não ser oponível *erga omnes*, desde logo a terceiros de boa- fé; não se pode dizer também uma nulidade relativa no sentido técnico de mera anulabilidade que "*só pode ser invocada* (no silêncio da lei) *por aquelas pessoas que são os portadores dos interesses em consideração dos quais foi estabelecida o requisito cuja infração ocasionou a nulidade*".[46]

As nulidades por anulabilidade (art. 171 e ss.), por outro lado, não podem ser pronunciadas de ofício pelo Juiz (art. 177), são supríveis por confirmação dos interessados (arts. 172 a 176) e decai o direito do interessado, num prazo relativamente curto, durante o qual deve alegá-la (arts. 178 e 179), tudo ao contrário da nulidade a que se sujeita o negócio simulado (arts. 168 e 169). [47]

O que se conclui é que se trata de uma nulidade relativa, mas não no sentido tradicional, de mera anulabilidade, mas no de que, embora tenha todos os requisitos da nulidade absoluta em geral, só se relativiza, só lhe falta o requisito da oponibilidade em relação a terceiros de boa-fé.[48]

afectada na sua consistência jurídica (*v.g.* subadquirentes) ou na sua consistência prática (*v.g.* credores)".

45. Celso Agrícola Barbi, *Comentários ao Código de Processo Civil,* 8. ed. Rio de Janeiro, Forense, 1993, vol. I, p. 32.

46. Manuel de Andrade, op. cit., II, p. 420, que acrescenta: "Estas pessoas determinam-se por interpretação da lei. Elemento da maior importância, para este efeito, é a apreciação do caso segundo critérios de razoabilidade".

47. A nulidade do negócio simulado pode, portanto, ser alegada por qualquer interessado, ou pelo Ministério Público, quando lhe couber intervir (art. 168), deve ser pronunciada pelo juiz nos termos do parágrafo único deste artigo, o negócio simulado nulo é insuscetível de confirmação das partes e nem convalesce pelo decurso do tempo (art. 169).

48. Assim, Betti (op. cit., vol. II, p. 407), com toda a sua autoridade: "Em face do princípio de que a simulação nunca é oponível pelas partes aos terceiros de boa-fé, o negócio simulado só pode qualificar-se inválido nas relações internas entre as partes e relativamente àqueles determinados terceiros que, por ele, são prejudicados num direito seu (32, *d*). Neste sentido,

Ora, qual o motivo da nulidade do negócio simulado, nos termos da lei?

A lei não é expressa em declinar esse motivo, e nem se poderia esperar que o fosse, porque se trata de algo reservado à doutrina e à jurisprudência, limitando-se, pois, a declarar que ele é nulo, cabendo, portanto, ao intérprete identificá-lo. Nesta apreciação, não se pode abstrair do fato de que, objetivamente, isto é, *na sua aparência*, na sua configuração exterior, o negócio simulado surge, no mundo jurídico, como um negócio regular, normal, com uma forma e um conteúdo típicos,[49] daí a proteção a terceiros de boa -fé que confiaram nessa aparência.

Só que, no aspecto estrutural, esse conteúdo, no entendimento das partes,[50] deve ser desprovido de eficácia, de quaisquer efeitos, ligados àquele conteúdo[51] – daí falar-se em "aparência" negocial – quer em relação a elas próprias, quer em relação a terceiros, já que esse entendimento ou acordo simulatório não transparece, de modo algum, no conteúdo ostensivo do negócio simulado. Entretanto,

mesmo no caso da chamada simulação absoluta, só poderá falar-se em nulidade relativa (13). Por conseguinte, no caso da chamada simulação relativa, a invalidade do negócio simulado parece dever qualificar-se mais como nulidade do que como anulabilidade (§ 58), dado que susceptível, tanto de confirmação (por parte do interponente), como de conversão (§ 61) – desde que concorram no negócio simulado os elementos do negócio que corresponde à intenção dissimulada, e esta seja admissível (§ 50, n. 13). Também haverá aqui nulidade, quando essa intenção seja ilícita (arts. 1.343, 1.345)".

No direito brasileiro, porém, a nulidade, mesmo na simulação relativa será *relativa*, no sentido específico a que se referiu no texto e não no de mera anulabilidade.

49. Típicos, no sentido de correspondentes a um dos tipos legais ou sociais de contratos. Sobre conteúdo e forma como elementos constitutivos da existência de negócio jurídico, ver Custodio da Piedade Ubaldino Miranda, *Teoria geral*, cit., pp. 51-53 e 55-58, respectivamente.

50. E no ato de autonomia privada é decisiva a vontade das partes já que a os efeitos jurídicos serão atribuídos pela lei em conformidade com essa vontade ou intenção comum.

51. A rigor, a falta de um conteúdo querido pelas partes no negócio jurídico conduziria à inexistência do negócio, já que o conteúdo, tal como a forma, é um dos elementos essenciais do negócio jurídico, mas, como já se disse a lei que é soberana nas suas qualificações, como em tantos outros domínios do jurídico, houve por bem considerá-lo nulo, e com razão, porque de um negócio inexistente não poderiam derivar quaisquer efeitos em relação a terceiros. Por outro lado, mais do que a *falta* de um conteúdo, há um conteúdo *viciado* de ilicitude, há um vício estrutural nesse conteúdo, como já se disse (sobre elementos de existência e requisitos de validade do negócio jurídico, Custodio da Piedade Ubaldino Miranda, *Teoria geral*, cit., pp. 47 e ss.). Mais ainda, como se lê em Fedele que entende ser bizantina a distinção entre negócio inexistente e negócio nulo, *verbis*: "A cisão entre existência material e existência legal do negócio parece ilegítima: o negócio é uma criação do direito, é o meio peculiar que o ordenamento jurídico põe à disposição dos particulares para a consecução dos seus fins práticos e como tal não pode ter senão uma vida jurídica. Ou reúne todos os requisitos exigidos pela norma, e então é um negócio, ou então não os reúne, e então não é um negócio, mas é absurdo dizer que é um negócio de fato" (Alfredo Fedele, *La Invalidità del Neozio Giuridico di Diritto Privato*, Turim, G. Giappicheli, 1983, p. 19).

a lei reage a essa situação, como que provendo esse conteúdo de eficácia,[52] em relação a terceiros de boa- fé, contra a vontade ou a programação das mesmas partes, que é a de iludir terceiros para que estes tomem a aparência por realidade, embora elas próprias pretendam negar-lhe a eficácia de um negócio real, normal.[53]

Poderá perguntar-se que alcance pode ter um acordo simulatório,[54] sobre o conteúdo do negócio simulado, de modo a privá-lo dos seus efeitos próprios, normais, para que se lhe atribua um outro – o engano ou a ilusão de terceiros – reprovado por lei, se tal acordo não tem, como entendemos, a natureza de negócio jurídico, por não se constituir, por sua finalidade, em um ato legítimo do livre exercício da autonomia privada.

Com efeito, a doutrina moderna vê o negócio jurídico, não só como uma declaração de vontade orientada para a produção de efeitos prático-jurídicos,[55] mas também como um auto – regulamento de interesses privados, aquela referida ao comportamento negocial das partes, devendo, na sua *estrutura* apresentar--se revestida dos requisitos legais, ajustando-se, portanto, à *fattispecie* legal, ao modelo legal do negócio jurídico, enquanto este, o auto-regulamento refere-se à dinâmica própria do negócio jurídico, à sua função econômico-social, como

---

52. Embora os efeitos jurídicos resultem, em última análise, da lei, a verdade é que esses efeitos são atribuídos ao conteúdo do negócio jurídico, formulado pelas partes, precisamente em vista dos efeitos – práticos ou empíricos que se tornam jurídicos por obra da lei – que desejem para uma adequada auto-regulamentação de seus interesses e, desde que o seja com o ânimo de que tenham a tutela da lei. Há, assim, em regra, isto é, em casos normais, uma perfeita correspondência entre o conteúdo externado pelas partes, nas suas declarações negociais e os efeitos a ele atribuídos pela lei. No negócio simulado, porém, precisamente porque esse conteúdo, na intenção das partes, é "atípico", não deve produzir quaisquer efeitos, nem em relação a elas, nem em relação a terceiros, fato que deliberam, por via do acordo simulatório, o negócio jurídico simulado passa a ter uma natureza bifronte, na valoração da lei, já que esta qualifica-o como nulo, em relação às partes, pois não reconhece, em virtude da simulação, como ato da autonomia privada. Já em relação a terceiros, a solução é outra, como a seu tempo se verá, no lugar devido.

53. Ainda que, em relação às partes, na esfera de suas relações, a nulidade, e a consequente ineficácia, predisposta na lei, por outras razões, acabe por ir ao encontro da ineficácia por elas próprias programada.

54. Pode dizer-se que, do ponto de vista social, o acordo simulatório não deixa de ser um negócio, mas ele não será jurídico porque não tem a sanção da lei. Neste aspecto, procede inteiramente o que escreve Scognamiglio: "A observação da realidade confirma, contudo, que o negócio, qualquer que seja a ideia que dele se tenha, não pode identificar-se com o mero exercício de uma faculdade pessoal, mas constitui sempre um ato destinado ao evadir-se da esfera do agente para instituir relações com outros sujeitos e reconduz-se como tal ao fenômeno da autonomia social". E pouco mais adiante: "a autonomia negocial deve conceber-se como um fenômeno social" (Renato Scognamiglio, *Contributo ala teoria del negozio giuridico*, Nápoles, Eugenio Jovene, 1969, p. 88).

55. Sobre efeitos prático-jurídicos do negócio, o que isso quer dizer, veja-se supra, Introdução, item 2, p. 2.

instrumento legítimo do livre exercício da autonomia privada, da auto -composição de interesses privados.[56]

Posta em causa aquela conceituação exclusivista e formal do negócio jurídico, própria do pandectismo, escreve Auricchio, "reduziu-se ao mínimo (no novo enfoque) a importância da estrutura negocial, atribuindo-se, consequentemente, à noção de validade, um valor meramente negativo".[57]

Mas é precisamente no negócio simulado, prossegue o autor, que a noção de *validade* ganha destaque e um relevo positivo, afirmação que não pode, de modo algum, ser aceita, por nós, no atual ordenamento jurídico brasileiro, no âmbito do qual o negócio simulado é *nulo.*

As declarações emitidas no acordo simulatório não são mais, já o dissemos, do que um *gentleman's agreement*, um acordo de cavalheiros, que os obriga a respeitar a palavra dada, no sentido de que eles têm de reconhecer e cumprir o que foi convencionado no acordo simulatório, de que o negócio jurídico simulado não produziria quaisquer efeitos entre eles, que não alteraria as respectivas esferas jurídicas, que, enfim, não haveria qualquer atribuição patrimonial de um para o outro, embora fosse diferente ( mas na aparência) o conteúdo ostensivo desse negócio, onde tais atribuições patrimoniais, porque previstas, presumem-se existir, negócio que por isso mesmo se torna aparente; e do mesmo modo, em relação a terceiros.[58]

A lei *coincidentemente* não rejeita, melhor, não toma uma posição valorativa quanto a esse compromisso moral, abstrai-se dele, embora não deixe de considerar o acordo simulatório para o efeito de qualificar o negócio como simulado e declarar-lhe a nulidade, precisamente porque por obra desse acordo o negócio simulado passa a ter uma estrutura (conteúdo)[59] e uma causa (subjetiva), uma

---

56. Auricchio, op. cit., pp. 14 e ss., Renato Scognamiglio, *Contributo ala teoria del negozio giuridico*, Napoli, Eugenio Jovene, 1969, pp. 83 e ss.

57. Auricchio, op. cit., p. 21 (parênteses nossos). O autor, na sua teoria da simulação, parte da ineficácia do negócio simulado no direito italiano (art. 1.414) e ressalta a valoração bifronte do negócio simulado, a feita pelas partes, que, nos termos da lei, produziria aquela ineficácia e a feita pela própria lei que se estenderia ao conceito de validade, donde se poderia justificar a inoponibilidade da simulação a terceiros de boa fé, não obstante aquela ineficácia. Para chegar a essa combatida conclusão, na própria doutrina italiana, o autor desenvolve a sua teoria, não obstante, com brilho e coerência lógica, mas partindo, no seu discurso, de premissas que nem todas elas podem ser aceitas, na sua integralidade, numa ordem jurídica diversa, como a nossa.

58. Nesse sentido, veja-se Betti: "Nas relações entre as partes, a boa-fé refere-se ao estilo moral da pessoa, que não a deixa esquecer a palavra dada e a torna fiel aos compromissos assumidos, e consiste naquele espírito de coerente lealdade e de activo respeito pelo interesse alheio, que é costume observar e que é legítimo esperar-se nas relações entre os homens honestos" (op. cit., vol. II, p. 397).

59. O conteúdo do negócio simulado para as partes, em virtude do acordo simulatório, é simplesmente o engano ou a ilusão de terceiros em geral.

"intenção prática típica", por ela reprovadas. Por força dessa nulidade, nenhuma das partes poderá exigir da outra o cumprimento das obrigações assumidas no conteúdo ostensivo do negócio simulado, por exemplo, a troca de atribuições patrimoniais numa compra e venda.

O fato de o acordo simulatório ter o alcance já referido, nada mais representa do que uma "interpretação autêntica" do real conteúdo do *negócio simulado*,[60] feita pelas próprias partes, que o torna, por isso mesmo, aparente, não obstante esse negócio não ser, senão por obra e graça da lei, um negócio jurídico,[61] por isso mesmo exigindo uma explicação sobre o modo como se opera esse efeito, de um negócio nulo com uma eficácia relativa (em relação a terceiros), a qual fica relegada para o capítulo sobre os efeitos da simulação (em relação a terceiros), na sua II parte.

O negócio jurídico, como se sabe, é um instrumento do livre exercício da autonomia privada, isto é, um instrumento para o autorregulamentação dos interesses das partes que o celebram e constitui-se de declarações de vontade, melhor dizendo, de declarações negociais, com efeitos vinculantes para os seus autores.

Ora, se o que as partes declaram, no conteúdo ostensivo do negócio, é algo que não as vincula, porque não corresponde a um conteúdo realmente querido, tudo como por elas acordado e entendido no acordo simulatório, aquele se torna aparente e não pode produzir os efeitos que dele derivam, por exemplo, a troca de atribuições patrimoniais recíprocas, nos contratos onerosos, na medida em que o *pressuposto da atribuição de tais efeitos ao conteúdo negocial, por lei,* é precisamente que este seja, estrutural e funcionalmente perfeito. Na medida em que isso não ocorre, o negócio jurídico é nulo.

O que as partes contrariam com o acordo simulatório é o próprio ato de autonomia privada, que deixa de o ser, pois o negócio jurídico, como instrumento do livre exercício dessa autonomia, só pode ter um conteúdo orientado para um dos fins (modelados pela causa objetiva ou função econômico-social do negócio jurídico), permitidos por lei, nos termos das normas que disciplinam os diversos

---

60. Leia-se ainda Betti: "É preciso que ela haja sido corporizada numa contra- declaração, da qual se conclua, por via da interpretação, que ela é a comum intenção das partes" (op. cit., vol. II, p. 397). E mais adiante: "Esta eficácia negativa, ou "contra-operante", é própria do acordo simulatório expresso numa contra-declaração, qualquer que seja o caráter da simulação da simulação, quer esta seja absoluta, quer seja relativa" (op. cit., p. 398).

61. A rigor, o negócio simulado, como já se disse em nota precedente, deveria ser inexistente porque carece de seus elementos constitutivos essenciais: um conteúdo e uma forma com vista à produção dos efeitos jurídicos que lhe são próprios, consubstanciando-se, em suma, num ato de autonomia privada. Ou, dizendo de outro modo, o acordo simulatório tira-lhe a existência para o mundo jurídico, reduzindo-o a uma mera aparência negocial. No entanto, a lei que é soberana nesta matéria qualifica-o como nulo, no que está absolutamente correta, pois só assim, poderá ressalvar os direitos de terceiros. Não faria sentido que estes adquirissem direitos do nada, de um negócio inexistente.

tipos legais, ou, por meio delas, os próprios tipos sociais, ou ainda os contratos atípicos puros (art. 425).[62]

No acordo simulatório, as partes, num duplo consenso ( para o acordo simulatório e para o negócio simulado) que serviu de base para a celebração desse negócio, explicitam, ou verbalmente, ou numa contra -declaração, as manifestações de vontade daquele negócio, no sentido de que, uma vez celebrado, os seus efeitos ficarão "paralisados", embora nada disso transpareça na configuração objetiva e exterior do negócio simulado que *aparece,* assim, como um negócio jurídico normal.

Ora, esse tipo de manifestação não necessita de um negócio jurídico específico para isso, é um compromisso moral (e não jurídico, pois a lei não o reconhece como tal, embora dele resulte um negócio aparente, mas a que lei liga efeitos normais em relação a terceiros de boa-fé) em que cada uma das partes promete abster-se de exigir da outra o cumprimento de qualquer das obrigações assumidas no conteúdo ostensivo do negócio jurídico simulado. E não pretende cumpri-las também, em relação a terceiros em geral. Se alcançam ou não esse objetivo, em relação aos terceiros, é outra questão, posterior e até sucessiva.

Não há dúvida, assim, de que o negócio simulado é nulo para as partes e para terceiros que *não estejam de boa-fé*, isto é, que não desconheçam a simulação. Mas, de que modo, então, a lei ressalva os direitos de terceiros de boa-fé, no § 2.º do art. 167, perante a nulidade do negócio simulado?

Na medida em que, desse modo, os efeitos do negócio simulado, em relação a terceiros de boa- fé, não derivam da vontade das partes, em conjugação com a lei, como em qualquer negócio normal, *mas exclusivamente da lei,* não se pode dizer que o negócio simulado seja, no seu conteúdo, insistimos, um ato de autonomia privada. Precisamente porque o interesse subjacente–a provocação de um "erro coletivo"[63] em terceiros – não coincide com um dos fins da autonomia privada, predispostos nos diversos tipos legais ou sociais, o negócio simulado não só não é digno de proteção legal, tanto mais que tem um fim antissocial (art. 421), mas também põe em causa a própria natureza de ato de autonomia privada e até mesmo a natureza de negócio jurídico.[64]

No entanto, o negócio jurídico simulado não apresenta, na sua *configuração exterior*, na sua aparência, como se pode intuir e já se disse, qualquer defeito de forma ou de conteúdo, pelo que a nulidade desse negócio pode não derivar – pelo

---

62. Quando esta norma se refere aos contratos atípicos, podem entender-se visados nela tanto os tipos sociais como os contratos atípicos puros, que não tenham na lei ou na sociedade qualquer precedente.

63. Como afirma Distaso (op. cit., p. 442), citando Messina, "e assim a aparência configura, não já um erro individual em ato, mas um erro coletivo possível, ou seja, uma possibilidade objetivamente apreciável de erro coletivo".

64. Ver nota supra.

menos elas serão, em princípio, irrelevantes para a análise que vem de se fazer – das hipóteses dos incisos I, IV, V e VI, já não se podendo dizer o mesmo quanto aos incisos II, III, e VII do art. 166.[65]

Com efeito, o *conteúdo* (o termo objeto, referido no inciso II, por uma interpretação extensiva, deve abranger o *conteúdo*)[66] do negócio simulado, tal como veiculado na *forma* típica que o representa, no seu aspecto puramente objetivo, na sua configuração exterior (uma troca de atribuições patrimoniais entre os sujeitos do negócio, nos contratos comutativos onerosos) é juridicamente possível, *mas é juridicamente impossível*, no plano subjetivo, *tal como querido ou programado pelas partes*, na esfera de suas relações.[67]

Na verdade, o que as partes desejam, no contrato simulado, nunca é demais repetir, não é uma troca de atribuições patrimoniais, tal como descrita no seu conteúdo ostensivo e tal como ocorre em qualquer contrato normal, mas induzir em engano terceiros em geral, pela impressão neles provocada, de que se trata precisamente de um contrato dessa natureza, perfeito, com forma e conteúdo típicos, destinado a produzir os seus efeitos típicos normais.[68]

---

65. Art. 166. É nulo o negócio jurídico quando: I – celebrado por pessoa absolutamente incapaz; II – *for ilícito, impossível ou indeterminado o seu objeto*; III – *o motivo comum determinante, comum a ambas partes for ilícito*; IV – não revestir a forma prescrita em lei; V – for preterida alguma solenidade que a lei considere essencial para a sua validade; VI – tiver por objeto fraudar a lei imperativa; VII – *a lei taxativamente o declarar nulo, ou proibir-lhe a prática sem cominar sanção.*

66. Em nossa concepção, que acompanha a doutrina atual, conteúdo e objeto (imediato) do negócio jurídico são conceitos distintos: sobre conteúdo, objeto e forma, Custodio da Piedade Ubaldino Miranda, *Teoria Geral*, cit., pp. 51-53 e 53-55, respectivamente. Ali se distingue o *objeto* imediato, os interesses que as partes (abstratamente) podem propor-se regulamentar, de acordo com cada tipo negocial, do *conteúdo*, tais interesses efetivamente regulamentados no negócio jurídico concreto, com a eventual alteração das normas dispositivas previstas em lei. O Código atual, tal como o anterior, não se refere à causa como elemento do negócio jurídico (ao contrario do CC italiano – art. 1.325, 2), sendo um dos argumentos dos anticausalistas, de que a causa é um conceito inútil porque se confunde com o objeto e o debate entre os causalistas e os anti-causalistas permeou todos os trabalhos preparatórios do CC de 1916, tendo prevalecido a última orientação (*Teoria Geral*, cit., pp. 109-111).

67. É importante salientar que só a descoberta de que o negócio é simulado é que desencadeia essa dupla gama de efeitos, em relação às partes e em relação a terceiros. Enquanto a simulação não seja descoberta, o negócio jurídico simulado terá os seus efeitos normais. No exemplo da nota seguinte, se o simulador faz aquisições simuladas, dá os bens "adquiridos" em garantia, durante o prazo relativamente curto do financiamento, e quita o financiamento, no vencimento, vendendo os bens, ao final de toda a operação, a terceiros, nos termos anteriormente acordados com o comparsa, devolvendo-lhe o produto da venda, sem que a simulação seja descoberta, ao longo de todo esse período, as aquisições simuladas se comportarão como normais, embora não sejam reais, mas virtuais.

68. Só assim, o simulador pensa que atende aos seus interesses: mostra destituir o seu patrimônio de um bem do ativo, que poderia servir de garantia aos credores, ou, então com aquisições simuladas, deixa a impressão de que aumentou o seu patrimônio, oferecendo os

Sendo o negócio jurídico um instrumento do exercício da autonomia privada, não pode a lei aprovar – insista-se – um negócio jurídico que não tenha por escopo o fim próprio de um dos tipos legais ou sociais, incluídos ali os negócios totalmente atípicos, porém, nos limites da lei (art. 425), mas outro, de cunho frontalmente contrário, oposto até: o engano ou a ilusão de terceiros em geral. Um negócio jurídico com tal conteúdo não pode ter e não tem a tutela da lei, pois o declara nulo, por impossibilidade jurídica do seu conteúdo.

O mecanismo pelo qual a lei reconhece o livre exercício da autonomia privada é precisamente o de tutelar a iniciativa privada, desde que a atuação respectiva seja no sentido de uma regular e legítima composição de interesses individuais, por meio de negócios jurídicos, cujo conteúdo terá assim de estar orientado para um dos fins da autonomia privada, ou num sentido mais amplo, de solidariedade social, para uma das funções econômico-sociais a que os negócios estão destinados; só assim eles produzirão os efeitos, predeterminados em lei, causalmente ligados (causalidade jurídica) àquele conteúdo.[69]

Quando isso não ocorre, quando esse conteúdo está programado para *fins estranhos* aos da autonomia privada, é evidente que a lei não possa reconhecer e não reconhece o negócio jurídico respectivo, como um instrumento legítimo do exercício dessa autonomia. A rigor, como cremos já ter sido dito, o negócio *jurídico* (não o simples suporte fático) seria *inexistente* embora a lei o *qualifique* como *nulo*. É o que ocorre no negócio simulado.[70]

Nestes termos, tal negócio é nulo, porque é juridicamente impossível o seu real conteúdo (inciso II do art. 166: esse o seu aspecto *estrutural*,[71] tal como deriva do acordo simulatório.

Mais ainda: é nulo porque esse *fim,* visado pelas partes, no negócio jurídico simulado – agora abordamos o seu aspecto *funcional* – é marcadamente antissocial, incorrendo destarte na proibição dos termos expressos do art. 421:

bens respectivos em garantia para a contratação de vultoso empréstimo numa instituição bancária, para a realização de negócio que julga lucrativo e com o ganho do qual pensa que pagará as dívidas contraídas.

69. Nulidade do negócio entre as partes e eficácia em relação a terceiros de boa-fé.

70. Alfredo Fedele, escreve o seguinte: "A cisão entre a existência material e a existência legal do negócio parece ilegítima: o negócio é uma criação do direito, é o meio peculiar que todo o ordenamento jurídico põe à disposição dos particulares para que alcancem os fins práticos que desejem e como tal não pode ter senão uma vida jurídica. Ou reúne todos os requisitos pretendidos pela norma, e então é negócio, ou não os reúne, e então não é negócio, mas é um absurdo dizer que é um negócio de fato" (op. cit., p. 19).

71. O negócio simulado não pode ser visto, concebido e entendido sem uma de suas duas declarações constitutivas: o acordo simulatório (declaração não negocial), umbilicalmente ligado ao negócio simulado (declaração negocial).

"A liberdade de contratar *será* exercida em razão e nos limites da função social do contrato"[72] e, consequentemente, na nulidade prevista no inciso VII do art. 166: "É nulo o negócio jurídico quando: VII – a lei taxativamente o declarar nulo, ou *proibir-lhe a prática, sem cominar sanção.*"

É evidente, em vista disso, que a nulidade do negócio simulado resultará também do disposto na 2ª parte do citado inciso VII (itálicos nossos).

Já se disse, em contrário, que o negócio simulado é "perfeitamente estruturado", sem qualquer vício substancial ou formal, e que é nulo só porque a lei assim o declara, no art. 167.[73] Viu-se já que não é bem assim, na lei em vigor, pois a nulidade do negócio simulado já resulta dos pressupostos de nulidade dos negócios jurídicos em geral. É verdade que a lei o declara expressamente nulo, mas isto não implica na exclusão dos pressupostos da nulidade, estabelecidos em lei, para os negócios jurídicos em geral, previstos no art. 166, que, aliás, precisamente se verificam no negócio jurídico simulado, em alguns de cujos incisos se subsume, como se viu, esse mesmo negócio.

Embora a nulidade do negócio jurídico simulado tenha aspectos das nulidades em geral, ela é uma nulidade *típica* dele, já que é uma nulidade inoponível *erga omnes*, na medida em que não pode ser oposta a uma certa categoria de

---

72. Sobre o sentido e o alcance da liberdade de contratar em razão e nos limites da função social do contrato, ver Custodio da Piedade Ubaldino Miranda, *Comentários ao Código Civil,* sob a coordenação de Antonio Junqueira de Azevedo, São Paulo, Saraiva, 2013, vol. V, em comentários ao art. 421, pp. 31-50.

73. Neste sentido, Luis Carlos de Andrade Junior, na sua tese de doutorado à Faculdade de Direito da Universidade de São Paulo, p. 227, de que tivemos o inestimável prazer de ser o orientador, o que não impediu decerto a emissão de opiniões divergentes das ali contidas. Ali se lê: "Não nos parece, com efeito, adequado supor que o legislador tenha descuidado da sistematicidade ao prescrever a disciplina jurídica do negócio simulado, ainda mais quando inexistam fundamentos autônomos capazes de justificar uma redundância desse tipo. A tarefa racionalizadora que incumbe ao juiz conduz, nesta sede, à percepção de que a nulidade do negócio simulado não decorreria, naturalmente, da aplicação do art. 166; disso teria surgido a necessidade de estabelecê-la em dispositivo específico". Permitimo-nos discordar: em nosso entender, a nulidade do negócio simulado já resulta da sua subsumibilidade a diversos incisos do art. 166, como já atrás ficou dito e o fato de ela estar repetida no *caput* do art. 167 não representa qualquer falta de coerência do legislador, explicando-se a repetição pelo fato de a lei ter querido estabelecer toda a disciplina jurídica da simulação e do negócio simulado, num só dispositivo, cujo efeito principal é a sua nulidade; inexplicável seria o contrário que o artigo silenciasse sobre a nulidade, um dos efeitos principais, senão o fundamental, do negócio simulado, remetendo tacitamente para outros dispositivos que já o declaram nulo pelos vícios de que enferma. Salvo se se quiser entender que ali o legislador tratou de uma nulidade específica, híbrida, nem absoluta, nem relativa no sentido de nulidade que decorre da mera anulabilidade. Mas como não há nada que nos leve a inferir isso, nesse dispositivo, preferimos a primeira conclusão.

pessoas, os terceiros de boa-fé (§ 2º do art. 167),[74] o que já parece supor a aparente eficácia dessa espécie de negócio, perante tais terceiros. Esta a razão pela qual a lei preferiu fixar a disciplina própria da nulidade do negócio simulado naquele dispositivo específico.

Com efeito, sob o ponto de vista estrutural, *em relação às partes*, enferma de um vício grave: a *impossibilidade jurídica* do seu conteúdo, ou seja, a impossibilidade desse conteúdo, tal como convencionado no acordo simulatório, ser insusceptível de produzir os efeitos jurídicos que lhe seriam próprios, se não fosse aquele acordo. E o negócio simulado é nulo, como se viu, não só por um "*defeito" na sua estrutura*, mas também por um grave *defeito funcional*, por um vício da causa.[75]

O fim prático ou empírico que as partes se propõem alcançar com a celebração de um negócio jurídico – de todo o negócio jurídico – ou seja, a sua *causa subjetiva*[76] – deve corresponder a um dos fins da autonomia privada, predispostos no ordenamento jurídico, seja por meio de *tipos legais* de negócios, expressamente previstos e regulados nas diversas normas *dispositivas*, do Título VI do

---

74. A nulidade, quer-nos parecer, é efeito do acordo simulatório e ficaria sempre difícil explicá-la à luz das teorias que negam tal acordo como elemento constitutivo da simulação; em vista de tudo isso, o legislador preferiu tomar posição nessa questão, ao invés de deixar sua apreciação ao prudente arbítrio do intérprete. À doutrina compete esclarecer as razões ou os fundamentos dessa nulidade.

75. Foi Betti quem, pela primeira vez, formulou de modo sistemático, e magistral, a sua teoria da simulação, apontando-a como um vício da causa, consistente na divergência entre a "intenção prática típica", aquilo que as partes se propõem num negócio jurídico concreto, a auto-regulamentação de seus interesses privados por meio de um negócio jurídico, o que se constitui em sua causa concreta e subjetiva e a função econômico- social, a causa abstrata ou objetiva de um determinado tipo negocial, umas vezes previsto e regulamentado na lei (negócios ou contratos legalmente típicos), outras vezes imaginado pelas partes, nos limites de sua autonomia privada (contratos socialmente típicos ou atípicos puros), sendo mister salientar que Betti se refere, na sua obra, só aos tipos legais e sociais de negócios jurídicos. Haveria, na simulação, segundo este autor, uma *incompatibilidade* entre a o intento prático das partes e a causa típica do negócio jurídico, ao contrário do negócio indireto em que haveria também tal divergência, mas caracterizando uma *inadequação* e não propriamente uma *incompatibilidade* (*Teoria Geral*, cit.). Esta tese conquistou, como pano de fundo, notáveis adeptos na doutrina italiana, embora acrescentada por contributos doutrinários próprios de cada autor, entre os quais se destacaram, Pugliatti, Salvatore Romano (*Contributo*, cit. ns. 11a 14, pp. 30-40) e outros.

76. Falamos em *causa subjetiva* no sentido da "intenção prática típica, a que se refere Betti" (op. cit., vol. I, pp. 357-358) quando escreve: É, por conseguinte legítimo configurar, em correspondência com a causa do negócio (causa objetiva, função econômico-social de cada tipo negocial), uma atitude subjectiva, consistindo em a vontade individual se orientar, como se fosse o seu escopo, para função típica do negócio, movida por um interesse na sua realização no caso concreto. Esta vontade final, dirigida à causa como seu escopo, é – de acordo com aquilo que dissemos (§§ 3 e 19) – *a determinação causal normal* do querer, a *intenção prática típica*" (parênteses nossos, sobre a causa objetiva).

Livro III do Código Civil, intitulado: "Das várias espécies de contratos",[77] seja por meio dos *tipos sociais*, que, embora não tenham na lei, ainda, um modelo já regulamentado, pode ela, através dos contratos legalmente típicos, facultar às partes um rumo para um desenho próprio de negócios que queiram livremente concluir, precisamente ao abrigo da autonomia privada, nos termos e nos limites do que dispõe o art. 425, quando prescreve:

"É lícito às partes estipular *contratos atípicos*,[78] observadas as normas gerais fixadas neste Código", ou seja, as que se acham dispostas na Seção I – Preliminares – das Disposições Gerais a que se refere o Capítulo I do Título V – Dos Contratos em Geral- ou em outras normas eventualmente aplicáveis (grifamos em itálico).

Isto é, esse fim prático ou empírico que leva as partes a celebrar um negócio jurídico, a sua *causa subjetiva*, deve corresponder à *causa objetiva* desses tipos legais ou sociais de contratos.

Não havendo uma correspondência *aceitável,* do ponto de vista da lei, entre a causa subjetiva e a causa objetiva, isto é, se as partes lançam mão de um negócio jurídico para um *fim* que se desvie da sua causa objetiva, isto é, de sua destinação normal, *fora dos limites*[79] *que a lei impõe* ao livre exercício da referida autonomia

---

77. Também designadas supletivas.

78. Não havendo referência expressa aos tipos sociais, é natural que a lei tenha querido incluir na expressão "contratos atípicos", tanto os contratos *socialmente* típicos, aqueles que já tenham um precedente na prática jurídica e social, como os que não tenham nenhum precedente dessa natureza, como os contratos *atípicos puros*. Para um maior desenvolvimento desta matéria, veja-se Custodio da Piedade Ubaldino Miranda, *Comentários*, cit., pp. 107-126. Mas é evidente que na simulação as partes recorrerão na maioria das vezes aos contratos típicos ou atípicos que resultem da combinação de aspectos dos contratos típicos, porque estes oferecem maior segurança jurídica, especialmente para efeitos da interpretação.

79. Com efeito, o desvio da causa pode operar-se *dentro dos limites legais* ou *fora deles*: exemplo de casos da primeira hipótese, temo-lo nos negócios jurídicos *indiretos e fiduciários*, da segunda hipótese, nos negócios *simulados*. Naqueles casos, há uma correspondência aceitável, do ponto de vista da lei, entre a causa subjetiva e a causa objetiva desses negócios. Ver sobre toda esta matéria a magistral exposição de Betti na *Teoria Geral*, cit., vol. I, pp. 329 e seguintes. Ali se lê, entre outros trechos esclarecedores, o seguinte:

"A verdade, pelo contrário, é que, nos casos normais, a causa se identifica com o interesse típico que determina a vontade privada, e que esta se nos apresenta, em regra, referida à causa como seu escopo prático imediato (é nisto que consiste a alusão a outra perspectiva, atrás criticada). A causa do negócio não é causa nem concausa do 'efeito' jurídico, naturalisticamente entendido (Cap. Introdutivo, § 1º)" (p. 347).

E mais adiante "*Relevância político-legislativa da causa do negócio como razão da tutela jurídica*, falou-se, por diversas vezes, do controlo que o direito é chamado a exercer sobre as diversas manifestações da autonomia privada (§§2 e 8c). Esse controlo procede, antes de mais, ao exame das várias categorias de escopos práticos, que são, com mais frequência, o alvo da autonomia privada ao prover à circulação dos bens, à prestação dos serviços, à cooperação social. Entre esses escopos, classificados por tipos, o direito controla, em primeiro lugar, a

(art. 425), estarão incorrendo também em outro motivo de nulidade, o previsto no inciso III do art. 166 que dispõe: "É nulo o negócio jurídico: III – quando o motivo determinante, comum a ambas as partes, for ilícito".[80] É precisamente isso que também ocorre no negócio simulado.

Vê-se assim que a nulidade do negócio simulado, de que resulta a sua ineficácia em relação às partes, se funda em mais de um motivo, ou seja, tanto no aspecto *estrutural,* por ilicitude do seu conteúdo,[81] com base no inciso II do art. 166, como no aspecto *funcional*, em vista do que dispõe o inciso III daquele artigo e no próprio art. 421, quando impõe limites à liberdade de contratar em razão da função social do contrato, já que o negócio simulado tem uma causa subjetiva nitidamente oposta, antissocial.

Essas considerações postulam algumas indagações ulteriores.

No direito italiano, o contrato simulado é ineficaz entre as partes, nos termos do art. 1.414 do seu Código Civil, que proclama logo no começo: o contrato simulado não produz efeitos entre as partes. Não obstante, parte da mais conceituada doutrina italiana, considera o negócio simulado nulo,[82] assim como a sua

*licitude* no terreno social, de acordo com a apreciação que dela costuma fazer a consciência social. Por outro lado, avalia a *oportunidade* de munir com a sua sanção as correspondentes formas da autonomia privada. Para tanto é preciso que a sua função útil seja reconhecida como digna de proteção, isto é, suficiente para justificar a tutela jurídica e, ao mesmo tempo, também carecida dessa tutela; visto que o direito não dá o seu apoio ao capricho individual, mas apenas a funções dele merecedoras, segundo a sua valoração – por certo historicamente contingente –, de serem estavelmente organizadas, pela sua constância, normalidade e importância social (§ 2.º).Nesta valoração das várias manifestações da autonomia privada, a respectiva função constitui não apenas a matéria do juízo, mas também o fundamento de uma conclusão afirmativa ou negativa Desta maneira, a causa, sem deixar de ser em si mesma, uma entidade social e extrajurídica, torna-se o fundamento, a *ratio iuris* da norma que que exprime o reconhecimento jurídico (pp. 362-363).

80. Há posições em contrário quanto à eventual incidência deste dispositivo sobre o negócio simulado, por se entender que pode existir um "simulador inocente", posição essa por nós combatida no item 4 do capítulo III supra.

No domínio do CC de 1916 esse motivo determinante, comum a ambas as partes, e ilícito só poderia ocorrer, por definição legal (arts. 103 e 104 daquele Código), nas chamadas simulações fraudulentas. Já o legislador de 2002 entendeu que deveria estender a nulidade do a todo a espécie de negócio jurídico simulado, houvesse ou não intuito ou consciência de prejudicar terceiros ou encobrir a violação da lei, tornando-se, assim, maior a reprovação ética do negócio simulado.

81. Embora este resulte, no plano das relações entre as partes, do acordo simulatório.

82. E não só ineficaz. Assim, Distaso: o negócio simulado é nulo, não porque não é querido, mas porque é contrário à realidade, porque assinala aos terceiros, na sua pontual objetividade, uma falsa realidade (op. cit. p. 149).

jurisprudência,[83] ficando por explicar como, da nulidade de um negócio possa resultar a sua eficácia, ainda que parcial, isto é, só perante terceiros de boa-fé.

Enquanto, outra parte da doutrina, ou não se não se manifesta expressamente a esse respeito,[84] ou, após reconhecer que "segundo a opinião prevalente, a simulação constituiria uma hipótese de nulidade", fala em ineficácia porque não haveria no contrato um vício intrínseco, "sendo mais apropriado falar de ineficácia, porque "a falta da eficácia depende da vontade das partes".[85]

Alberto Auricchio entende que o contrato simulado, no direito italiano, é *válido*, na medida em que separa ontologicamente, o fato negocial, que conteria todos os requisitos legais, dos seus efeitos que não se produzem, em razão de sua ineficácia entre as partes. Esta separação ocorreria num plano pré-jurídico, pois o autor reconhece que, pela causalidade jurídica, todo o fato é realizado para produzir efeitos jurídicos, mas, naquele primeiro plano, de causalidade natural, não teria de se estabelecer essa ligação, logo, nesse aspecto e nessa medida, o negócio simulado é apenas ineficaz entre as partes.[86]

Discorda frontalmente desse entendimento, sem mencionar o seu contraditado, Rodolfo Saccho quando afirma:

"O contrato simulado não pode ser simultaneamente uma mera aparência e um contrato verdadeiro, suscetível de ser considerado, no plano jurídico, como uma *fattispecie* perfeita. E na expressão 'contrato simulado', o termo 'simulado' impede de se pensar em um contrato verídico e, por isso, perfeito". "O legislador

---

83. É o que esclarece Galgano, citando julgados dos anos, 60, 70 e 80, todos inspirados no conceito de que ao contrato simulado "não corresponde a existência real da causa e da vontade contratual" (op. cit., p. 338 e nota 2).

84. Assim, Giuseppe Mirabelli, *Delle obligazione-dei contratti in general*, 3. ed., Turim, Utet, 1980 (reimpressão de 1987), pp. 450 e ss.

85. Neste sentido Maximo Bianca, op. cit., p. 657, que acrescenta: "são de fato as partes a estabelecer que o contrato não deve ter efeitos ou deve ter efeitos diversos dos aparentes". A verdade, porém, e parece-nos ser esta a fragilidade dessa afirmação, é que os efeitos de um negócio jurídico nunca resultam da exclusiva vontade das partes, mas dessa vontade em conjugação com a lei.

86. Auricchio escreve que a nulidade do negócio simulado, no direito italiano, foi sustentada por uma longa tradição jurídica que sempre, ou quase sempre, considerou, pura e simplesmente, nulo o negócio simulado, por negar a alternativa, que o autor defende, entre invalidade e ineficácia. Ou seja, a ineficácia decorreria da nulidade, enquanto para o autor pode haver validade e ineficácia de um mesmo negócio jurídico, o que não repugna a quem considere a validade e a eficácia, tal como a existência, em planos distintos. O que se nota é que uma coisa é o acerto da fundamentação no plano conceitual e outra na sua aplicação prática, em vista dos mesmos conceitos, circunstância que sempre desafiou e continua a desafiar a jurisprudência, pelo menos a nacional (op. cit., pp. 77 e ss.). Cremos que não discrepa dessa orientação a afirmação já por nós feita de que o acordo simulatório nada mais é do que um negócio, se assim se pode dizer meramente social.

o sabe, designa o contrato simulado 'contrato aparente' e reconhece que ele não produz efeito entre as partes".[87]

Após criticar as posições de vários autores que consideram o negócio simulado ineficaz, entende que as razões invocadas *contra* a nulidade são facilmente refutáveis. "O contrato concluído entre as partes é só aquele que resulta das duas peças da declaração. O fragmento ostensivo não é senão um contrato aparente, e legalmente o que só é aparente, qualquer que seja a razão pela qual foi criado (gracejo, engano de terceiros, fim didático ou fiduciário), é nulo."

Não haveria assim uma escolha do legislador – no art. 1.414 – a favor da ineficácia e não da nulidade. "O negócio nulo, assim como o negócio ineficaz, não produz efeito. A dicção legislativa provém dos redatores que, muito oportunamente, se preocuparam em ditar uma regra operacional, e não se aventuraram em qualquer ostentação classificatória".[88]

A esse argumento, já referido,[89] opõe Auricchio a afirmação de que essa rejeição resulta da relutância da doutrina em aceitar a distinção entre nulidade e ineficácia *stricto sensu*, já admitida pela doutrina mais recente e tornada inútil pela doutrina atual.[90]

---

87. Rodolfo Sacco e Giorgio De Nova, op. cit., vol. I, p. 666.

88. Saccho e De Nova, op. cit., vol. I, p. 667. Acrescenta mais o autor: "O legislador tedesco define o negócio simulado como *nichtig* (nullo; § 117 BGB). Quem quer que leia a palavra "ineficaz" no art. 1.414 c.c. saberá indicar uma só diferença de regime, ainda que mínima, devida à pretensa diversidade entre a solução tedesca e a italiana?" (p. 667).

No mesmo sentido, opina Salvatore Romano: "E efetivamente, de uma apreciação da fórmula legislativa parece concluir-se uma constatação não muito encorajadora: à doutrina está ainda reservada a tarefa fundamental de conceituar o fenômeno simulatório, de definir-lhe a extensão em relação aos atos simuláveis, no todo ou em parte, de indicar o destino do ato simulado, de configurar o entendimento simulatório em todos os seus aspectos teóricos e práticos, bem como as contradeclarações sobre as quais a norma silencia. Só que inferir a partir destas observações uma avaliação negativa do texto legislativo não seria, em nosso entender, fundado. Ocorre não esquecer que estamos em presença de um dos mais tormentosos problemas da teoria geral, diante do qual um legislador não pode senão limitar-se a redigir, com muita prudência, um texto contendo os elementos essenciais só para fins práticos, omitindo toda a referência ao resto" (*Contributo*, cit. pp. 22-23).

89. Repita-se aqui: "O contrato simulado não pode ser simultaneamente uma mera aparência e um contrato verdadeiro, suscetível de ser considerado, no plano jurídico, como uma *fattispecie* perfeita. E na expressão 'contrato simulado', o termo 'simulado' impede de se pensar em um contrato verídico e, por isso, perfeito".

90. Auricchio, op. cit., pp. 88-89, em que escreve literalmente: "O nosso problema reduz-se, portanto, à alternativa entre dois termos: invalidade e ineficácia. É também verdade que a possibilidade desta alternativa é, implicitamente, negada por uma tradição jurídica, que sempre, ou quase sempre considerou, pura e simplesmente, nulo o negócio simulado. Diga-se, porém, em primeiro lugar, que esta tradição, pelo próprio facto de ser muito antiga faz parte de uma época em que a nulidade exprimia e esgotava a ineficácia, ao passo que, hoje em dia, é noção comum a toda a literatura jurídica, que o negócio privado dos seus efeitos,

A distinção feita no plano estrutural-funcional do negócio jurídico, em suas três esferas, de existência validade e eficácia, ou, se se quiser, de inexistência, invalidade e ineficácia, é uma conquista consolidada no direito brasileiro, a partir da obra de Pontes de Miranda, à qual aderiu Antonio Junqueira de Azevedo e hoje seguida por vários autores nacionais.

Mas, nem por isso, é possível dizer-se, no direito brasileiro, tal como o faz Auricchio, no direito italiano, que o negócio simulado é válido, mas ineficaz, não só porque o legislador o declara expressamente nulo (art. 167), mas também porque a sua nulidade já resulta dos pressupostos de nulidade fixados em lei para os negócios jurídicos em geral, tais como a) o motivo determinante, comum a ambas as partes, se ilícito (art. 1.666, III), b) a impossibilidade jurídica do seu conteúdo (art. 166, II), tal como querido pelos seus autores e c) o fim antissocial do seu comportamento negocial (art. 421), tudo como já ficou dito.

No entanto, é a seguinte a construção desse autor:

> "A solução que aqui se procura é esta: ao passo que o negócio nulo é inválido, e falta, portanto, a previsão legal, nos outros casos o vício não atinge a perfeição do facto negocial, incidindo apenas sobre os efeitos finais do ato da autonomia privada, qualificando-se, em qualquer caso como vício da eficácia. Isto é indubitavelmente exacto pelo que diz respeito ao contrato impugnável...: a sentença é dirigida contra os efeitos do acto e não contra o acto, a razão da ineficácia é extrínseca ao próprio acto, o contrato não é geneticamente alterado, o vício refere-se à função e não à estrutura". E logo adiante: "A mesma conclusão é válida para o negócio simulado: a sua validade é encarada nesta sede como um ponto seguro, que nem sequer pode voltar a ser posto em discussão."[91]

No próprio direito italiano, não se pode ignorar a argumentação em contrário de Rodolfo Saccho, acima referida, à qual se poderia acrescentar o seguinte: não se nega a distinção entre a validade e eficácia, assim como a sua outra face, a invalidade e a ineficácia. O que se pode questionar, porém, é se de um negócio válido pode resultar a ineficácia, ainda que só entre as partes, valendo, no entanto, como argumento decisivo, a impossibilidade de se separar, em compartimentos estanques, a alternativa: validade/eficácia ou invalidade/ineficácia.

Por outro lado, fica difícil entender, tal como pretende Auricchio, uma causalidade natural (e não jurídica) entre o fato negocial e os seus efeitos uma vez que estes *nunca resultam só da vontade das partes*, mas dessa vontade em

não é, necessariamente um negócio nulo. Em segundo lugar, deve, ainda, recordar-se que a doutrina actual nem sequer põe o problema, por, em última análise, não lhe ver a utilidade".

Tal posicionamento não só exige que se faça a distinção entre a nulidade e a ineficácia, mas que se separe esses conceitos em compartimentos estanques, sem nenhuma hierarquia entre as diversas formas de invalidade, o que não se constitui em regra na doutrina, em especial na doutrina nacional.

91. Auricchio, op. cit., pp. 143-144.

conjugação com a atuação da lei, seja por um fenômeno de "recepção", a que alude Betti, seja por outro modo.[92] Qualquer que seja a construção que lhe sirva de suporte, a conclusão será sempre a mesma: os efeitos de um negócio jurídico (ainda que estes sejam negativos, juridicamente inexistentes quando se trate de um negócio nulo) resultarão sempre da lei, embora sua incidência para a produção dos efeitos seja sempre atraída por uma declaração das partes de um tal negócio, efeitos esses que ela os atribui ou não, segundo as suas soberanas valorações.

A causalidade, portanto, entre o negócio (jurídico) e os seus efeitos, é, para nós, sempre uma causalidade jurídica.[93]

Segundo Auricchio, os direitos de terceiros de boa- fé, decorrentes do negócio simulado, resultariam, não tanto de uma *legitimidade excepcional* em que o simulado alienante é investido pela lei, em função de um negócio *aparente*, em razão da proteção devida a terceiros que confiaram na aparência (teoria de confiança) e do ônus pela própria conduta, a ser suportado, em vista disso, pelos sujeitos do negócio simulado (teoria da responsabilidade), tese esta aceita pelos adeptos da nulidade, mas do *fenômeno geral da inoponibilidade dos vícios negociais.*

Distingue, para o efeito, no direito italiano, efeitos diferentes para a oponibilidade: "ao passo que a nulidade é oponível a todos, não lhes são oponíveis a revogabilidade, nem a rescindibilidade, e nem sequer a resolubilidade, a simulação ou a anulabilidade". O que é necessário, portanto, prossegue o autor, é orientar a investigação "para a descoberta daquele elemento que, sendo comum a todo o segundo grupo de vícios, sirva para distingui-lo da nulidade".[94]

Do que fica exposto se vê que o pensamento do autor, de que o negócio simulado é um ato perfeito, no sentido de que preenche todos os requisitos de validade de um negócio jurídico, só se ressentindo nos seus efeitos, no plano da eficácia, de ato de autonomia privada, não procede no direito brasileiro atual (ao contrário do que poderia entender-se talvez no regime de mera anulabilidade do

---

92. Assim, por exemplo, não é outra a opinião de Junqueira de Azevedo, mas com base em uma construção diferente, própria, quando, após criticar a de Betti (item 3 do Capítulo I), escreve: "sendo a declaração de vontade um ato que, em virtude das circunstâncias em que se produz, *é visto socialmente como dirigido à produção de efeitos jurídicos,* o direito segue a visão social e encobre aquele ato com o seu próprio manto, atribuindo-lhe normalmente (i. e, respeitados os pressupostos de existência, validade e eficácia) os efeitos que foram manifestados como queridos (item 4 do mesmo capítulo).

93. Cf. supra, em nota, a citação de Betti que afirma textualmente: "A causa do negócio não é causa nem concausa do 'efeito' jurídico, naturalisticamente entendido".

94. Auricchio, op. cit., p. 143. E daí a conclusão acima, com que se inicia a sua construção, que nunca é demais repetir aqui: "a solução que aqui se procura é esta: ao passo que o negócio nulo é inválido, e falta, portanto, a previsão legal, nos outros casos o vício não atinge a perfeição do facto negocial, incidindo apenas sobre os efeitos finais do acto da autonomia privada, qualificando-se, em qualquer caso, como vício da eficácia".

negócio simulado, no CC de 1916), pois a lei declara nulo o negócio simulado, em dispositivo expresso (art. 167, *caput*), embora essa nulidade já resultasse dos requisitos de validade, faltantes no negócio simulado, expressos nos dispositivos respectivos (art. 166, II e III e VII, c/c o art. 425), como acima se disse.

Como o próprio autor afirma, com toda a razão: "o dado legislativo só vale como ponto de partida para toda a elaboração dogmática".[95] Foi precisamente isso que se procurou fazer com a argumentação já atrás exposta e é esta a razão pela qual se diverge do autor.

Se o legislador italiano não teria tomado qualquer posição na alternativa, nulidade – ineficácia, tal como quer Rodolfo Saccho, com bons argumentos, não obstante a letra clara da lei (art. 1.414), de que o negócio simulado não produz efeitos entre as partes, com muito menos receio de errar, pode dizer-se que o legislador nacional não se pronunciou, nem mesmo tacitamente, unicamente sobre a *natureza* da nulidade em que incorre o negócio simulado, na lei em vigor (art. 167).

Em nosso entender, o que se pode dizer é que a nulidade do negócio simulado é uma nulidade relativa, já que ela é inoponível a terceiros de boa-fé,[96] nesta medida se relativizando em relação a esses terceiros.

O negócio simulado é *nulo*, em relação a todos os que *não* estejam de boa-fé, partes e terceiros, os que, de qualquer modo, empreenderam a simulação ou nela participaram e em relação a terceiros de boa-fé, que tenham eventualmente interesse na declaração de nulidade, após a descoberta da simulação.[97]

A simulação, logo a nulidade do negócio simulado, não é oponível a terceiros de boa-fé. Mas nem por isso, dir-se-á aqui que a consequente eficácia do eventual ato de alienação de um direito, praticado pelo simulado adquirente, decorre de um contrato simulado plenamente válido, tanto em relação às partes como em

---

95. Auricchio, op. cit., p. 143. Nós tiraríamos a palavra *só* para não minimizar a importância do dado legislativo, como o faz aquele, aliás, brilhante autor e diríamos: o dado legislativo vale como *importante* ponto de partida para toda a elaboração dogmática.

96. A nulidade absoluta, como se sabe, é oponível *erga omnes*, mas a do negócio simulado é de natureza peculiar, a ser elaborada no plano dogmático, porque é inoponível em relação a terceiros de boa-fé; na medida em que a lei (art. 167, § 2.º) ressalva os direitos desses terceiros "em face dos contraentes do negócio jurídico simulado") (Sobre nulidades, Custodio da Piedade U. Miranda, *Teoria Geral*, cit., pp. 154 e ss.).

97. Uma outra interpretação possível seria a de que, havendo uma valoração bifronte do negócio simulado na nossa lei, como já acima ficou dito no texto, ele seria nulo para as partes e válido em relação a terceiros de boa-fé. Sendo a lei soberana nas suas valorações, nada impediria, embora pudesse chocar a doutrina, que um negócio da natureza do simulado fosse, para a lei, nulo para uns e válido para outros. Mas tal interpretação conflitaria com a ressalva estabelecida no § 2.º do art. 167 na medida em que ali "ressalvam-se os direitos de terceiros de boa-fé em face dos contraentes do negócio jurídico simulado". Se o negócio já fosse válido em relação a esses terceiros, porque a ressalva?

relação a tais terceiros, tal como o pretende Auricchio, fundando-se na pretendida "perfeição" estrutural do negócio simulado,[98] no direito italiano, conclusão inaceitável para nós que entendemos que o negócio simulado, declarado nulo por lei, enferma de graves vícios *estruturais* e *funcionais*.

Em nosso entender, é preferível fundar a eficácia de tal ato na teoria da aparência jurídica, tal como o faz boa parte da doutrina italiana. E a proteção a terceiros de boa-fé resultará, nesse contexto, essencialmente, da teoria da confiança, a que já atrás se referiu (n. 4 da Introdução), matéria que será desenvolvida na segunda parte deste capítulo, a seguir: efeitos da nulidade do negócio simulado perante terceiros de boa-fé.

Assim, retomando o fio da indagação, interrompida com este longo parêntese e deste modo se respondendo à pergunta atrás formulada, os simuladores podem alegar a nulidade do negócio simulado, *mas, em hipótese alguma, em prejuízo daqueles que têm o direito de se valer de sua aparência,* tal como esta é, como os terceiros de boa-fé.

Mas, qual o sentido e o alcance dessa nulidade? A nulidade aqui decretada é para aqueles que agem de má-fé, a começar pelos simuladores, é uma nulidade que resulta do seu comportamento ilícito, de lançar ao mundo jurídico um negócio, com toda a potencialidade dos efeitos nocivos que é capaz de produzir, mas que, nos termos da programação silenciosa dos seus autores, não deve produzi-los, nem entre eles, nem em relação a quaisquer terceiros que não estarão de boa- fé se tiverem conhecimento da simulação e, ainda assim, quiserem fundar direitos no, ou a partir do negócio simulado.

E, de fato, não se produzem em relação aos simuladores, porque o comportamento negocial só é relevante, capaz de surtir os efeitos jurídicos (ou, no mínimo práticos ou empíricos com o ânimo de que sejam tutelados pelo direito) quando a lei o acolhe e lhe atribui causalmente (causalidade jurídica) tais efeitos. No caso do negócio simulado, a nulidade é a prova de que a lei lhe nega o seu reconhecimento e a sua tutela, nos termos programados pelos seus autores.[99]

98. Em nosso entender, como já se viu, a imperfeição estrutural do negócio simulado funda-se em mais de um dispositivo legal em vigor (n. 4 do Capítulo IV, acima). Além disso, o negócio jurídico simulado enferma de um grave defeito funcional, na medida em que o acordo simulatório e o seu objeto privam-no de sua natureza de ato de autonomia privada e, portanto, em relação às partes, da sua natureza de negócio jurídico. O que falta é determinar como, não obstante, ele produz os seus efeitos jurídicos próprios. É o que se verá, a seguir, no texto.

99. Mas, nem por isso, deixando de ser um ato de autonomia privada, precisamente porque desprovido do conteúdo, *por obra dos seus autores*, deixa o fato negocial de existir, pois o *conteúdo* "retirado virtualmente" pelos simuladores, por via do acordo simulatório, é-lhe restituído por força da legitimação que lhe é conferida pela lei, de modo a isolá-lo do acordo simulatório para operar aquela restituição.

# II

# EFEITOS DA SIMULAÇÃO EM RELAÇÃO A TERCEIROS

5. Efeitos em relação a terceiros: No sistema do CC de 1916: 6. Na simulação absoluta inocente. 7. Na simulação relativa inocente. 8. Na simulação fraudulenta ou ilícita. 9. Efeitos da simulação em relação a terceiros no domínio do Código Civil em vigor. 10. Conflitos de interesses entre terceiros interessados na validade e terceiros interessados na nulidade do negócio simulado.

**5.** Até aqui se viu os efeitos que a simulação produz, nos negócios em que ela ocorre, entre as partes que simulam.

Passemos a examinar agora esses efeitos em relação a terceiros.

"Terceiro é quem não é parte de um negócio jurídico, nem da relação por ele constituída."[100]

Preambularmente, cabe dizer que os efeitos da simulação em relação a terceiros vêm muito bem sintetizados por Rodolfo Sacco:

---

100. Luigo Mengoni, *Gli Acquisti a Non Domino*, Milão, Giuffrè, 1994, p. 113, onde se lê: "O conceito de aquisição *a non domino* implica no adquirente a qualidade de 'terceiro' em relação ao *dominus*. No sentido geral e absoluto, terceiro é quem não é parte de um negócio jurídico, nem da relação por ele constituída. Neste sentido, *o dominus* (quem quer que ele seja) e o adquirente a non domino são terceiros entre si, enquanto não são partes da relação da alienação de que se trata: o *dominus* permanece estranho à formação do título de aquisição invocado pelo adversário, que não é adquirente dele. Em sentido específico e relativo, dada uma relação entre *A* e *B* sobre determinado bem, são terceiros em relação a *A* os adquirentes (a título particular) de *B* (sub-adquirentes) e, do mesmo modo, são terceiros em relação a *B* os adquirentes de *A* em relação ao mesmo bem" (tradução e os últimos parênteses nossos).

Parte na simulação, segundo Mirabelli, é não só quem tenha participado do acordo simulatório e da atividade simulada, mas também o sujeito da relação sobre quem a atividade simulatória incide; deve, pois, ser considerado assim quem, como representante, formou o acordo simulatório ou cumpriu a atividade simulada (em sentido contrário ver o julgado do TJSP no item V.24 do capítulo I), mas não participa da relação, nem pode ser considerada parte quem tenha interesse em fazer valer a simulação (assim, por exemplo, o menor representado) (Giuseppe Mirabelli, *Dei Contrati in Generale*, Turim, Utet, 1980, reimpressão, 1987, pp. 465-466). É evidente que dependerá de o mandatário ter ou não ciência, como partícipe, da simulação. No caso decidido não consta que o mandatário tivesse ciência da simulação.

> "A reconstrução do ato simulado é mais delicada quando estão em jogo interesses de terceiros. Que o terceiro fará valer em juízo o ato ostensivo; o comparsa, parte no entendimento simulatório, excetuará o pato de respeito (ao combinado); o terceiro não desconhecerá os efeitos assumindo a simulação; o comparsa tenderá a contestar a qualificação do ato como simulado e do pacto como dissimulado."[1]

No âmbito do CC de 1916, escrevemos: "Mas, aqui, há que distinguir, de acordo com a sistemática da lei, entre a simulação inocente e a fraudulenta ou ilícita, já que os efeitos, em relação a terceiros, variam conforme se trate de uma ou outra dessas espécies de simulação."

É necessário, antes de mais, precisar a noção de terceiros para esse efeito. Terceiros serão os titulares dos direitos atingidos pela validade ou nulidade do negócio simulado.

Como escreve Manuel de Andrade:

> "São terceiros para efeito da simulação quaisquer pessoas que não sejam os simuladores, nem os seus herdeiros (ou legatários), a menos que (quanto a estes) se trate de herdeiros legitimários[2] que venham impugnar o negócio simulado para defender as suas legítimas. Ocorre, todavia, que as mesmas pessoas sejam titulares de um direito (situação ou posição jurídica) ilicitamente prejudicado ainda que só na sua consistência prática (credores) – com a validade ou a nulidade do negócio simulado."[3]

E, formulado o conceito, passa o mesmo ilustre jurista a identificar quatro categorias de terceiros com que mais frequentemente se depara na prática: os herdeiros necessários, a fazenda, os credores e os preferentes.[4]

Passemos a analisar os efeitos da simulação em cada uma das espécies a que se aludiu.

**6.** Na simulação absoluta inocente, como se viu, o negócio jurídico é inexistente, uma vez que não chega a preencher os elementos que, nos termos do art.

---

1. *Trattato*, cit., vol. I, p. 656. Acrescenta o autor: "Uma primeira questão terá por objeto o estado psicológico dos contraentes. A inoponibilidade da contra-declaração opera como uma espécie de sanção a cargo dos contraentes, e isto põe o problema da declaração emitida sem vontade prévia. Pode um contraente evitar a norma sobre a simulação aduzindo que a declaração, cujos efeitos não foram queridos, foi redigida sem fins ilícitos, sem, isto é, a intenção de enganar terceiros, ou de enganar aquele determinado terceiros? A resposta da jurisprudência é negativa. A declaração fictícia é sempre idônea a enganar o terceiro; quem a emite cria um perigo e deve sujeitar-se ao risco correspondente. Esta solução resulta hoje de disposição clara da lei (art. 167) na medida em que ela não distingue, para os fins dos efeitos da simulação, a simulação inocente da simulação fraudulenta."
2. Herdeiros legitimários (em Portugal) ou necessários (no Brasil).
3. Manuel de Andrade, op. cit., vol. II, p. 198.
4. Manuel de Andrade, op. cit., vol. II, pp. 199 e s.

81, integram o próprio conceito do negócio. Se *A* faz uma venda simulada de um seu imóvel a *B* com ânimo de mera ostentação, e *B*, por sua vez, vende o mesmo imóvel a C que ignora a simulação e a consequente inexistência do negócio, poderá C, alegando que confiou na aparência negocial e adquiriu o seu direito de boa-fé, opor-se à reivindicação do bem, objeto do negócio celebrado com *B*, quando para isso seja demandado por *A*, alegando a inexistência do negócio com *B*?

O princípio geral aqui é que a questão da oponibilidade ou inoponibilidade da simulação nem sequer chega a surgir porque na simulação absoluta inocente não há terceiros prejudicados a quem a simulação possa ser oposta. O que predomina aqui é o interesse das partes.

No entanto, a doutrina fornece o seguinte critério. A resposta a esta questão – diz-se – varia conforme se trate de alienação de bens móveis ou de bens imóveis.

Quanto a estes, de acordo com o art. 530 do Código Civil, conjugado com o art. 186 da nova Lei dos Registros Públicos,[5] adquire-se a propriedade do imóvel pelo registro do título aquisitivo no registro de imóveis, e nos termos do art. 859 presume-se pertencer o direito real à pessoa em cujo nome foi registrado. O registro é assim, ao contrário do direito anterior[6] não apenas um meio de prova, mas ato (complementar) constitutivo do domínio.

Daqui resulta que, no exemplo mencionado, se o simulado adquirente *B* registra a escritura da alienação simulada em seu favor, legitimando a aparência do seu direito, C, terceiro de boa-fé, pode, em princípio, opor-se à reivindicação do bem, feita pelo alienante *A*, ainda que a alienação simulada conste de uma ressalva, salvo se esta estiver registrada no registro de imóveis competente, anteriormente à aquisição de C.[7] Neste caso, pelo fato do registro, não se pode presumir a boa-fé do terceiro

A solução da questão proposta quanto à oponibilidade da simulação absoluta inocente, em relação a terceiros de boa-fé, resulta não só dos dispositivos legais citados como também de um argumento *a contrario* do art. 622 que dispõe para os móveis.[8] Quanto a estes o art. 622 (e seu parágrafo único) parece constituir

---

5. Lei n. 6.015, de 31 de dezembro de 1973, com as alterações introduzidas pela Lei n. 6.216, de 30 de junho de 1975.

6. Cf. Clóvis Beviláqua, op. cit., vol. 3, p. 848-850.

7. Cf. Espínola, *Manual*, cit., p. 542. Esta última hipótese será de difícil ocorrência, acrescenta, dada a natureza da simulação. "Pode, todavia, acontecer que, munido de uma ressalva contra uma venda simulada, o pseudo-alienante, havendo desaparecido as causas que o levaram a simular, faça registrá-la, para se subtrair aos efeitos da simulação em relação a terceiros" (op. cit., p. 542-543 e nota 26).

8. *Art. 622.* "Feita por quem não seja proprietário, a tradição não alheia a propriedade. Mas, se o adquirente estiver de boa fé, e o alienante adquirir depois o domínio, considera-se revalidada a transferência e operado o efeito da tradição, desde o momento do seu ato. Parágrafo único. Também não transfere o domínio a tradição, quando tiver por título um ato nulo".

um óbice a que, como princípio geral, alguém não possa fazer valer, em vista da *traditio*, que opera a transferência da propriedade, um direito sob a nulidade absoluta da transmissão anterior. Sendo assim, e uma vez que entre as regras legais que disciplinam a simulação nenhuma exceção existe a este princípio geral, na simulação absoluta inocente, com maior razão, terá de se repelir a pretensão.

Embora não possa opor-se à declaração da inexistência da relação jurídica e às respectivas consequências, poderá C, restituído o bem a *A*, reembolsar-se do que pagara a *B*, por evicção, quando não expressamente excluída (arts. 1.107 e s.), ou com fundamento no princípio geral de direito de enriquecimento sem causa (não locupletamento à custa alheia).

Se, numa hipótese contrária à que vem de se expor, o terceiro tiver interesse em alegar a mera aparência do negócio, na simulação absoluta inocente, desde que, como diz Pontes de Miranda, prove o interesse em ser declarada a inexistência[9] poderá, alegando a simulação, obter a declaração judicial da inexistência da relação jurídica.

**7.** A simulação relativa inocente não constitui defeito do negócio, nos termos do art. 103. Como acima se disse, neste tipo de simulação, além do negócio simulado, existe a relação jurídica dissimulada, e quando a lei diz que a simulação não constitui defeito do negócio, quer dizer, em vista da dupla valoração, que a simulação envolve, que ela não torna, em princípio, anulável o negócio simulado, por iniciativa de terceiros, nem torna anulável o negócio dissimulado, por iniciativa das partes.

Um primeiro problema que se põe é o de saber se, nesta espécie de simulação, o terceiro pode, alegando que confiou na aparência, fundar os seus direitos nessa aparência. A resposta terá de ser afirmativa uma vez que a validade e a eficácia do procedimento simulatório, neste tipo de simulação, implica, na intenção das próprias partes que simulam, e consubstanciada no acordo simulatório, uma dupla valoração: a objetiva ou a da relação aparente, decisiva perante terceiros, e a subjetiva ou a da relação jurídica dissimulada, decisiva entre as partes.

Emílio Betti fundamenta em duas ordens de considerações a *ratio iuris* da inoponibilidade da simulação (de qualquer espécie de simulação) em relação a terceiros de boa-fé, que tenham interesse na eficácia da relação jurídica aparente:

A razão dessa proteção a terceiros está, em primeiro lugar, na legítima expectativa do terceiro que, de boa-fé, confiou na aparência, e necessária para garantir a segurança da contratação e das transferências patrimoniais; em segundo lugar, e quanto ao comportamento das próprias partes, no princípio da autorresponsabilidade, na medida em que, mantendo oculto o acordo que exclui ou restringe a eficácia do negócio simulado, e portanto não tornando reconhecível de terceiros

---

9. *Tratado*, cit., tomo IV, p. 382.

"o valor vinculativo do preceito contratual por elas criado", "expuseram-se ao risco imanente à declaração, no ambiente social, pela confiança que ela cria".

> "Confirma-se, deste modo, que o negócio, sendo destinado à vida da relação, é um instrumento útil, mas não desprovido de perigos, porque faz recair sobre as partes as consequências onerosas da sua falta de sinceridade e de clareza."[10]

Idêntica é a solução (proteção de terceiro de boa-fé) da doutrina, no direito francês, ainda quando, no conflito de interesses entre terceiros interessados na validade do negócio simulado e terceiros interessados na sua nulidade (e consequente validade do negócio dissimulado), resolve-o em favor dos primeiros, fundando-se na ideia da necessidade de se garantir a segurança nas relações sociais.[11]

A este propósito, escreve Espínola categoricamente:

> "Pode afirmar-se que as legislações modernas, em sua universalidade, da mesma sorte que a doutrina contemporânea e os tribunais de todos os países civilizados, têm sancionado, com igual firmeza, o princípio da inoponibilidade do ato simulado aos terceiros de boa-fé."[12]

Mas se terceiros, ao invés da eficácia do negócio simulado, pretenderem a sua ineficácia, *quid juris?* Nesta espécie da simulação, sendo o negócio simulado inexistente, não há sequer falar-se, quer da validade, quer da ineficácia do negócio. Não havendo um negócio normal, apto a produzir efeitos, não há de falar-se em seus efeitos, haverá falta de efeitos (ineficácia ou, melhor, ausência de eficácia) por virtude da própria inexistência do negócio. Para alcançarem essa "ineficácia" os terceiros terão de propor contra as partes uma ação de declaração da existência de um negócio simulado e da consequente eficácia do negócio aparente (na simulação relativa), mais precisamente, da legitimidade da parte daquele negócio, numa suposta alienação do seu "direito" ao terceiro de boa-fé.

Como já na simulação relativa inocente a lei reconhece que, sob a forma de um negócio aparente, se forme uma relação jurídica de natureza diversa, os terceiros poderão fazer valer essa ineficácia, na medida em que pretendam obter a prevalência da relação jurídica dissimulada. Este problema se põe até mesmo em relação àqueles terceiros que têm conhecimento do procedimento simulatório e consequentemente da relação jurídica dissimulada. Não pode, sob este ponto de vista, aplicar-se lhe o regime válido para terceiros de boa-fé, que confiaram na aparência do negócio simulado.

---

10. Emílio Betti, op. cit., t. 2, pp. 402 e 403.

11. Planiol, op. cit., p. 401; cf. Espínola, *Breves anotações...*, cit. Acrescentamos, no texto, entre parênteses: simulação relativa.

12. *Breves anotações...*, cit., p. 309.

**8.** Os efeitos da simulação fraudulenta, em relação a terceiros, são os que dispõe o art. 105. Sempre que o negócio simulado for realizado com a "intenção" de prejudicar esses terceiros, como também de ocultar a violação de um preceito legal, poderão os terceiros prejudicados ou os representantes do Poder Público (a bem da lei ou da Fazenda) requerer a anulação do negócio simulado, tanto na simulação absoluta como na simulação relativa.

Embora o negócio simulado, na simulação ilícita, seja, em princípio, válido e eficaz, entre as partes, na medida em que a lei as vincula à criação da aparência realizada, já o art. 105 é expresso em conceder, a terceiros lesados e aos representantes do Poder Público, a faculdade de anularem o negócio simulado, precisamente porque é o prejuízo de terceiros ou a violação da lei o elemento invalidante do negócio. É em benefício desses terceiros, da lei ou da Fazenda que a lei houve por bem estabelecer a anulabilidade do negócio simulado.

Vamos procurar, ainda que sumariamente, analisar as quatro categorias de terceiros a que acima se aludiu.

Podem os herdeiros necessários pleitear a anulação do negócio simulado sempre que acarrete prejuízo às suas legítimas. Mas, é evidente que não poderão invocar a simulação como sucessores dos simuladores, nos mesmos termos em que estes não poderiam argüi-la. Problema que se põe é se tais herdeiros poderão, para preservar suas legítimas, anular, em vida do próprio hereditando, os negócios simulados por ele concluídos.[13]

Manuel de Andrade (tal como Beleza dos Santos) parece concluir pela negativa, porque até mesmo os filhos não têm em vida dos pais qualquer direito sobre os bens ou aos bens destes, mas apenas uma expectativa de virem a herdar obrigatoriamente a metade dos bens deixados por sua morte. Não haveria assim um *direito* do herdeiro necessário, prejudicado com a simulação, mas apenas uma *expectativa* de receber os bens em causa.[14]

Parecia-nos, quando da primeira publicação desta obra, que nada obstava a que os herdeiros necessários obtivessem a anulação dos negócios simulados

---

13. Cf. Manuel de Andrade, op. cit., p. 200.

14. O problema se punha em face do Código Civil português de 1867 e em abono de sua posição cita o mesmo autor os arts. 1.556 e 2.042 daquele Código, noticiando o "assento" (pode dizer-se que este é um instituto paralelo à súmula vinculante do STF, no sistema brasileiro) do Supremo Tribunal de Justiça de Lisboa que consagrara orientação contrária, estabelecendo que "os filhos podem pedir, mesmo em vida dos pais, a anulação de dívidas por estes simuladamente contraídas com o intuito de os prejudicar, não sendo, portanto, preciso demonstrar a efetividade do prejuízo". O Código Civil português de 1967, em vigor, resolveu a controvérsia neste último sentido no art. 242, 2, que dispõe: "A nulidade pode também ser invocada pelos herdeiros legitimários (necessários) que pretendam agir em vida do autor da sucessão contra os negócios por ele simuladamente feitos com o *intuito* de os prejudicar" (parênteses e itálico nossos).

em vida do autor da sucessão, desde que conseguissem provar que haviam sido celebrados com o *intuito* de prejudicar suas legítimas. E acrescentávamos: parece ser neste sentido também o ensinamento de Pontes de Miranda na medida em que, como acima se disse, não considera indispensável, para a anulabilidade do negócio simulado por terceiros prejudicados, o prejuízo efetivo, bastando mera potencialidade de prejuízo.[15]

Entretanto, havia uma nítida contradição com o que dizíamos acerca da necessidade da interpretação extensiva do art. 102 do CC de 1916, para só se considerar uma intenção relevante a que produzisse o resultado visado pelas partes. E isso, porque, no domínio daquele Código, só o negócio simulado fraudulento era anulável, sendo permitida a simulação inocente.

Nesse contexto, num negócio simulado em que ocorresse o resultado visado, ainda que não redundasse já na violação de um direito adquirido, continuando a ser uma a mera expectativa do herdeiro, não teria qualquer fundamento jurídico negar-se-lhe legitimidade para propor uma ação de anulação. Se o herdeiro pode requerer *providências cautelares* para manter íntegra a sua *expectativa* de direito, ainda em vida do hereditando, não faria sentido negar-se-lhe a propositura de uma *ação* de anulação do negócio simulado, que, no fundo, destinar-se-ia à mesma finalidade, de acautelar seus interesses.

No domínio do Código atual, parece-nos ainda mais consistente esse posicionamento, porque a lei em vigor (art. 167) não distingue entre a simulação fraudulenta e a inocente, sendo o negócio simulado nulo, em qualquer dos casos.

Também a Fazenda (federal, estadual e municipal) pode ter interesse na anulação de quaisquer negócios simulados que lhe tenham causado prejuízo. As hipóteses de lesão ao fisco serão sempre ilícitas, quer tenha havido intuito deliberado do simulador nesse sentido, quer, por ignorância de um preceito legal que viola, acabe cometendo a lesão já que a ignorância da lei não pode aproveitar.

As consequências da anulação variam, evidentemente, conforme a simulação recaia "sobre a natureza ou os sujeitos do negócio, ou apenas sobre o valor". [16]

A seguir à Fazenda, serão os credores a classe mais importante de terceiros com legitimidade para requererem a anulação do negócio simulado, na simulação ilícita, dada a frequência com que se recorre às simulações para lesar direitos destes. Reportamo-nos aqui para tudo o que ficou dito a este respeito sobre a simulação fraudulenta,[17] podendo inferir-se dali a enorme gama de situações

15. V., supra, item 1 do capítulo III, Espécies de simulação,segunda parte do item1, relativa à simulação fraudulenta.

16. Cf. Manuel de Andrade, op. cit., vol. II, p. 202.

17. V., supra, item I do Capítulo III, segunda parte desse item, relativa à simulação fraudulenta.

propícias a que, mediante negócios simulados, sejam lesados os interesses desses "terceiros".

Por último, podem também os preferentes (aqueles a quem a lei concede esse direito) anular negócios celebrados em seu prejuízo, quer a simulação incida sobre a natureza do negócio, quer sobre o valor ("p. ex. o preço na compra e venda").[18]

Anulado o negócio simulado, serão admitidos a exercer a preferência sobre o negócio dissimulado ou sobre o preço real, segundo se trate de uma ou outra daquelas espécies de simulação a que se referiu.[19]

**9.** Os efeitos da simulação, mais precisamente do negócio jurídico simulado, em relação a terceiros,[20] passam a ser um tema da mais intrincada elaboração dogmática, no direito brasileiro, na nova sistemática que lhe deu o art. 167 e seu § 2.º: o negócio jurídico simulado é nulo, mas ressalvam-se os direitos de terceiros de boa-fé.[21]

Isso implica na necessidade de se demonstrar como, de um negócio jurídico nulo, possam derivar efeitos que tornam eficaz, por exemplo, qualquer alienação posterior do simulado adquirente para um terceiro de boa-fé, ou a constituição válida de uma garantia real pelo alienante (aparente), no negócio jurídico simulado, em favor de tais terceiros.

---

18. Cf. Manuel de Andrade, op. cit., p. 205.

19. Manuel de Andrade, op. cit., p. 206.

20. A este propósito, escreve Mirabelli: "o problema principal em tema da simulação não é o enquadramento sistemático do fenômeno, mas a tutela dos interesses de todos os que sobre cuja esfera jurídico-patrimonial incide a atividade das partes e este é o principal problema da política legislativa e, pois, de exegese"... *Os interesses dos terceiros são tutelados "segundo os critérios gerais que inspiram a disciplina da atividade juridicamente relevante"* (op. cit., p. 465, grifamos a última parte pela importância da afirmação).

Acrescenta mais o autor: "A lei segue três critérios diferentes, que se integram entre si: tutela da confiança (arts. 1.415, I, e 1.416, I, do CC italiano), pelos quais a simulação é inoponível a quem de boa-fé tenha tratado com o titular aparente da posição jurídica, considerando-o titular efetivo ; irrelevância da aparência em face de todos interessados, sejam as partes (art. 1.414), sejam os terceiros (arts. 1.415, II, e 1.416, II, primeira parte), por quem a ação de simulação pode ser exercitada por cada interessado; anterioridade do título (1.416, II), pelo qual, havendo mais de um credor, se prefere quem confiou na situação precedente à atividade simulada já que sobre esta se funda a sua pretensão" (p. 463).

21. A proteção a terceiros de boa-fé obedece, segundo Galgano (op. cit., pp. 340-341) a exigências distintas: a primeira tende a evitar o dano que com o contrato simulado quer se causar a terceiros: protege essencialmente aos credores do simulado alienante; a segunda é a aplicação, em matéria da simulação, daquele princípio geral, que domina todo o Código Civil: é a segurança da circulação dos bens. Destina-se a proteger, por exemplo, ao adquirente do simulado adquirente.

Vale a pena, a este propósito, em caráter preliminar, uma incursão pelo direito italiano para saber como a respectiva doutrina comenta os arts. 1.415 e 1.416 do seu Código Civil.[22]

Dizer que a simulação não pode ser oposta nem pelas partes nem pelos adquirentes ou credores do simulado alienante a terceiros que de boa-fé adquiriram direitos do titular aparente, tal como o fazem aqueles artigos, e dizer que "ressalvam-se os direitos de terceiros de boa-fé em face dos contraentes do negócio jurídico simulado" (art. 167, § 2.º) é dizer, em grande parte, a mesma coisa, em linguagem diferente.

Só que o legislador não tratou, entre nós, expressa e especificamente, da situação de terceiros, adquirentes ou credores, respectivamente, do simulado adquirente e do simulado alienante, em relação a terceiros de boa-fé, nem a situação de terceiros de boa-fé quanto à possibilidade de alegarem a ineficácia do negócio simulado perante as partes desse negócio, cabendo, portanto, à doutrina o mister de fazê-lo.

Como já se disse, não obstante nulo o negócio, essa nulidade derivada da simulação é inoponível[23] a terceiros de boa-fé, que gozam, no entanto, da proteção

---

22. É conveniente reproduzir aqui, ainda mais uma vez, estes artigos:

1.415. "La simulazione non può essere opposta né dalle parti contraenti, né dagli aventi causa o dai creditori del simulato alienante, ai terzi che in buona fede hanno acquistato diritti dal titolare apparente, salvi gli effetti della trascrizione della domanda di simulazione. I terzi possono far valere la simulazione in confronto delle parti, quando essa pregiudica i loro diritti". (A simulação não pode ser oposta nem pelas partes contratantes, nem pelos adquirentes ou credores do simulado alienante a terceiros que de boa-fé adquiriram direitos do titular aparente, salvo os efeitos da transcrição da ação da simulação. Os terceiros podem fazer valer a simulação em face das partes, quando ela prejudica os seus direitos.)

1.416. "La simulazione non può essere opposta dai contraenti ai creditori del titolare apparente che in buona fede hanno compiuto atti di esecuzione sui beni che furono oggetto del contratto simulato .I creditori del simulato alienante possono far valere la simulazione che pregiudica i loro diritti, e, nel conflitto con i creditori chirografari del simulato acquirente, sono preferiti a questi, se il loro credito è anteriore all'atto simulato". (A simulação não pode ser oposta pelos contraentes aos credores do titular aparente que de boa fé cumpriram atos de execução sobre bens que foram objeto do contrato simulado. Os credores do simulado alienante podem fazer valer a simulação que prejudique os seus direitos e, no conflito com os credores quirografários do simulado adquirente, preferem a este se o seu crédito for anterior ao ato simulado.)

23. Já que a própria simulação é inoponível. A regra é a da inoponibilidade (a não arguibilidade da simulação) em face de terceiros de boa-fé, interessados em arguir a validade do negócio simulado. Trata-se da *communis opinio* na doutrina:

No direito italiano: Auricchio, op. cit., pp. 125 e ss.; Distaso, op. cit., p. 433 e ss.; Betti, op. cit., p. 401; Sacco, op. cit., pp. 670 a 677; Mirabelli, op. cit., p. 465; Aldo Pellicano, op. cit., pp. 105-106, 116 e 119-120.

No direito brasileiro: Sílvio Venosa, *Direito Civil, Parte Geral*, São Paulo, Atlas, 2002, pp. 465-466.

da lei, justificando-se tal proteção na medida em que se atende à confiança que tais terceiros legitimamente depositaram na aparência do negócio realizado.

A teoria da aparência jurídica, destinada a fundar direitos numa situação de fato, foi largamente aceite na Itália.[24-25]

No direito português: Manuel de Andrade, op. cit., vol. II, p. 206; Carlos Alberto de Mota Pinto, op. cit., pp. 479-485; Pedro Paes de Vasconcellos, op. cit., p. 693.

Criticando, ou melhor, opondo restrições à tese da inoponibilidade, Luiz Carlos de Andrade Júnior, tese, cit., pp. 278 e ss. Em nosso entender, não há, por outro lado, qualquer incompatibilidade entre a tese da inoponibilidade e a afirmação de direitos, decorrentes da aparência jurídica. Elas caminham, lado a lado, harmoniosamente.

Trata-se, como se vê, uma solução diametralmente oposta à do velho Código de 1916, em que a simulação (fraudulenta) era, em princípio, oponível a terceiros, salvo se estes tivessem registrado a escritura da alienação, de boa-fé, anteriormente à realização do negócio simulado (ver, *supra*, item II.6 do Capítulo IV).

24. Só para citar alguns: Distaso, op. cit., pp. 433 e ss.; Betti, op. cit., vol. II, p. 400; Rennzo Bolaffi, Le Teorie Sull'Apparenza Giuridica, *Rivista del Diritto Commerciele* (na vigência do Código de 1865), vol. XXXII (1934), Parte Primeira, Milão, Francesco Vallardi, 1934, pp. 131-148; Mariano D'Amelio, *Apparenza Del Diritto, Novissimo Digesto Italiano*, 1967, pp. 714-719; Raffaele Moschela, *Contributo alla teoria dell'apparenza giuridica*, Milão, Giuffrè, 1978; Angelo Falzea, Apparenza, in *Enciclopedia Del Diritto*, II, Ali-Are, Milano, Giuffrè, s/d, pp. 682-701, que reproduz, nas Considerações Introdutórias, os antecedentes que explicariam o surgimento dessa teoria da aparência do direito, *verbis*:

"A exigência de tornar mais expeditas as várias formas da circulação jurídica dos bens com o estender-se do comércio e do tráfico e com o intensificar-se do ritmo das relações econômicas, impuseram nos tempos modernos uma reforçada tutela dos terceiros e, reciprocamente, uma menor garantia dos direitos preexistentes e das situações jurídicas pré-constituídas. Enquanto, a partir da segunda metade do século passado, os ordenamentos jurídicos dos vários países vinham criando, com repetidas intervenções legislativas, exceções sempre mais numerosas às regras tradicionais e a jurisprudência andava alargando o âmbito de aplicação de tais regras, a doutrina começava a recolher, com o abuso das sistematizações gerais, os temas novos oferecidos pelas leis e pela experiência. Neste ambiente inovador se põe na vanguarda a Alemanha, donde as mais acentuadas tendências teóricas dos pandectistas e das espécies dos autores e intérpretes do BGB, bem como as particulares estruturas dos institutos jurídicos de origem germânica facilitaram a elaboração de conceitos e princípios, que enfim encontraram uma coerente e sistemática formulação na teoria da aparência e na mais generalizada teoria da confiança. As novas instâncias – que nos países da *common law* era possível reduzir aos princípios da equidade – encontraram maior resistência na doutrina francesa e italiana. A primeira seguiu a via, muito estreita, dos princípios do erro comum, de que tentou alargar ou forçar os limites; e até agora, para justificar a conservação das aquisições do herdeiro aparente se recorre aos princípios, utilizados também para outras hipóteses, da assim denominada propriedade aparente. Entre nós (no direito italiano), ao contrário, buscou-se cuidar de uma apresentação aderente ao direito positivo, de que se desfrutaram ao máximo dicas e alusões, da doutrina germânica e se propôs a teoria da expectativa, da posse dos direitos até que se chegasse a um acolhimento franco e integral da teoria e do princípio da aparência" (tradução nossa do original italiano) (pp. 682-683).

25. O aparecer de que aqui se fala será antes, "um quid relacional", um *transparecer*, a existência de um fato, representativo ou indiciário de um outro fato. A doutrina italiana

Os pressupostos indispensáveis para que uma situação de fato aparente gere consequências jurídicas serão, portanto, a sua existência (indicativa de uma realidade paralela) e a boa-fé do terceiro.[26]

A regra, nesta matéria, "responde ao princípio da aparência, que não se deve entender como equivalência entre aparência e realidade, mas, antes de tudo, no sentido que quem cria uma situação negocial aparente, não pode fazer valer, a dano de terceiros de boa-fé, a situação real".[27]

No contrato simulado, terá de haver, pois, a aparência de uma situação jurídica, que pode abrigar só um "pressuposto de eficácia" do ato ou negócio (simulado) realizado, mas não um seu "elemento constitutivo". O que quer dizer que a tutela do terceiro, que haja adquirido direitos do titular aparente, ou haja realizado, como credor deste último, atos de execução sobre os bens, objeto do contrato simulado, não é fundada na aparência da vontade declarada, mas, antes, *na aparência da titularidade do direito* que decorre, em primeiro lugar, do contrato simulado e, em segundo lugar, do complexo comportamento dos simuladores (a linguagem utilizada, a prática de atos, formais ou não etc.), capazes de gerar nos terceiros, o errôneo convencimento da sua titularidade.[28]

Também, nesse mesmo sentido, escreve Distaso:

aponta, para ilustrar este fenômeno, várias situações de fato, extraídas do seu próprio universo jurídico, nem sempre aceitas em outros sistemas, indicativas de uma outra situação e que acaba por justificar uma consequência jurídica. Assim, por exemplo, no caso do herdeiro aparente, há algo que parece existir, mas não existe de fato: a qualidade de herdeiro; há um sujeito que pratica certos atos e encontra-se em certas situações que autorizam o inferir-se aquela qualidade. Assim também não se torna credor aparente qualquer sujeito a quem um terceiro atribua erroneamente a qualidade de credor, mas só aquele sujeito que situações objetivas, socialmente apreciáveis, induzem a considerá-lo efetivo titular do crédito. Entretanto, é necessário distinguir a aparência objetiva – prossegue este autor – do erro que é subjetivo, é necessário ter em conta o nexo íntimo que intercorre entre os dois fenômenos, nexo observável em todos os casos da aparência. A qualidade do credor aparente não é o produto de uma simples representação errônea do credor: mas o terceiro deve estar mesmo em erro para que lhe favoreça o efeito liberatório do pagamento, nos termos do art. 1.189 (do CC italiano). Do mesmo modo, a eficácia das aquisições a *non domino* não se funda na aparência do direito de propriedade por fatos praticados pelo possuidor, pois que o negócio translativo (a alienação do adquirente simulado) enferma de um defeito de legitimação, incapaz de explicar qualquer efeito jurídico, mas de um tratamento dispensado pela lei (consequência jurídica) pela conjugação daquele elemento (alienação) com a entrega da coisa alienada e a boa-fé do terceiro. A sub-aquisição aqui não é, como seria em qualquer negócio jurídico normal, a título derivado, mas originário" (Falzea, cit., pp. 685-686).

26. A *traditio*, a entrega da coisa, é exigência que varia de acordo com o sistema jurídico de cada país.

27. Maximo Bianca, op. cit., 3, p. 667. Pela importância e precisão sintética, negritamos este princípio.

28. É como se expressa Falzea, artigo cit., p. 689.

"Irreal *inter partes*, o negócio simulado assinala a terceiros, na sua significação socialmente aferível, a objetiva realidade da sua existência... A aparência enganadora não pode de modo algum prescindir, pela sua intrínseca essência e pela dinâmica mesma do fenômeno, da precisa e pontual perfeição formal do ato aparente. É de fato evidente e imediata a constatação de que só tal perfeição formal torna possível, pela sua (aparente) idoneidade, criar uma situação de confiança, capaz de fazer incorrer em engano a atuação do escopo dos simuladores. É evidente que uma situação de fato capaz de enganar terceiros não pode ser criada senão através da precisa e pontual perfeição formal do ato que se quer mostrar a esses terceiros. Se tal forma faltasse, a criação da aparência enganadora não seria nem mesmo possível por causa da absoluta inidoneidade do meio usado."[29]

Esta solução, a inoponibilidade do acordo simulatório e a consequente irrelevância da simulação em relação a terceiros de boa-fé, interessados na validade, mais precisamente na eficácia do negócio jurídico simulado, é explicada tanto pelo princípio do risco pela situação aparente, criada pelos simuladores, como pelo princípio da autorresponsabilidade, por não terem eles providenciado, como era do seu ônus, o tornar exteriormente reconhecível aos terceiros, o entendimento simulatório que lança no mundo jurídico um regulamento aparente, expondo-se assim ao risco, conexo à criação da aparência, pela objetiva possibilidade de erro que ele pode gerar nos terceiros que desconhecem a simulação.[30]

Esse mecanismo, pelo qual se opera a ressalva dos direitos de terceiros de boa-fé, equipara-se a uma situação de uma *aquisição derivada*,[31] justificada pelo fato de que o ato aparente assinala aos terceiros uma realidade que exterioriza uma relação qualificante, que confere ao adquirente simulado uma aparente legitimação.[32]

Esmiuçando o conceito e o sentido da aparência, para efeitos de proteção a terceiros de boa-fé, em face dessa aparência, prossegue Falzea:

---

29. Distaso, op. cit., pp. 433-434. Escreve mais este autor "Este aparecer e não ser, esta situação de fato que manifesta como real uma situação jurídica que, na realidade das relações dos simuladores, real não é, enquanto estabelece aquela relação pela qual um fenômeno materialmente presente e imediatamente real manifesta um outro fenômeno não materialmente presente e não imediatamente real, se define como uma situação de aparência jurídica, a qual é entendida, precisamente, como falsa representação da realidade".

30. Distaso, op. cit., p. 440.

31. Sobre os conceitos de aquisição originária e derivada, veja-se Manuel de Andrade, *Teoria Geral*, cit., vol. II, pp. 13 e ss. Ali se lê literalmente: "Pode haver aquisição – mesmo derivada – de um direito que não existia ainda e que se constitui simultaneamente com a sua aquisição por determinada pessoa" (p. 14).

32. Distaso, op. cit., p. 441. Em sentido contrário, equiparando essa situação a uma aquisição *originária*, com a qual concordamos, Falzea, a quem se referiu numa das notas anteriores. Já se disse que haveria aqui, na alienação de um direito aparente, do simulado adquirente para um terceiro de boa-fé, um abuso de direito. Mas é evidente que não, pois não pode haver abuso de direito onde não há direito (na realidade).

> "Enquanto a situação *a manifestar-se* pode ser constituída de um fato qualquer, a situação *manifestada* – que parece, mas não é real – revela uma situação jurídica: a titularidade de um direito subjetivo. Já que, por sua vez, a titularidade dos direitos subjetivos influi diretamente sobre a legitimação do sujeito, a situação jurídica que em virtude da aparência parece existente é a de uma situação de legitimação. A ligação entre a aparência e a legitimação – que serve para delimitar com rigor o âmbito no qual o fenômeno opera – é indicado pela mesma lei, que define o credor aparente como o que 'aparece legitimado' a receber o pagamento com base em circunstâncias unívocas (art. 1.189 do CC italiano), enquanto outra vez se fala de 'titular aparente' (assim nos arts. 1.415 e 1.416 do mesmo Código)."

Posta, assim, a noção da aparência e da respectiva teoria, cumpre saber se ela é aceita no direito brasileiro. Não há, entre nós, uma norma ou um princípio geral, expresso, a proclamá-la, nem tampouco casos da jurisprudência donde se possa extrai-lo. Há que recorrer, portanto, aos ensinamentos da doutrina, e da melhor doutrina.[33]

Vicente Rao, o brilhante jurista nacional do século passado, assim discorre sobre a aparência jurídica:

---

33. Entre nós tem-se publicado alguns trabalhos de relevo sobre a matéria, devendo destacar-se em especial Vicente Raoa seguir referido no texto, a obra de Fabio Maria de Mattia, de saudosa memória, "Aparência de Representação", tese, São Paulo, 1984, que escreve: "A teoria da aparência cria, em proveito de terceiros, direitos que eles não podem adquirir pelo jogo usual das regras jurídicas. Quando os atos são praticados por quem está desprovido do poder de representação, a consequência é que tais atos ou acordos não tem valor, pois o autor não é titular do direito ou não está investido do poder necessário, o efeito lógico seria a ineficácia desses atos. Terceiros, que acreditassem adquirir direitos por efeito dos negócios aperfeiçoados produzir em proveito de terceiros, são convalidados com o apoio da crença errônea das vítimas da aparência. A aparência exerce, portanto, um papel criador, é a fonte dos direitos reconhecidos em proveito de terceiros. O ato praticado pelo titular aparente do direito escapa da ineficácia. Daí a observação de Derrigue, de que o efeito essencial da aparência está na eficacização de um ato ineficaz; a aparência permite salvar um ato da ineficácia. Os efeitos aguardados encontram um fundamento na aparência. Esses efeitos são direitos que terceiros julgaram adquirir. Tais direitos são criados diretamente em relação ao beneficiário e não encontram sua origem no negócio jurídico ineficaz, cujo papel se limita a um *elemento de fato*, permitindo ao terceiro invocar a aparência. Exemplo: a aparência transforma em credor do pseudo-representado quem tratou com um representante aparente" (pp. 204-205).

De salientar também o excelente artigo de. Álvaro Malheiros, Aparência de Direito, in *Revista de Direito Civil*, Imobiliário, Agrário e Empresarial, ano 2, Outubro a Dezembro, 1978, Revista dos Tribunais, pp. 41-77, que assim sintetiza o seu pensamento. O princípio da *aparência do direito* é uma das soluções de síntese, quando a certeza das fórmulas ou das exterioridades não basta para levar à segurança das relações nelas baseadas. E, assim, as situações de fato, muitas vezes, passam a se sobrepor às situações de direito, para contornar aqueles limites demasiado estreitos, de que nos fala Radbruch, segundo quem o Direito, muitas vezes traça "limites demasiado precisos aí onde a vida apenas conhece sutis transições, ou é levado a contentar-se, para a caracterização de certas situações, só com sintomas exteriores ,

Após afirmar que "nem todos os poderes, ou interesses, reconhecidos ou protegidos pelas normas jurídicas, se qualificam como direitos subjetivos", prossegue:

> "Examinaremos em seguida esses aspectos da matéria, mas é conveniente considerar-se desde logo que se não confundem, de um lado, os problemas concernentes aos poderes ou interesses amparados pela ordem jurídica, porém não erigidos em direitos e, de outro lado, os que dizem respeito aos direitos aparentes, ou à titularidade aparente dos direitos: ali os direitos não existem, ou se acham em formação, aqui, existem apenas na aparência, ou, existindo realmente, são exercidos por um titular aparente e não por seu verdadeiro titular."[34]

A teoria da aparência foi muito bem sintetizada por certa doutrina francesa:[35]

> "Na vida jurídica, uma pessoa, frequentemente, é tida por todos como titular de um direito, ou de um estado, quando não o é na realidade; e se

em vez de atender aos fatos interiores propriamente vividos e mais significativos" (Radbruch, *Filosofia do Direito*, p. 164).

Em sentido contrário, Fábio Comparato, in *Revista de Direito Mercantil*, ano XXXVI, Nova Série, Julho/Setembro de 1998, pp. 39 e ss., que não vê consagrada a aparência jurídica em texto expresso de lei, nem mesmo sendo possível vislumbrá-lo com o recurso à analogia, a considerar-se existente uma lacuna no sistema. Não se poderia fundar, assim, a teoria da representação aparente com base nos arts. 1.318 e 1.321 do CC de 1916, como teria pretendido fazê-lo Fábio Maria de Mattia.

34. Vicente Rao, *O Direito e a Vida dos Direitos*, São Paulo, Revista dos Tribunais, 5. ed. anotada e atualizada por Ovídio Rocha Barros Sandoval, 1999, p. 620, onde escreve: "A lei contempla essas figuras e lhes atribui efeitos jurídicos em certos casos, tais, entre outros, os seguintes: a validade do pagamento efetuado pelo emissor ou subscritor do título de crédito a qualquer detentor, autorizado, ou não, a dispor do mesmo título (art. 1.505 do CC de 1916 e 905 do CC de 2002); os efeitos jurídicos do casamento putativo (art. 221 do CC de 1916 e 1.561 do CC em vigor); as consequências jurídicas da posse de boa-fé sobre bens alheios (art. 500, 510, 516, 550 etc. do CC de 1916 e arts. 1.211, 1.214, 1.219 e 1.238 do CC atual); a validade dos atos praticados, perante terceiros, pelo herdeiro aparente, além de múltiplos casos outros que, mesmo no direito público (assim, os relativos aos atos praticados pelo funcionário de fato, ou pelo funcionário aparente), constantemente surgem". Além desses casos, é importante ver a exaustiva análise na enumeração de diversos casos da aparência do direito (pp. 51-53), no direito brasileiro, feita por Álvaro Malheiros, no seu excelente artigo, mencionado na nota precedente.

"Quando outrem (com ou sem autorização), que não o respectivo titular, exerce determinado direito, surge o problema da legitimação. Por legitimação, nesta hipótese, se entende o meio destinado à rápida consecução de um resultado (como seja a prestação obrigatória devida por outrem), sem se exigir a indagação de pertencer, ou não, o direito a quem o exerce (Messineo, *Manuale*, 1952, vol. I, cap. 8, p. 620).

35. Vergé Ripert e Daligny in *Rép de Droit*, Dalloz, 1951, vb. Apparence, citados pelo mesmo autor, Vicente Rao, op. cit. pp. 620-621. É precisamente o que ocorre na simulação. A lei, na medida em que ressalva direitos de terceiros de boa-fé, ante um negócio nulo, confere, não obstante, eficácia a uma eventual alienação feita pelo simulado adquirente do seu direito, supostamente adquirido.

esta pessoa pratica um ato jurídico com terceiro de boa-fé, tal ato poderá ser mantido e, eventualmente, ser oposto ao verdadeiro titular do direito"; mas os próprios autores desta formulação reconhecem que "tal situação não pode deixar de surpreender, porque na verdade fere a liberdade de consentimento, contradiz a regra segundo a qual – *nemo dat quod non habet, nemo plus juris ad alium transferre potest quam ipse habet* – e, em última análise, consagra o triunfo do fato sobre o direito, razões pelas quais certos autores, como, por exemplo, Laurent (Traité, v. XIII, ns. 281 e ss. E v. XVI, n. 499) se recusam a admitir possam os chamados direitos aparentes produzir efeitos jurídicos". Ao que os autores da referida formulação replicam que "apesar da força incontestável desses 'argumentos', a teoria da aparência deve ser aceita, por ser imposta pelas necessidades sociais e pelo interesse público."

Ou, dito ainda de forma mais incisiva por outros notáveis autores dessa doutrina:

> "O estado de coisas contrário ao direito pode tornar-se diretamente a fonte de direitos subjetivos. Esta teoria, de âmbito geral, desempenha, pois, o papel de um corretivo do funcionamento mecânico das normas jurídicas."[36]

Moschella sintetiza o pensamento de autores alemães tais como Wellspacher e Oertmann, franceses como Laurent e italianos como Falzea, sobre o princípio da aparência jurídica, reportando-se ao primeiro, *verbis*: "quem age negocialmente, fiando-se num fato exterior, que por força da lei ou da opinião do público, represente a forma do surgimento de um determinado direito, relação jurídica, ou outra situação juridicamente relevante, é protegido na sua confiança, se aquele fato advém de um *facere*, prejudicial a quem se dispensa a proteção da confiança".[37]

Se a aparência tem relevância jurídica, como um princípio geral, em vista da disciplina dos mesmos institutos (credor putativo, herdeiro aparente, casamento putativo, negócio jurídico simulado), no direito italiano, não há motivo para que não a tenha também, no direito brasileiro, com base num princípio geral extraído da analogia legal (*analogia iuris*),[38] tanto mais que todos esses referidos institutos têm o mesmo fundamento jurídico e a mesma disciplina legal, também entre nós.

---

36. Jacques Ghestin e Gilles Goubeaux, *Traité de Droit Civil*, Introduction Générale, Paris, Librairie Générale de Droit et Jurisprudence, 1990, p. 761. Sua consagração jurisprudencial-acrescentam logo a seguir – é hoje (um direito) adquirido. É precisamente o que ocorre na simulação. A lei, na medida em que ressalva direitos de terceiros de boa-fé, ante um negócio nulo, confere, não obstante, eficácia a uma eventual alienação feita pelo simulado adquirente do seu direito, supostamente adquirido.

37. Moschella, op. cit., pp. 38-39.

38. Nem outro parece ser o entendimento do que se lê em Raffaele Moschela (op. cit., pp. 35-36) quando escreve: "De Finzi a Krueckmann e deste a Huber, pode ver-se delineada, na doutrina tedesca, uma forte corrente que concebe a aparência, não já como um princípio de direito, no sentido comumente entendido de *norma generalíssima*, abstraída de isoladas disposições particulares e eventualmente aplicáveis a casos não expressamente regulados, mas, antes de mais, um *princípio de funcionamento* do ordenamento jurídico, um princípio,

A ressalva dos direitos de terceiros de boa-fé, na simulação, terá assim como fundamento a legitimação do simulado adquirente para alienar eficazmente um direito a terceiro de boa-fé, criado pela ordem jurídica a partir de um negócio jurídico nulo, revestido de uma aparência (forma e conteúdo), em tudo semelhante a um negócio normal.

É preciso, antes de mais nada, conceituar a categoria de terceiros. Terceiro será, no entendimento de Ferrara, todo aquele que for estranho ao acordo simulatório.

Havendo, nesta matéria, uma variedade de situações de conflitos de interesses que surgem, primeiro entre as próprias partes do negócio jurídico simulado, e em seguida, entre estes e os terceiros de boa-fé que assumem posições contrastantes nessa luta de interesses: tais como os casos do simulado alienante e do simulado adquirente, de seus sub-adquirentes e deles e entre si, ou dos respectivos credores quirografários, também nas mesmas situações, há que salientar que nem todos essas categorias de terceiros são enganados, ou prejudicados, da mesma forma.

Foi Messina, porém, quem primeiro chamou a atenção para o fato de que não se pode generalizar a categoria de terceiros, para o efeito de se lhes dispensar o tratamento jurídico aos respectivos direitos, mas que haveria que se individualizar tais categorias, de acordo com a direção imprimida pelos simuladores ao seu escopo de engano Assim, seria preciso individualizar, no plano dos conflitos de interesses, os credores do "prestanome" (simulado adquirente) e os terceiros adquirentes; a simulação absoluta destinar-se-ia a enganar os credores do simulado alienante, pois os credores do simulado adquirente não poderiam dizer-se enganados, porque, neste caso, só haveria um aumento fictício do patrimônio do seu devedor, fossem eles credores anteriores ou posteriores à simulação. Os credores do simulado adquirente, por título posterior à simulação, sem terem garantias especiais sobre os bens, não gozariam de qualquer privilégio no que concerne aos seus direitos, pois não seriam "sujeitos passivos" da simulação.[39]

isto é, no sentido de que falam as ciências naturais, uma 'lei' de fenomenologia jurídica, pela qual em vez de complexas *fattispecies*, previstas em abstrato, como fonte de certa situação jurídica, deveria ver-se o sentido de que devem encontrar aplicação, ao menos numa primeira aproximação, outros fatos mais simples, internos à *fattispecie*, ou também a ela estranhos; fatos que constituem por si só uma legitimação meramente formal, isto é, não coincidente com a titularidade de algum poder jurídico real, inerente ao exercício judicial ou extra-judicial para aquela situação jurídica. Esses fatos são definidos pela forma (Form) da realidade jurídica, pela sua veste (Kleid), sua semelhança (Schein), não no sentido de se torná-las, de qualquer modo fisicamente perceptíveis, mas no sentido de que, na indagação sobre a realidade jurídica, se pode ou em certos aspectos se deve detê-las, para que não sejam mero simulacro criado e querido pelo mesmo ordenamento jurídico".

39. Messina, *La simulazione assoluta*, I, pp. 514-515. Não se esqueça de que, para este autor, a consumação do engano é um dos elementos constitutivos da simulação.

A única proteção legal de que disporiam, portanto, é a "ressalva de seus direitos de terceiros de boa fé em face dos contraentes do negócio jurídico simulado (art. 167, parágrafo segundo)". E esta proteção está em consonância com o regime estabelecido para o próprio negócio jurídico simulado, pois, sendo este nulo, não produzirá quaisquer efeitos entre as partes (art. 167 *caput*).

O que isso quer dizer – prossegue Messina – é que, "na simulação absoluta, é intuitivo afirmar que o acordo dos simuladores, pelo qual não se quer criar nenhuma relação jurídica, não é destinado a provocar aquela aquisição; e que o simulado alienante, que não quer efetivamente que nenhum bem saia do seu patrimônio, nem tampouco deseja aliená-lo a um terceiro (sub- adquirente), ou investir o simulado adquirente no poder de transmiti-lo a um terceiro. Isso quer dizer que a aquisição do terceiro supõe um *abuso* do simulado adquirente ante o simulado alienante, em face do qual desfruta da posição da titularidade aparente do 'seu' direito, para a criação do qual cooperou, mas com fins diversos".[40]

As ideias que vêm de se expor foram magnificamente sintetizadas por Mengoni, na sua conhecida monografia,[41] nos termos seguintes:

> "Segundo os resultados das indagações mais recentes (Falzea), a aparência do direito é uma relação entre dois fenômenos pelo qual uma situação de fato, imediatamente presente e real, manifesta por ilação ou direcionamento, isto é, assinala uma situação jurídica, fazendo-a aparecer como real, enquanto na realidade não existe ou existe como modalidade diversa da assinalada.[42] Esta situação ('indicada por um outro fato') não é diretamente observada, nem representada (simbolizada) nos seus elementos constitutivos, nem tampouco inferida sobre a base de uma recíproca conexão empírica entre o fato assinalante e o fato assinalado."
>
> "Enquanto pertence ao campo do juízo, a aparência é ligada ao erro, mas não se confunde com ele. O erro é um fenômeno individual e subjetivo; é uma falsa representação da realidade que se forma na mente de um sujeito e não é necessariamente produto de falsos sinais, podendo, ao invés disso, decorrer da falta de sinais ou da falha percepção dos sinais certos. A aparência é um fenômeno social e objetivo: é uma 'falsa sinalização da realidade' que se insere num determinado ambiente social como causa de um possível erro coletivo, isto é, valorável como fonte de (abstrata) confiança da generalidade dos consociados."
>
> "É certo que uma situação jurídica aparente, quando é tomada em consideração pela lei, só é relevante em concurso com um (concreto) erro individual, enquanto tenha efetivamente induzido em erro um terceiro, e daí que opere exclusivamente como meio de proteção de boa-fé subjetiva. O terceiro

---

40. Messina, *La simulazione assoluta*, cit., I, p. 517.
41. Mengoni, op. cit., pp. 343 e ss.
42. É o que ocorre na simulação absoluta e relativa, respectivamente.

é protegido porque está de boa-fé, não pelo só fato de ser partícipe da possibilidade de um erro coletivo (salva a demonstração da má-fé)."[43]

Em conclusão, sobre a aceitação do princípio da aparência para efeitos de proteção jurídica, escreve Falzea, que a jurisprudência a rejeita, admitindo-a apenas nas taxativas hipóteses legais e que a doutrina a repele tanto como um princípio geral como com fundamento na analogia. Mas que parte da doutrina, ainda escassa, reconhecendo a grande importância do instituto da aparência, opta por uma linha moderada, que não exclui a analogia, mas não a admite como base de formulação de regras muito gerais.[44]

Conforta-nos aqui, no entanto, a conclusão de Mariano d'Amelio, quando escreve: "Da multiplicidade dos casos resolvidos com o mesmo critério, tem-se defendido o convencimento de que a teoria da aparência do direito haja adquirido cidadania também entre nós",[45] para ser utilizada como um princípio geral.

À falta de uma norma geral admitindo a aparência, como fundamento de direitos, no ordenamento civil vigente, há que recorrer à analogia ou aos princípios gerais de direito, nos termos do art. 4.º da Lei da Introdução às normas (jurídicas) brasileiras.[46]

Pressuposto do recurso à analogia é uma lacuna na lei, a tal falta de uma norma geral admitindo a aparência como fonte de direitos.

Mas a lei não deixa de regular, no ordenamento jurídico brasileiro, certos casos de aparência jurídica,[47] tais como os do credor putativo no art. 309, na medida em que considera válido o pagamento que lhe for feito, "ainda provado

43. Acrescenta mais o autor: "A jurisprudência confunde o conceito da recognoscibilidade da situação jurídica real (para lá da aparência) segundo a diligência d um bom pai de família com o conceito de culpa, entendida como limite da relevância da boa-fé. O juízo da recognoscibilidade da situação jurídica real é um juízo negativo da aparência do direito, não um juízo da inescusabilidade da boa-fé: isso exclui a tutela do terceiro, não porque o erro em que incorre é imputável â negligência, mas porque falta o pressuposto objetivo da tutela, constituído da abstrata confiança da generalidade. Onde, ao contrário, o pressuposto da aparência do direito se verifique, a tutela do terceiro cessa, em regra, apenas se não se verifica, também a boa-fé: ele tem o ônus de provar de ter efetivamente ignorado a situação jurídica real, enquanto é irrelevante a prova contrária das condições particulares de quem teria podido conhecê-la, se tivesse sido diligente" (p. 345).

44. Falzea, artigo citado, pp. 699-700.

45. O autor refere-se, naturalmente, ao direito italiano.

46. É este, como se disse, o entendimento, de Fábio Konder Comparato, como já se viu acima, em nota, mas que tem de ser tomado *cum grano salis*. Mas desde que – salienta – haja uma verdadeira lacuna da lei, lacuna no sistema e não só na lei em questão. A analogia ali tratada, dizemos nós, é também aquilo a que *costuma* chamar-se *analogia iuris*, que não deixa de ser um princípio geral extraído de casos isolados.

47. Há quem faça incluir a posse, e a proteção que se lhe dispensa, como resultado de um caso de aparência jurídica e parece-nos que é esse o caso da maioria. No direito italiano,

depois que não era credor"; trata-se aqui de um pagamento feito por erro, não anulável, em que o devedor incorreu, decerto pela *aparência* que o determinou.

E o princípio não é novo, veio do direito romano, em que o pagamento ao credor aparente liberava o devedor desde que a prestação chegasse de qualquer modo ao credor. Passou daí para o Code Napoleon (art. 1.340) que fala no pagamento feito de boa-fé a quem está na *posse* do crédito e em seguida para o Código Civil italiano de 1865 (art. 1.242). O fundamento da eficácia liberatória do pagamento era, não tanto o erro comum, mas o *error debitoris*, erro individual, portanto.[48]

O caso do herdeiro *aparente*, cujas alienações a terceiros de boa-fé, são eficazes, tal como um legado feito de boa-fé, ainda quando se descubra não ser o verdadeiro herdeiro (parágrafo único do art. 1.827 e art. 1.828). O caso dos efeitos do casamento putativo, que anulável, ou mesmo nulo, se contraído de boa-fé por ambos os cônjuges, ou por um só, produz todos os seus efeitos tanto em relação a eles como aos filhos do casal (art. 1.561 e § 1.º) até o dia da sentença anulatória.[49]

Discute-se se essas normas não serão excepcionais e, portanto, insusceptíveis de extensão analógica.[50] Mas o que se propõe aqui não é a extensão analógica pura e simples de uma norma legal, excepcional ou não, a um caso semelhante, a *analogia legis*, portanto, mas a descoberta de uma *analogia iuris*, a partir das diversas normas legais que contemplam casos específicos, precisamente os já mencionados.

De todos esses casos, e do próprio parágrafo 2.º do art. 167, que ressalva os direitos de terceiros de boa-fé, em face dos contraentes do negócio jurídico simulado, pode se ver reconhecido na lei, por um processo de indução, um princípio de

veja-se por todos, Moschella, *Contributo*, cit., item 2 do Capítulo I, pp. 68 e ss., fundando-se no brocardo "posse vale título" e no art. 1.153 do CC italiano *verbis*:

"Colui al quale sono alienati beni mobili da parte di chi non ne è proprietario, ne acquista la proprietà mediante il possesso, purché sia in buona fede al momento della consegna e sussista un titolo idoneo al trasferimento della proprietà. La proprietà si acquista libera da diritti altrui sulla cosa, se questi non risultano dal titolo e vi è la buona fede dell'acquirente. Nello stesso modo si acquistano diritti di usufrutto, di uso e di pegno (981, 1021, 2784)".

48. Cf. Moschella, op. cit., pp. 129 e ss.

49. Temos dúvidas se a posse pode ser incluída, tais como os outros casos mencionados no texto, num caso da aparência jurídica. Só o usucapião legitima o título de proprietário, uma condição que não se reduz só a mera aparência.

Vide nota supra, em seguida à citação de Vicente Rao.

Art. 1.561: "Embora anulável ou mesmo nulo, se contraído de boa-fé por ambos os cônjuges, o casamento, em relação a estes como aos filhos, produz todos os efeitos até o dia da sentença anulatória.

§ 1.º: Se um dos cônjuges estava de boa-fé ao celebrar o casamento, os seus efeitos civis só a ele e aos filhos aproveitarão".

50. Moschella, op. cit., pp. 95 e ss.

caráter geral, do qual o julgador extrairá uma norma,[51] aplicável ao caso concreto, em vista das circunstâncias específicas do caso.

Esse princípio geral poderá formular-se assim: onde quer que se depare com uma aparência de um direito subjetivo, o aparente titular desse direito, se dele dispuser (se o alienar), o fará eficazmente, ainda que se venha a descobrir, posteriormente, que tal aparência (por isso mesmo, ela é mera aparência) não corresponde à realidade. É precisamente o que ocorre, entre os outros casos apontados, quando o simulado adquirente, aparentando estar investido na titularidade do seu direito de propriedade, sobre a coisa adquirida, resolve alienar esse direito a um terceiro de boa-fé. Esta última aquisição é dotada de eficácia plena.[52]

De tudo quanto ficou exposto até aqui sobre o nosso tema, pode concluir-se o seguinte: de muitas situações típicas em que se verifica existir uma aparência de um direito, cuja realidade subjacente não é dada a conhecer à comunidade, pode extrair-se, com base na *analogia iuris*, um princípio geral de que, onde quer que haja situações desse tipo e se elas tiverem uma origem aparente num contrato, uma eventual alienação feita a partir desse contrato, embora não derive de um *direito* adquirido por virtude dele, terá a eficácia atribuída por lei, nos mesmos termos em que se tal direito (subjetivo) adviesse ao verdadeiro titular, por força de um contrato normal e verídico.

Qual o fundamento dessa proteção ao terceiro de boa-fé, nessas circunstâncias, de uma aparência jurídica que não corresponde à realidade?

---

51. Não se propõe aqui que se dê ao intérprete o poder de legislar, mas o de extrair uma norma judicial para o caso concreto, um caso novo, até aí não contemplado pelo legislador em nenhuma norma legal.

52. Essa operação não consiste propriamente na formulação de um princípio geral de direito, mas no de uma analogia juris, ao qual vão se integrando casos novos como o do art. 167 e seu parágrafo único.

Oportunas a este respeito as incisivas considerações de A. Castanheira Neves sobra a *analogia iuris:* Deverá, no entanto, sublinhar-se aqui que o interesse metodológico da *analogia iuris* vai, nestes termos, superada (aparentemente o autor critica o art. 10.º, inciso 3.º, do CC português que dispõe: Na falta de caso análogo, a situação é resolvida segundo a norma que o próprio intérprete criaria, se houvesse de legislar dentro do espírito do sistema); que o cânone do "espírito do sistema" apenas proscreve a contradição das novas soluções com a intencionalidade fundamental pressuposta no sistema e, como tal, não poderá ser impeditivo da progressão-criação jurídica; e, por último que a integração é só um *topus* metodologicamente intermédio entre a "interpretação" e a autônoma e concreta constituição jurídica transistemática e que, no quadro global da histórica-concreta realização do direito, não oferece mais do que um dos momentos da racionalização e *controle* metodológico (*Curso de Introdução ao Estudo do Direito*, Coimbra, datilografia e impressão de João Abrantes, 1976, p. 86).

Em nosso entender, há que recorrer aqui às teorias da vontade, tão massacradas pela doutrina contemporânea.[53] Segundo essas doutrinas a vontade é um elemento constitutivo ou basilar do negócio jurídico. Sem uma vontade sã e escorreita, o negócio jurídico não se forma, ou por um impedimento que surge no próprio processo da autodeterminação individual do declarante, ou porque há um obstáculo no processo da manifestação dessa vontade, dirigida à contraparte em um negócio jurídico; no primeiro caso, haverá um erro-vício, no segundo um erro obstáculo (obstativo na terminologia italiana), ou, em outras palavras, erro sobre o *conteúdo* da declaração.[54]

Em todos os casos acima vistos, há uma situação objetiva da aparência da realidade (caso do credor putativo, do herdeiro aparente, do casamento putativo, do negócio jurídico simulado) e uma situação subjetiva de alguém, membro de uma comunidade (caso do sub-adquirente), que, induzido por um erro individual, num ambiente de um *erro coletivo*,[55] determinante para a iniciativa, acaba por contratar, investindo-se, por efeito da lei, e não do negócio jurídico, na titularidade de um direito. Do mesmo modo, no erro coletivo, há, aliás, uma lesão de um valor jurídico.[56]

---

53. "Tem-se realçado – escreve Renzo Bolafi, um dos pioneiros nesta matéria, citando o comercialista Mossa – que a teoria da aparência se insere espontaneamente no dissídio entre a vontade e a declaração (...) A tutela da aparência, se bem que normalmente pressuponha a existência de uma vontade, serve para eliminar aqueles inconvenientes práticos (por ex. a oponibilidade da simulação aos terceiros de boa-fé) aos quais traria uma mais rígida aplicação da doutrina da vontade" (op. cit., p. 148).

54. O argumento de que o erro, não provocando em todos os sistemas a nulidade do negócio jurídico, não pode por isso mesmo ser elemento essencial ou constitutivo do negócio jurídico, foi adequadamente combatido por Maximo Bianca, como ali se vê. Trata-se de modalidades do erro individual em que incorre uma das partes na celebração de um negócio jurídico. Do erro individual há que distinguir o erro coletivo, em que incorre uma generalidade de pessoas ante uma aparência (seja de negócio jurídico ou de outra natureza), diversa da realidade. O erro *coletivo* é designado pelos autores franceses como erro *invencível*, tal como se lê no saudoso Fabio Maria de Mattia, Aparência da Representação, op. cit., quando escreve: "Essa noção de erro legítimo está próxima da noção de erro *invencível*, que é uma das molas-mestras da teoria geral da aparência, na visão dos autores franceses. Por erro *invencível* entende-se aquele que as pessoas prudentes e avisadas cometeriam e quem reclama o benefício deve estar impossibilitado de evitá-lo".

Para as noções de erro-vício e erro-obstáculo, veja-se Custodio da Piedade U. Miranda, *Teoria Geral,* cit., pp 197-199.

55. Ou, no dizer de Mengoni: "O terceiro é protegido porque está de boa-fé, não pelo só fato de ser partícipe da possibilidade de um erro (salva a demonstração da má fé)" (op. cit., p. 344). Ora, só o erro individual é capaz de demonstrar, sem margem a equívocos, a boa-fé de quem, nele incorrendo, se torna partícipe do erro coletivo.

56. Falzea, artigo citado, p. 695, em que escreve: O erro, em geral, qualquer que seja a sua forma, como ato ou estado de espírito que julga ou considera verdadeiro o que é falso ou vice-versa, influi negativamente no processo de realização dos valores jurídicos:

É evidente que também aqui se exigem os requisitos necessários para a relevância do erro, neste caso, não como causa de anulação do negócio jurídico, como ocorre nos casos de erro individual em geral, mas da *eficácia do direito adquirido*, em razão de um erro individual[57] conjugado com o coletivo. Só que se exige, como requisito concomitante, a boa-fé de quem contrata com o legitimado aparente, sendo "o nexo, instituído entre os dois fenômenos, jurídico e não lógico".[58]

Esse tipo de proteção, fundada no binômio – aparência de um lado e boa-fé do outro – destina-se a obviar à natural dificuldade de resolver uma situação de conflito entre dois interesses já que se impõe determinar qual deles há de prevalecer, ou, dizendo de outro modo, qual deles deverá ser sacrificado.

A tutela de um desses interesses poderia realizar-se de dois modos: ou no sentido da eficácia, ou no da ineficácia do ato praticado sob a ação do erro. O regime do erro nos negócios jurídicos pertence ao remédio do segundo tipo. Para que não haja uma tutela incondicionada de qualquer desses interesses e se estabeleça, antes, um equilíbrio entre as duas posições, procurou-se uma posição intermédia, reconhecendo-se a relevância do erro, mas desde que este seja reconhecível pela contraparte do errante. O requisito da recognoscibilidade, impondo um ônus da diligência devida, a favor da contraparte do errante, tem precisamente essa função.[59]

Do mesmo modo, se o erro coletivo for grosseiro e/ou reconhecível, atributos que alguém de inteligência mediana poderia constatar em determinado caso concreto de simulação, não surtirá efeitos para se ver reconhecida ali uma aparência relevante até porque, também aqui, não haverá uma inequívoca boa-fé da parte de quem espera e invoca a tutela do seu direito.

**10.** Como resolver o conflito de interesses entre terceiros interessados na nulidade do negócio simulado e terceiros interessados na sua validade?

A orientação dominante é no sentido de se dar prevalência aos interesses de terceiro, sucessor do simulado adquirente. A doutrina francesa opta por esta solução, não em vista do art. 1.321 do *Code Napoleon* que dispõe que as *contre-lettres* não produzem efeitos senão entre as partes, uma vez que em vista deste

o comportamento assumido em estado de ignorância ou de erro pode de fato provocar e geralmente provoca a lesão de um valor jurídico.

57. Como se vê, e já ficou dito em nota acima, a exigência do erro individual é fundamental para a alegação da boa-fé do terceiro.

58. É como Falzea formula a natureza desse nexo (artigo citado, p. 693).

59. É o que afirma Falzea, com toda a razão, cit., p. 695. Sobre os requisitos da relevância do erro, Custodio da Piedade U. Miranda, *Teoria Geral*, op. cit., pp. 199-202.

A doutrina francesa apoiou-se no *erro comum* (*error comunis facit ius*), por influência dos textos romanos, que remontam à escola dos glosadores (Paulo, Justiniano, Bartolo, Baldo e por terem sido eles a fonte de adoção e de inspiração da doutrina anterior à Pothier e, por influência deste, do próprio Code Napoléon (Moschella, *Contributo*, cit., pp. 50 e ss.).

preceito os sucessores do simulado alienante seriam igualmente protegidos, mas em razão da necessidade de se assegurar a segurança nas relações sociais, sendo que tais terceiros trataram fundando-se num estado aparente que tomaram por verdadeiro.[60]

Espínola, ensinando que deve ser a mesma a doutrina no direito brasileiro, excetua os casos em que as ressalvas ou as contra -declarações estejam transcritas no registro público.[61] Para este autor as ressalvas destinadas a privar de efeitos os atos aparentes que independam da transcrição seriam oponíveis a terceiros, desde que transcritas no registro público, em vista do que dispõe o art. 135.

Parece-nos que, em vista da presunção da ciência da transação a que se refere um registro, se este existir, o terceiro não pode considerar-se de boa-fé, já que o ato de terceiro é, evidentemente, posterior ao negócio simulado.

Manuel de Andrade justifica da seguinte maneira a prevalência do interesse do sucessor do adquirente simulado. Figuremos, antes de mais nada, um exemplo desse conflito:

> "Suponha-se uma venda simulada de um imóvel que *A* faz a *B*. *A* tem um credor *C* e *B*, por sua vez, tem também um credor, *D*. *C* e *D* têm interesses conflitantes, na medida em que *C*, para a satisfação do seu crédito, tem interesse na *anulação* da venda, enquanto *D*, por outro lado, tem interesse em que a venda seja tratada como *válida*. O interesse de um destes credores terá de ser sacrificado e, como se disse, a orientação dominante é no sentido de se sacrificar o interesse de *C* (credor do simulado *alienante*), dando-se prevalência ao interesse de *D* (credor do simulado *adquirente*)."[62]
>
> "O crédito de *C*, prossegue o autor, ou é anterior ao negócio simulado, ou é posterior. Se é anterior, embora a venda seja tratada como verdadeira, a lei fornece a *C* um meio de proteção que muitas vezes será eficaz: a ação pauliana,[63] desde que se verifiquem os respectivos pressupostos. Se é posterior, com maior razão ainda deverá prevalecer o interesse de *D*. Com efeito, se *C* tomou a venda simulada como verdadeira, não podia contar, para a garantia do seu crédito, com o imóvel alienado; se tinha conhecimento de que a alienação era simulada não devia ter contratado com *A*, sem primeiro a ver anulada."[64]

Quanto ao crédito de *D*, se é posterior ao negócio simulado e estava de boa-fé, seria injusto frustrar a sua legítima expectativa de ter confiado na aparência, ter contado com a garantia que representaria para o seu crédito o imóvel simula-

---

60. Cf. Espínola, *Breves anotações...*, cit., p. 311.
61. Espínola, *Breves anotações...* cit., p. 311; cf. arts. 530 e 859.
62. Manuel de Andrade, op. cit., vol. II, p. 209.
63. Ação revocatória ou pauliana: é conhecida como tal a ação de anulação de um negócio jurídico praticado em fraude contra os credores; ela é contemplada nos arts. 106 e 158 dos Códigos Civis de 1916 e do que está em vigor, respectivamente.
64. Manuel de Andrade, op. cit., vol. II, p. 209 e 210.

damente vendido. Se é anterior, e uma vez que *D* não podia contar com o imóvel porque a compra ainda não havia tido lugar, já o interesse de *D* não é digno de consideração a menos que *D* tivesse obtido penhora ou arresto sobre o imóvel antes de ter sido proposta por *C* a competente ação de simulação.[65]

Podem ocorrer também conflitos de interesses entre sub- adquirentes do simulado alienante e sub- adquirentes do simulado adquirente. Segundo Manuel de Andrade, sub-adquirente "é qualquer pessoa que de algum deles tenha adquirido (por compra ou doação) a propriedade, ou um direito real sobre a coisa, ou coisas que constituíram objeto do negócio simulado".[66]

Suponha-se que *A* vende um imóvel simuladamente a *B* que, por sua vez, o vende a *D*. *A*, porque a venda feita a *B* é simulada, faz uma venda verdadeira do mesmo imóvel a *C*. Trata-se assim de duas vendas do mesmo objeto, ambas verdadeiras ou havidas como tais. Nestas condições qual delas deve prevalecer? Evidentemente a que primeiro tiver sido registrada no registro de imóveis, de acordo com o que dispunha o art. 676 do Código Civil de 1916 e o que dispõe o art. 1.227 do CC em vigor e o art. 186 da Lei dos Registros Públicos.[67] Se nenhuma estiver ou puder ser registrada, porque, por exemplo, o imóvel está inscrito em nome de outra pessoa que não *A*, valerá o que se dispõe para a venda de coisas móveis, isto é, nos termos do art. 675, prevalecerá a venda em favor de quem se tiver operado a tradição, em primeiro lugar, ou seja, aquele que estiver, em primeiro lugar, na posse do imóvel.[68]

---

65. Manuel de Andrade, op. cit., vol. II, p. 210.
66. Manuel de Andrade, op. cit., vol. II, p. 210.
67. Art. 186 da Lei dos Registros Públicos: O número de ordem determinará a prioridade do título, é esta a preferência dos direitos reais, ainda que apresentados pela mesma pessoa mais de um título simultaneamente. *(Renumerado do art. 187 com nova redação pela Lei n. 6.216, de 1975)*.O art. 675, por sua vez, corresponde ao art. 1.226 do Código atual.
68. Manuel de Andrade, op. cit., vol. II, p. 211.

# BIBLIOGRAFIA

ALARCÃO, Rui de. *A confirmação dos negócios anuláveis.* Coimbra: Atlântica, 1971.

_____. Anteprojeto do atual Código Civil português. *Boletim do Ministério da Justiça de Portugal,* v. 84.

ALVES, João Luiz. *Código Civil da República dos Estados Unidos do Brasil.* 3. ed. Rio de Janeiro: Borsoi, 1957.

_____. *Direito romano.* 2. ed. Rio de Janeiro: Forense, v.2.

ANDRADE, Manuel Augusto Domingos de. *Ensaio sobre a teoria da interpretação das leis.* Armênio Amado, Coimbra 1963.

_____. *Teoria geral da relação jurídica.* 4. reimpr. Coimbra: Almedina, 1974.

_____. *Noções elementares de processo civil.* Coimbra, 1956.

_____. *Teoria geral das obrigações.* Coimbra: Almedina, 1958.

AUBRY et RAU. *Cours de droit civil français.* 50. ed. Paris: Marchal e Billard, 1897, t.1.

AURICCHIO, Alberto. *A simulação no negócio jurídico;* premissas gerais. 1. ed. Trad. Fernando de Miranda. Coimbra: Coimbra Ed., 1964.

AZEVEDO, Antônio Junqueira de. *Negócio jurídico;* existência, validade e eficácia. São Paulo: Saraiva, 1974.

BELEZA DOS SANTOS, José. *A simulação no direito civil* (cópia da ed. 1921, datilografado por Mário Silvia e Souza). Coimbra, 1955.

BETTI, Emílio. *Teoria geral do negócio jurídico.* Trad. Fernando Miranda. Coimbra, Coimbra Ed., 1969.

BEVILÁQUA, *Clóvis. Código Civil comentado.* São Paulo/Rio de Janeiro: Paulo de Azevedo, 1959.

_____. *Teoria geral do direito civil.* 7. ed. São Paulo/Rio de Janeiro: Paulo de Azevedo, 1955.

BIANCA, Maximo. *Diritto Civile*, II contratto, Milano: Giuffrè, 1994.

BUZAID, Alfredo. *A ação declaratória no direito brasileiro*, São Paulo: Saraiva, 1942.

CARVALHO SANTOS, J. M. de. *Código Civil brasileiro interpretado.* 2. ed. São Paulo: Freitas Bastos 1958.

CORREIA, Ferrer. *Erro e interpretação na teoria do negócio jurídico.* Coimbra: Atlântica, 1968.

DAGOT, Michel. *La simulation en droit privé.* Paris: Pichon et Auzias, 1967.

DISTASO, Nicola. *La simulazione dei negozi giuridici.* Torino: UTET, 1960.

ENNECCERUS, Ludwig & NIPPERDEY, Hans Carl. *Teoría general del derecho civil;* parte geral. Trad. Blas Peres Gonzales e José Alquer. 1. ed. 2. Tir., Barcelona: Bosch, v. 2, t. 1.

ESPINOLA. Eduardo. *Breves anotações ao Código Civil brasileiro.* Bahia: Joaquim Ribeiro, 1918.

_____. Simulação: In: *Manuel do Código Civil brasileiro* de Paulo Lacerda. Rio de Janeiro: Jacinto Ribeiro dos Santos, 1923.

FERRARA, Francesco. *La simulación de los negócios jurídicos.* Trad. Rafael Atard e Juan A. de Puente. 2. ed. Madrid: Revista de Derecho Privado, 1931.

FERRARA, Luigi Cariota. *Il negozio giuridico nel diritto privato italiano,* Nápoles: A. Morano, 1949.

FRANÇA, Rubens Limongi. *O direito, a lei e a jurisprudência.* São Paulo: Revista dos Tribunais, 1974.

GALGANO, Francesco. *Il Contratto*, Pádua: Cedam, 2007.

GALVÃO Telles, Inocência. *Manual dos Contratos em Geral*, 4ª ed., Coimbra: Coimbra Editora, 2002.

GENTILE, Aurelio. *Il Contratto* Simulato, Napoles: Eugénio Jovene, 1982.

GIOVANN Pugliese. *La simulazione nei negozi giuridici- Studio di diritto romano vol. XIII de Studi di Dititto Privato Italiano e Stangero* dirigido por Mario Rotondi, Padua: Cedam, 1938.

GIUSEPPE Mirabelle. *L'atto non negoziale nel diritto privato italiano*, Napoli: Eugenio Jovene.

GOMES, Orlando. *Introdução ao direito civil.* 4. ed. Rio de Janeiro: Forense, 1974.

GORLA, Gino. *II contratto.* Milano: Giuffrè, 1955, vol. 1.

LIMA, João Franzen. *Curso de direito civil brasileiro.* 4. ed. Rio de Janeiro: Forense.

LOPES, Miguel Maria de Serpa. *Curso de direito civil.* 5. ed. São Paulo: Freitas Bastos.

MARANI, Francesco. *La simulazione negli atti unilaterali.* Padova: Cedam, 1971.

MARTY, Gabriel & RAYNAUD Pierre. *Droit civil.* Paris: Sirey, 1962, t. 1.

MESSINA, Giuseppe. La simulazione assoluta, I, e II, *Revista de Diritto Commerciale,* vol. V, Milão: Francesco Vallardi, 1907.

MIRANDA, Custodio da Piedade Ubaldino, São Paulo: Atlas, 2009.

MIRANDA, Pontes de. *Comentários ao Código de processo Civil.* Rio de Janeiro: Forense, 1974, t. 4.

_____. *Tratado das ações.* São Paulo: Revista dos Tribunais, 1973, t. 2 e 4.

_____. Validade, nulidade e anulabilidade. *Tratado de direito privado; parte geral.* Rio de Janeiro: Borsoi, 1954, t.4.

MONCADA, Cabral de. *Lições de direito civil.* Coimbra: Atlântica. 1959, v. 1.

MONTEIRO, Washington de Barros. *Curso de direito civil.* 6. ed. São Paulo: Saraiva, 1968, v. 1.

MOTA PINTO, Carlos Alberto da. *Teoria Geral do Direito Civil,* 4. ed., Coimbra: Coimbra Editora, 2005.

PAES DE VASCONCELOS, Pedro. *Contratos atípicos*, Coimbra: Almedina, 1995.

PELLICANO, Aldo. *Il problema dela simulazione nei contratti*, Pádua: Cedam, 1988.

PEREIRA, Caio Mário da Silva. *Instituições de direito civil.* 2. ed. Rio de Janeiro: Forense, 1966, v. 1.

PLANIOL, Marcel. *Traité élémentaire de droit civil.* 3. ed. Paris: Pichon ET Auzias, 1905, t. 2.

PRATES, Homero. *Atos simulados e atos em fraude à lei.* São Paulo: Freitas Bastos, 1958.

RÁO, Vicente. *Do ato jurídico.* São Paulo: Max Limonad, 1961.

RIBAS, Antônio Joaquim. *Curso de direito civil brasileiro.* 4. ed. 1975.

RODRIGUES, Silvio. *Direito Civil.* São Paulo: Saraiva, 1976/1977, v. 1 e 3.

_____. *Dos efeitos dos atos jurídicos.* São Paulo: Max Limonad, 1959.

_____. *Dos vícios do consentimento.* São Paulo: Saraiva, 1979.

ROMANO, Salvatore. *Contributo esegetico allo Studio della simulazione.* Milano: Giuffrè, 1955.

SABATÉ, Muñoz. *La prueba de la simulación.* Barcelona: Hispano Europea, 1972.

SACCO, Rodolfo e DE NOVA, Giorgio. *Tratatto de Diritto Civile italiano*, 3. ed., t. 1, Turim: Utet, 2004.

SALVATORE, Pugliatti, La simulazione dei negozi unilalerali, extraído dos Estudos em homenagem a Antonio Scialoja, *Diritto Civile*, Milano: Giuffrè, 1951.

STOLFI, Giuseppe. *Teoría del negocio jurídico.* Trad. Jaime Santos Briz. Madrid, 1959.